はしがき

「国際化時代に対応していくために国際課税の知識が必要」であるということはわかるが、語学の問題等もあって、何となくとっつきにくい。

このような話を聞くことが多くなってきています。

しかし、国際課税といっても、その基本となっているのは国内である税法（政省令を含みます。）と通達です。しかも、それらは全て日本語で書かれています。したがって、国際課税といっても、日本語でほとんどの分野は理解可能です。また、一部に外国語が入っていたとしても、それらには原則として全て日本語訳が付されています。

このようなことから、本書は、国際課税に関する基本的事項について、最新の情報等も交えつつ、できるだけわかりやすい形で紹介するよう試みたつもりです。

もし、わかりにくいところがあったとすれば、それは筆者の力不足のせいでもあります。アドバイスいただければ、次回以降の改訂の際の参考にさせていただきます。

本書が読者の皆さんの国際課税を理解の一助になれば幸いです。

最後になりましたが、本書の発刊に当たりお世話になった大蔵財務協会の皆さんにこの場を借りて厚く御礼申し上げます

令和６年４月

剛

凡　例

所法	………	所得税法
所令	………	所得税法施行令
所規	………	所得税法施行規則
所基通	………	所得税基本通達
法法	………	法人税法
法令	………	法人税法施行令
法規	………	法人税法施行規則
法基通	………	法人税基本通達
相法	………	相続税法
相令	………	相続税法施行令
相規	………	相続税法施行規則
相基通	………	相続税法基本通達
評通	………	財産評価基本通達
消法	………	消費税法
消令	………	消費税法施行令
消規	………	消費税法施行規則
消基通	………	消費税法基本通達
通法	………	国税通則法
通令	………	国税通則法施行令
徴法	………	国税徴収法
徴令	………	国税徴収法施行令
措法	………	租税特別措置法
措令	………	租税特別措置法施行令
措規	………	租税特別措置法施行規則

基礎から身につく

国際課税

川田　剛 著

令和
6
年度版

一般財団法人 大蔵財務協会

措通	………	租税特別措置法基本通達
実特法	………	租税条約等の実施に伴う所得税法、法人税法及び地方税法の特例等に関する法律
実特令	………	租税条約等の実施に伴う所得税法、法人税法及び地方税法の特例等に関する法律施行令
実特規	………	租税条約等の実施に伴う所得税法、法人税法及び地方税法の特例等に関する法律施行規則
送金等法	………	内国税の適正な課税の確保を図るための国外送金等に係る調書の提出等に関する法律
送金等令	………	内国税の適正な課税の確保を図るための国外送金等に係る調書の提出等に関する法律施行令
送金等規	………	内国税の適正な課税の確保を図るための国外送金等に係る調書の提出等に関する法律施行規則
地税法	………	地方税法

○　本書は、令和６年４月１日現在の法令と通達によっています。

◆ 目　次 ◆

第1編　総論 ……………………………………………………… 1
第1章　はじめに……………………………………………………… 2
1　国際課税の対象分野………………………………………………… 5
2　租税条約……………………………………………………………… 5
（1）　租税条約の目的 …………………………………………… 5
（2）　現状 ………………………………………………………… 6
①　二国間条約 ……………………………………………… 6
②　多国間条約 ……………………………………………… 7
3　まとめ……………………………………………………………… 8
もっと知りたい人のために　租税条約と国内法との関係…………10
第2章　個人所得税の納税義務者と課税所得の範囲、課税方法…………12
1　納税義務者……………………………………………………………13
（1）　居住者（所法2①三）…………………………………………14
①　国内に住所を有する ……………………………………14
②　居所 ………………………………………………………14
（2）　非永住者（所法2①四）………………………………………17
もっと知りたい人のために　非永住者となるための手続等 …17
（3）　非居住者（所法2①五）………………………………………18
（4）　法人、人格のない社団等（所法2①六～八）………………19
（5）　まとめ ……………………………………………………………19
もっと知りたい人のために　「住所」、「居所」の概念…………20
2　課税所得の範囲と課税方法…………………………………………21
（1）　課税所得の範囲 …………………………………………………21
①　居住者（「非永住者」を除く）の場合…………………………21
もっと知りたい人のために　滞在地国が2か国以上の
場合の住所地の判定 ……………………………………21
もっと知りたい人のために　地方住民税における居住

者、非居住者の判定 ……22
② 非永住者の場合 ……23
③ 非居住者の場合 ……24
④ まとめ ……24
もっと知りたい人のために 非居住者の勤務が国内、国外双方で行われた場合 ……24
（２） 課税方法 ……25
3 申告、納税 ……25
4 租税条約における取扱い ……26
（１） 租税条約の規定 ……26
① 双方居住者の振分け ……27
② 課税所得の範囲と源泉地 ……27
（２） 国内法との間の調整 ……27
第３章 法人税の納税義務者と課税所得の範囲 ……28
1 納税義務者 ……28
（１） 法人に対する２つの考え方（「法人実在説」と「法人擬制説」） ……28
（２） 法人の所在地に対する２つの考え方（「設立準拠地主義」と「管理支配地主義」） ……29
（３） 内国法人と外国法人 ……29
① 内国法人 ……30
② 外国法人 ……30
2 課税所得の範囲 ……32
（１） 内国法人の場合 ……32
（２） 外国法人の場合 ……32
（３） まとめ ……33
3 租税条約における取扱い ……33
（１） 双方居住者の振分け ……33
（２） 所得の源泉地等 ……34

第４章　多様な事業体……36
1　多様な事業体の基本形態……36
（１）　組合形態……36
①　任意組合……36
②　匿名組合……37
（２）　法人形態による事業体……38
（３）　信託形態……38

第２編　インバウンド取引・投資に伴う税務……41
第１章　はじめに……42
第２章　外国人がわが国に来て直接事業活動・投資活動を行う場合……45
1　概説……45
2　課税方式……46
（１）　居住者、非永住者の場合（所法21、22ほか）……46
もっと知りたい人のために　非永住者課税における「国内において支払われたもの」の意義……46
もっと知りたい人のために　非永住者が日本赴任前に自国で得ていた所得について赴任後に送金を受けた場合……47
もっと知りたい人のために　送金の範囲……48
（２）　非居住者の場合（所法161、164ほか）……49
3　租税条約の取扱い……50
第３章　外国法人がわが国に子会社を設立して事業活動・投資活動を行う場合……52
1　国内法の規定（法法２ほか）……52
2　租税条約における取扱い……53
第４章　非居住者又は外国法人がわが国に恒久的施設（PE）を設けて事業活動・投資活動を行う場合……54
1　恒久的施設に関する国内法の規定（所法２、法法２ほか）……54
もっと知りたい人のために　PE 開設のための資金供与等の取扱い……57

2　租税条約における取扱い……………………………………………58

第５章　非居住者又は外国法人が恒久的施設（PE）を有しない形でわが国で事業・投資活動等を行う場合……………………63

1　国内法の規定（所法161、164、法法141ほか）………………………63

もっと知りたい人のために　非居住者等に支払う際の源泉徴収で誤りやすいもの……………………………………………68

もっと知りたい人のために　PE を有する者に係る源泉徴収免除…………………………………………………………70

2　租税条約における取扱い……………………………………………72

（1）　利子等（債務者主義＋税率）…………………………………72

（2）　配当等（税率）…………………………………………………73

（3）　使用料等（債務者主義＋税率）………………………………73

（4）　給与等の人的役務の提供に対する報酬等……………………74

（5）　自由職業者の報酬………………………………………………75

（6）　総合課税の対象となる所得……………………………………75

（7）　年金………………………………………………………………76

もっと知りたい人のために　海外移住後に日本から受ける年金の取扱い……………………………………………77

もっと知りたい人のために　租税条約上の特典を受けるための手続……………………………………………………79

第６章　外国人の雇用等に関する税務………………………………80

1　外国人労働者の現状…………………………………………………80

2　技能実習生の現状……………………………………………………82

3　技能実習生受入れに伴う税務問題…………………………………84

もっと知りたい人のために　日本で勤務する外国人の国外居住親族に係る扶養控除等の取扱い……………………………84

もっと知りたい人のために　日本で働く外国人の家族で健康保険の対象となる者……………………………………………85

4　租税条約における取扱い……………………………………………85

もっと知りたい人のために　専修学校等の就学生に対する免

税条項の適用の是非……87
もっと知りたい人のために 中国、インドからの留学生に支払うアルバイト代……88
もっと知りたい人のために 外国人研修生に支払う手当が源泉徴収免除となる場合……90
5 国際金融都市に向けた税制上の手当……91
6 外国人の帰国に伴う地方税の税務……92
もっと知りたい人のために 地方住民税の扱い……92

第3編 アウトバウンド取引に伴う税務 ……93
第1章 はじめに……94
1 居住者又は内国法人の国外移転に伴う税務……95
(1) 居住者の国外への住所移転等に伴う税務(所法2、126、127ほか)……95
もっと知りたい人のために 1年以上の予定で海外に勤務することになった者に係る所得税の精算……96
もっと知りたい人のために 海外で勤務する役員の給与の取扱い……98
もっと知りたい人のために 海外に転勤した人に支払われる給与に係る源泉徴収の要否……99
(2) 海外出向者の帰国に伴う税務……100
(3) 内国法人の国外移転に伴う税務……101
もっと知りたい人のために 外国法人が組織再編で内国法人になる場合……101
もっと知りたい人のために 海外赴任者が中途で帰国した場合の年末調整……102
もっと知りたい人のために 留守宅手当から支払った社会保険料、生命保険料と年末調整……103
2 居住者又は内国法人が住所地を移転することなく外国に投資等を行った場合の税務……103

もっと知りたい人のために　国外中古不動産投資に係る経費控除否認 …… 104
3　内国法人が支店形態で外国に進出する場合の税務 …… 104
4　内国法人が外国に子会社を設立して進出する場合の税務 …… 105
第２章　外国税額控除 …… 107
1　所得税法における外国税額控除制度（所法95、所令222） …… 108
（1）　概説 …… 108
（2）　控除対象となる外国所得税の範囲 …… 109
（3）　外国税額控除額の邦貨換算 …… 109
（4）　外国税額控除の適用を受けるための手続 …… 110
もっと知りたい人のために　外国税額控除の適用を受けるタイミング …… 111
もっと知りたい人のために　控除限度額を超えた場合、満たない場合 …… 112
もっと知りたい人のために　外国税額控除と還付 …… 113
2　法人税法における外国税額控除（法法69） …… 114
（1）　概要 …… 114
（2）　控除対象となる外国法人税（法法69、法令141ほか） …… 114
（3）　外国法人税に該当するにもかかわらず、外国税額控除の対象にならないもの（法令142の２） …… 116
もっと知りたい人のために　高率負担部分の取扱い …… 117
もっと知りたい人のために　適格現物分配に伴う外国税額控除の可否について …… 118
（4）　控除限度額と限度超過額又は限度余裕額が生じた場合の取扱い …… 119
①　控除限度額の計算（法法69、法令142、143） …… 119
もっと知りたい人のために　地方税の控除限度額の計算 …… 119
②　控除限度超過額が生じた場合又は控除余裕枠が生じた場合（法法69、法令144、145） …… 120

（5） 外国税額控除の適用時期（法法69、法基通16―3―5～6） ……… 121
（6） 控除限度額の計算と調整国外所得金額（法令141の3、142③ほか） ……… 122
もっと知りたい人のために 国外所得間での損益通算の可否 ……… 123
（7） みなし外国税額控除（タックス・スペアリング・クレジット） ……… 123
もっと知りたい人のために みなし外国税額控除における「差額スペアリング方式」と「固定スペアリング方式」の差 ……… 124
3 外国子会社配当益金不算入制度（法法23の2） ……… 125
もっと知りたい人のために 米国子会社に係る本税制適用の可否 ……… 126
4 相続税法における外国税額控除（相法20の2、21の8） ……… 127
（1） 相続税の場合（相法20の2） ……… 127
（2） 贈与税の場合（相法21の8） ……… 128
第3章 外貨建取引の換算等 ……… 129
1 所得税法における外貨建取引の換算等（所法57の3） ……… 130
（1） 外貨建取引の意義 ……… 130
（2） 外貨建取引の円換算 ……… 130
もっと知りたい人のために 現地通貨建てで損失、為替換算で益のとき ……… 131
2 法人税法における外貨建取引の換算等（法法61の8、9） ……… 133
（1） 外貨建取引の意義 ……… 133
（2） 外貨建取引の円換算（法法61の8①） ……… 133
もっと知りたい人のために 先物外国為替契約等がある場合 ……… 137
もっと知りたい人のために 換算方法の選択手続 ……… 138
もっと知りたい人のために 保有資産等について為替換

算差額が生じた場合 …… 139
3　相続税・贈与税における為替換算（通達のみで規定）…… 139
もっと知りたい人のために　相続又は贈与により取得した在外資産等の円換算…… 140

第４編　国際的租税回避防止措置 …… 141
第１章　BEPS プロジェクトとわが国の税制改正 …… 142
1　BEPS プロジェクトの概要…… 142
2　その後の動き…… 146
3　BEPS プロジェクト行動計画をふまえたわが国の対応…… 148
第２章　外国子会社合算税制（CFC 税制又はタックス・ヘイブン対策税制）…… 151
1　導入の背景等…… 152
2　制度の概要（措法40の４、66の６ほか）…… 152
もっと知りたい人のために　外国子会社等（外国関係会社）の租税負担割合…… 156
もっと知りたい人のために　会社単位合算課税と部分合算課税が競合していた場合の取扱い…… 157
もっと知りたい人のために　外国関係会社、特定外国関係会社、対象外国関係会社、部分対象外国関係会社…… 158
もっと知りたい人のために　現地で連結納税をしている場合… 160
3　具体的な計算例…… 162
（1）　特定外国関係会社の場合（措法40の４②、66の６②）…… 162
（2）　部分対象外国関係会社の場合（措法40の４②六、66の６②六）…… 163
もっと知りたい人のために　部分適用対象金額等に係る合算課税の適用免除要件…… 165
もっと知りたい人のために　特定外国関係会社又は対象外国関係会社に欠損金がある場合の内国法人との損益通算可否…… 165
もっと知りたい人のために　移転価格税制と競合した場合の

調整…… 166
もっと知りたい人のために　合算所得に係る二重課税の排除… 166
（３）　合算課税済金額から配当がなされた場合における二重課税排除措置（措法40の５、66の８）…… 167
（４）　納税義務者（措法40の４①、66の６①）…… 168
（５）　申告、納税 …… 169
４　コーポレート・インバージョン対策合算税制（措法40の７、66の９の２～５）…… 170
（１）　制度の概要（措法40の７、66の９の２ほか）…… 171
（２）　合算課税の方法等 …… 172
（３）　申告、納税 …… 173
第３章　移転価格税制…… 174
１　導入の背景…… 174
２　制度の概要…… 175
３　独立企業間価格（措法66の４②ほか）…… 177
（１）　令和元年度の改正 …… 179
①　独立企業間価格の算定方法の整備 …… 179
②　評価困難な無形資産取引に係る価格調整措置の導入 …… 179
③　その他 …… 180
もっと知りたい人のために　最適法の選定における留意点…… 181
もっと知りたい人のために　費用分担契約（コスト・シェアリング契約）…… 195
４　文書化（措法66の４⑥ほか）…… 195
もっと知りたい人のために　国別報告事項の様式…… 197
もっと知りたい人のために　ローカルファイルに係る同時文書化が免除される者…… 198
５　相互協議（各国との間の租税条約）と対応的調整…… 199
６　事前確認制度（移転価格事務運営要領）…… 200
もっと知りたい人のために　現地で更正を受けた場合…… 200
もっと知りたい人のために　事前確認の有効期間…… 201

もっと知りたい人のために　事前確認に適合させるための申告調整……202
もっと知りたい人のために　移転価格税制と外国子会社合算税制の競合……203
7　納税義務者と更正に係る期間制限の特例(措法66の4①ほか)……205
（1）　納税義務者（措法66の4①）……205
（2）　更正に係る期間制限の特例（措法66の4㉖～㉘）……205
第4章　過少資本税制……206
1　制度の概要（措法66の5）……206
2　具体的計算例……208
もっと知りたい人のために　国外支配株主等に該当するか否かの判断時期……208
第5章　過大支払利子税制……209
1　制度の概要（措法66の5の2）……211
2　具体的計算例……211
3　その後の見直し……211
（1）　令和元年度……211
（2）　令和4年度……213
もっと知りたい人のために　過大支払利子税制に基づく課税が他の制度と競合した場合の調整……213
第6章　その他……215
1　適格合併等の範囲に関する特例及び特定の合併等が行われた場合の株主等への課税の特例（措法68の2の3、68の3等）……215
2　子会社からの配当及び子会社株式の譲渡を組み合わせた国際的な租税回避への対応（法法61の2⑯、法令119の3）……215
3　国境を越えたデジタルサービスに係るプラットフォーム課税の導入……217

第5編　国際相続・贈与に伴う税務及び国際取引に係る消費税 …… 219
第1章　相続税・贈与税 …… 220
1　納税義務者（相法1の3ほか） …… 222
（1）　相続税の納税義務者 …… 222
①　居住無制限納税義務者（相法1の3①一） …… 222
②　非居住無制限納税義務者（相法1の3①二） …… 222
③　居住制限納税義務者（相法1の3①一、三） …… 223
④　非居住制限納税義務者（相法1の3①四） …… 223
⑤　特定納税義務者（相法1の3①五） …… 224
⑥　その他の納税義務者 …… 224
⑦　まとめ …… 224
（2）　贈与税の納税義務者（相法1の4ほか） …… 225
2　財産の所在地（相法10ほか） …… 226
もっと知りたい人のために　海外勤務中に死亡した者に日本から支払われる死亡退職金と相続税 …… 228
もっと知りたい人のために　日本国籍を有しない者が受ける贈与と配偶者控除 …… 229
もっと知りたい人のために　相続税・贈与税における国際的二重課税の排除 …… 230
もっと知りたい人のために　外国でみなし譲渡所得税が課された場合における外国税額控除 …… 231
もっと知りたい人のために　国外財産の相続に係る延納・物納 …… 232
3　申告、納付（相法27、28ほか） …… 232
4　租税条約との関係 …… 233
第2章　国際取引に係る消費税 …… 234
1　課税対象（消法4） …… 234
（1）　課税対象となる取引 …… 235
①　国内取引（消法4①） …… 235

② 非課税取引（消法６①②）…… 237
（２） 輸入取引（消法４②）…… 238
（３） 課税対象とならない取引 …… 239
① 不課税取引 …… 239
2 納税義務者（消法５）…… 240
（１） 国内取引の場合（消法５①）…… 240
（２） 輸入取引の場合（消法５②）…… 241
3 輸出免税（消法７、８、30、消令17、消規５）…… 241
（１） 現行規定 …… 241
（２） 外国人旅行者向け免税制度の見直し（方向性）…… 242
もっと知りたい人のために 輸出取引の免税…… 243
4 免税と非課税の違い…… 245
5 申告、納付と納税地（消法47、50）…… 245

第６編 納税環境整備に関する規定 …… 251
第１章 国外送金等調書提出制度と国外証券移管等調書制度…… 252
1 国外送金等調書提出制度…… 253
2 国外証券移管等調書制度（実特法４の３）…… 253
もっと知りたい人のために 仮想通貨（暗号資産）の取扱い… 254
第２章 国外財産調書制度…… 255
（１） 制度の概要（送金等法５）…… 255
（２） 国外財産調書の提出担保策 …… 256
（３） 令和２年度改正による一部見直し（規制強化）…… 257
もっと知りたい人のために 納税者に責任がない場合…… 258
（４） 価額の算定 …… 258
（５）「財産債務調書」との関係…… 258
もっと知りたい人のために 財産の所在地の判定…… 259
もっと知りたい人のために 主要国における同様の制度…… 259
第３章 財産債務調書制度…… 261
（１） 制度の概要（送金等法６の２、３） …… 261

（２） 暗号資産（仮想通貨）の取扱い …………………………… 262
（３） 令和２年度改正における一部見直し ………………………… 262
第４章 国外転出時課税制度……………………………………………… 263
もっと知りたい人のために 出国後５年以内の帰国…………… 266
第５章 納税管理人制度の拡充…………………………………………… 268
① 納税者に対する納税管理人の届出をすべきことの求め………… 268
② 国内便宜者に対する納税者の納税管理人となることの求め…… 268
③ 税務当局による特定納税管理人の指定………………………… 268
第６章 国際的徴収回避行為への対応…………………………………… 270
① 無償譲渡等の譲受人等の第二次納税義務の整備………………… 270
② 滞納処分免脱罪の適用対象の整備……………………………… 270
第７章 国際間の税務協力………………………………………………… 271
１ 情報交換………………………………………………………… 272
（１） 要請に基づく情報交換 ………………………………………… 273
（２） 自発的情報交換 ………………………………………………… 273
（３） 自動的情報交換（CRS 情報） ………………………………… 273
２ 国際間の税務協力をより一層推進するための国内法の整備…… 274
（１） 租税条約に基づく情報収集制度（質問検査権）の創設（実特法９）…………………………………………………………… 274
（２） 外国税務当局との情報交換に関する規定の創設（実特法８の２）…………………………………………………………… 274
（３） 徴収共助に係る国内法の整備（実特法11）…………………… 275
（４） 非居住者に係る金融口座情報の自動的交換のための報告制度の整備（実特法10の５、実特令６の６） ………………… 276
（５） 国税犯則調査手続の見直しに伴う租税条約等実施特例法の整備（実特法10の２、３、10の３の２、３ほか）…………… 279
（６） 租税条約等に基づく情報交換の実施に係る国内法の整備 … 279
① 租税条約等における提供済情報の外国当局による利用範囲の明確化及び要件・手続の整備（実特法８の２、実特規16の12⑧）………………………………………………… 279

② 非居住者に係る金融口座情報の自動的交換のための報告制度の改正（実特規16の12⑧別表）…… 279
（7） 罰則の見直しと脱税犯に対する罰則強化（実特法13）…… 280
（8） 国外取引等の課税に係る更正決定等の期間制限の見直し … 280
第8章 その他の動き…… 281
（1） BEPSプロジェクト行動8～10（移転価格） …… 281
もっと知りたい人のために 経済の電子化に伴う課税上の課題解決策…… 282
（2） 国際金融都市に向けた税制上の措置 …… 282
① 法人課税 …… 282
② 相続税 …… 283
③ 個人所得課税 …… 283
（3） 国外からの納付方法の拡充 …… 284
（4） クロスボーダー取引に係る利子等の課税の特例等における課税適用申告書等の電子提出の特例 …… 285
（5） 条約届出書等の電子提出特例 …… 285

【参考資料】

（1） 非居住者に対する課税に関するタックスアンサー一覧 …… 288
（2） 最近における国際課税分野での主な改正事項 …… 290

■ 用語索引…… 295

第1編　総論

1 はじめに

〔ポイント〕

1. ヒト、モノ、カネは国境を超えて移動するようになってきています。
2. それに伴い、国際課税の重要性も高まってきています。
3. 国際課税の対象分野は、大きく分けてインバウンド取引とアウトバウンド取引の２種類があります。
4. 国際取引に係る課税は、基本的に国内法で規定されていますが、国際的二重課税や国際的租税回避を防止する目的で多くの国と租税条約を締結しています。

コロナ禍の発生による一時的落込みはあるものの、わが国経済の国際化は着実に進んでいます。

例えば、「ヒト」の移動についてですが、海外旅行が自由化されたのは前回の東京オリンピック開催の前年の1963年でした。しかし、自由化から４年経過した1967年になっても、海外旅行に出かけた人は年間で20万人程度に過ぎませんでした（資料出所：外務省、法務省）。

また、海外から日本を訪問した人も、年間35万人程度に過ぎませんでした。

それが、コロナ禍発生による一時的減少から回復した2023年には、海外旅行に出かけた人が約962万人、海外から日本を訪れた人が約2,506万人になっています。

次に「モノ」の移動についてです。1964年当時における輸出は、約2.2

兆円、輸入は約2.5兆円で、約3,000億円の赤字でした。それが2022年には、コロナ禍で前年より若干減少したものの、輸出が約98.2兆円、輸入が約118.5兆円と輸出で約45倍、輸入で約48倍になっています（資料出所：財務省）。そして、その中身も、当時の主たる輸出品が繊維を中心とする軽工業製品だったのに対し、近年では自動車関連などの高度工業化製品や受取配当、受取使用料といった海外投資のリターンや知的財産権の使用許諾による収入等で稼ぐ形に変化してきています（資料出所：財務省、経済産業省）(注)。

注　ちなみに、企業が海外投資から得る利子や配当、使用料等のネットの受払を示す第一次所得収支は、2022年には約22.3兆円の黒字となっています。それらのこともあって2022年の国際収支及び対外資産負債残高の動向は次のようになっています。

＜全体の動き＞

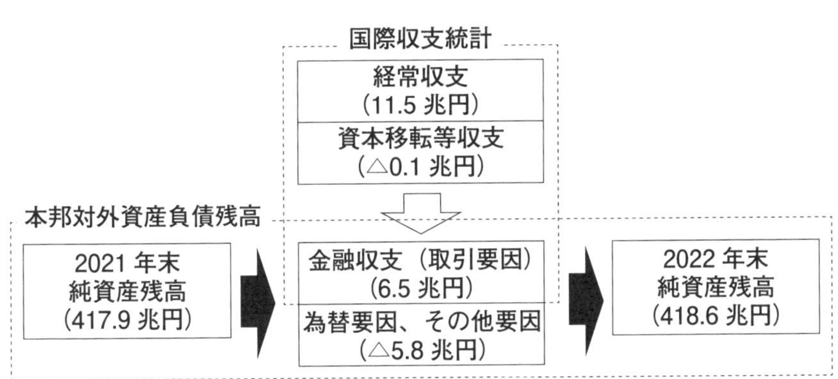

（資料出所：日本銀行）

（参考）

経常収支		財貨・サービスの取引や所得の受払等
	貿易収支	一般商品の輸出入や仲介貿易等の財貨の取引
	サービス収支	旅行、輸送のほか、知的財産権等使用料等のサービスの取引
	第一次所得収支	利益配当金・債券利子等の財産所得等の受払
	第二次所得収支	損害賠償金等の受払
資本移転等収支		債務免除や相続に伴う資産の移転等
金融収支		対外金融資産・負債の増減に関する取引
	直接投資	企業買収、子会社設立等のための投資の実行/回収
	証券投資	株式・債券の売買や発行/償還
	金融派生商品	先物取引の売買差損益、通貨スワップの元本交換差額等の受払
	その他投資	現預金や貸付/借入、証券決済・約定の期ずれによる未収・未払金等
	外貨準備	外貨準備の増減

さらに、「カネ」の関係です。前回のオリンピック当時は厳重な為替管理の下、1949年に設定された1ドル＝360円という固定為替レートでした。それに対し、1973年に行われた変動為替レートへの移行により、最近の為替レートは当時の約3倍の1ドル＝145円前後となっています。また、前回のオリンピック当時にはほとんどなかった海外直接投資（残高）も、2022年には約275兆円に、外国から日本への投資（対内直接投資）残高は、約46.2兆円に達しています（資料出所：財務省）。

そればかりでなく、当時はほとんどなかった在外在留日本人の数が、2022年10月1日現在で約131万人（資料出所：外務省）に、また、日本に滞在する外国人（いわゆる在留外国人）の数も（当時は旧日本領出身の人たち（約260万人強）が中心でした。）約322万人（資料出所：法務省、総務省）となっています。なかでも、永住者（88.0万人）や技能実習（35.8万人）、技術・人文知識を有する人たち（34.6万人）などが増加しています。

1 国際課税の対象分野

このような国際化の進展に伴い、国際課税に関する知識が求められるようになってきています。

ちなみに、国際課税の対象となる分野には、海外の投資家である個人や法人などが日本にモノを輸出したり、自らが日本に来て事業活動を行ったりすることに伴う課税があります。また海外に住む個人（非居住者）や外国の法人が日本の居住者である個人や内国法人などに対して投資、融資等を行うこともあります。これらは一般にインバウンド取引と称されています。他方、日本に住む個人や日本で設立された法人等が海外で自ら事業活動を行ったり、海外に住む個人や法人に投資や融資等を行うこともあります。これらは一般にアウトバウンド取引・投資と称されています。

国際的な取引についてどのように課税するかは、基本的には国内法で規定されていますが、インバウンド取引とアウトバウンド取引では、課税の方法も異なります。

なお、国際取引、投資に係る課税については、租税条約も重要な役割を果たしています。

2 租税条約

(1) 租税条約の目的

租税条約は、課税関係の安定（法的安定性の確保）、国際的二重課税の除去、国際的な脱税や課税回避への対応を通じ、二国間の健全な投資・経済交流の促進に資するため締結されるものです。

（2） 現状

① 二国間条約

各国が自国の都合のみを考えて課税することになると、国際的二重課税が生じたり、国際的な租税回避がしやすくなる可能性があります。

そのため、わが国では、2024年３月１日現在で、86の条約等、155か国・地域との間で租税条約を締結しています（財務省資料による[注]。）。

注　条約数と適用国・地域の数が一致していないのは、旧ソ連との条約がいくつかの国・地域に適用されていること、税務行政執行共助条約が多国間条約であること等によるものです。なお、これらの条約のうちには、情報交換協定（対11か国）、わが国を除く124か国が参加している税務行政執行共助条約への参加も含まれています。

わが国が締結している租税条約は、基本的にはOECDモデル租税条約によっていますが、一部の条約においては、相手国の要望等もふまえ、国連モデル条約の考え方が取り入れられています。

ちなみに、OECDモデル租税条約の主な内容は、次のようになっています。

○　**課税関係の安定（法的安定性の確保）**

・二重課税の除去

・源泉地国（所得が生ずる国）が課税できる所得の範囲の確定

⇨事業利得に対しては、源泉地国に所在する支店等（恒久的施設）の活動により得た利得のみに課税

⇨投資所得（配当、利子、使用料）に対しては、源泉地国での税率の上限（免税を含みます。）を設定

・居住地国における二重課税の除去方法

⇨国外所得免除方式又は外国税額控除方式

・税務当局間の相互協議（仲裁を含みます。）による条約に適合しな

い課税の解消

○ **脱税及び租税回避等への対応**

・税務当局間の納税者情報（銀行口座情報を含みます。）の交換

・滞納租税に関する徴収の相互支援

② **多国間条約**

さらに最近では、国際的な租税回避や資産の海外移転を通じた滞納処分逃れが問題となっており、各国はその対応に力を入れています。このような事態に対処するため、わが国でも、多国間租税条約への参加等を通じいくつかの対策が講じられています。

例えば、2011年11月には、租税に関する様々な行政支援（情報交換、徴収共助、送達共助）を相互に行うことについて規定した租税に関する相互行政支援に関する条約（一般的に「税務行政執行共助条約」と略す）に署名し、2013年10月1日から発効しています（2024年3月1日現在で適用対象国・地域は124、うち63はわが国と二国間条約を締結していません。）。

また、2012年6月には、①租税条約の濫用等を通じた租税回避の防止、及び②二重課税の排除等、納税者にとっての不確実性の排除を目的としたBEPS防止措置実施条約（Multilateral Convention to Implement Tax Treaty Related Measures to Prevent Base Erosion and Profit Shifting：略称MLI）にも参加しています（2023年11月20日現在でわが国を含む100か国が署名、うち83か国・地域が批准書等を寄託）。

※社会保障協定

なお、租税条約ではありませんが、海外で働く人達の増加に伴い、わが国の社会保障と相手先の社会保障の二重加入という問題に対処するため、最近では社会保障協定を締結するようになってきています。

ちなみに、2022年6月1日現在における条約締結国は23か国（うち22

か国との間で発効済み）となっています（詳細については日本年金機構のホームページを参照してください。）。

3　まとめ

これまでにみてきた、わが国における国際課税分野に関する規定の概要をイメージ図の形で示すと、次のようになっています。

◎ 国際課税分野に関する規定一覧表

- 国際課税
  - 二重課税排除のための措置
    - 外国税額控除（所法 95、法法 69、144 の 2）
    - 外国子会社配当益金不算入（法法 23 の 2）（1999 年）※ 2
    - 租税条約、OECD 等
  - 居住者、内国法人の国際取引に係る課税に関する規定（所法 57 の 3 、法法 61 の 8）
    - 国外送金等調書（送金等法 3、4）（1997 年）※ 2
    - 国外財産調書（送金等法 5）（2012 年）※ 2
  - 非居住者、外国法人の課税（国内源泉所得）に関する規定（所法 5 、7 、161 ～ 180、212 ～ 215、法法 4 、19、138 ～ 146）
  - 国際的租税回避防止のための措置※ 1
    - 外国子会社合算税制（措法40の4～6、66の6 ～8）(1978年) ※ 2
    - 移転価格税制（措法 66 の 4）（1986 年）※ 2
    - 過少資本税制（措法 66 の 5）（1992 年）※ 2
    - 過大支払利子税制（措法 66の5の2）(2012年) ※ 2
    - 国外転出者に係るみなし譲渡益課税（所法 60 の 2）(2015 年) ※ 2
    - 租税条約、OECD 等（BEPS、情報交換、相互協議、徴収共助、MLI 等）

※ 1　これらの規定については新たな問題行為に対処するため、頻繁に見直しがなされている。

※ 2　(　) 内は制度の導入年

（資料出所：税制調査会資料より抜すい、一部修正）

もっと知りたい人のために

租税条約と国内法との関係

Q　租税条約において、国内法と異なった規定の設けられている場合には、どちらの規定が優先することになるのでしょうか。

ポイント　原則として租税条約の規定が優先。

A　1．国内源泉所得につき、租税法において国内法と異なる定めが設けられている場合には、租税条約の定めるところによることとされています（所法162、法法139、憲法92）。

2．それに対し、租税条約において定義されていない用語については、文脈により別に解釈すべき場合を除き、それぞれの国の国内法に規定されているところによることとなります（OECD モデル租税条約３条２）。

なお、前頁一覧表のうち、最近問題となっている国際的租税回避を規制するための税制の概要及び導入時期は、次のようになっています。

◎　わが国における国際的租税回避規制税制の概要

(主として法人を対象としたもの)

	制度名	概要	導入時期
①	外国子会社合算税制 (CFC 税制) (措法40の４、66の６)	タックス・ヘイブン国等のペーパー・カンパニーを利用した租税回避に対処するための制度	1978年 (昭和53年度) ※
②	移転価格税制 (TP 税制)(措法66の４)	国外関連者との間の取引価格操作による利益移転に対処するための制度	1986年 (昭和61年度) ※
③	過少資本税制 (Thin Capitalization) (措法66の５)	借入金利子の支払が損金となることを利用した利益の国外流出に対処するための制度	1992年 (平成４年度) ※

④	コーポレート・インバージョン対策合算税制(Corporate Inversion)(措法66の9の2～5)	①の規制を免れる目的で軽課税国を親会社とした利益移転に対処するための税制	2007年(平成19年度)※
⑤	過大支払利子税制(措法66の5の2)	過少資本税制の規制対象にならないものの、調整所得金額(EBITDA)の多くを国外関連者への支払利子に充てることによる国外への利益移転を規制するための税制	2012年(平成24年度)※

(個人を対象としたもの)

	制度名	概要	導入時期
①	国外送金等調書制度(送金等法3、4)	富裕層による海外を利用した租税回避行為を抑制するための税制	1997年(平成9年度)※
②	国外財産調書制度(送金等法5)	富裕層による財産の海外秘匿等に対処するための税制	2012年(平成24年度)※
③	国外転出者に係るみなし譲渡所得課税制度(所法60の2)	富裕層による国外移住を利用した租税回避への対処等税制	2015年(平成27年度)※
④	国外申告不動産投資の規制	富裕層による国外中古不動産投資と簡便償却を利用した損失通算の規制	2020年(令和2年度)

※　ただ、これらの規制の抜け穴を利用した新たな租税回避手段が次々と出現しているため、これらの規制税制についても、導入後頻繁な改正がなされています。

個人所得税の納税義務者と課税所得の範囲、課税方法

〔ポイント〕

1．個人所得税の課税方法としては、米国などのように国籍に着目して課税するやり方（属人主義）とわが国などのように住所地に着目して課税するやり方（属地主義）、シンガポールなどのように所得の源泉地に着目して課税するやり方（領域主義）の３つがあります。
2．わが国の個人所得課税では住所地に着目した課税方法が採用されています。そして、「居住者」、「非永住者」、「非居住者」のいずれに該当するかによって、課税所得の範囲、課税方法が異なります。
3．なお、租税条約で国内法と異なった取扱いがなされることがあります。

個人所得税の納税方法としては、次の３つの考え方があるとされています。

◎　個人所得課税に関する代表的な考え方

①	国籍に着目した課税（属人主義）	この考え方は、自国の国籍を有する者は、居住の場所いかんにかかわらず、原則として全て自国の納税義務者とするという考え方です。（米国、フィリピンなどでこの考え方が採用されています。）
②	住所地に着目した課税（属地主義）	この考え方は、一定の住所又は一定の期間の居所を有する者に対しては、その国籍を問わず、所得の源泉がどの国にあっても、納税義務者とする考え方です。（わが国など多くの国はこの考え方によっています。）
③	所得源泉地課税主義（所得発生地課税主義：いわゆる領域主義）	この考え方は、一定の所得の発生する源泉を有する者は、居住の事実及び国籍のいかんを問わず、その所得発生地の納税義務者とすべしとする考え方です。（シンガポールやニュージーランド、香港などではこのような考え方によっています。）

注　①と②は全世界所得課税主義、③の考え方は領域課税主義と称されることもあります。

1　納税義務者

属地課税主義が採用されているわが国の所得税法では、「納税義務者」は、課税所得の範囲の差によって「居住者」（所法2①三）と「非居住者」（所法2①五）に区分され、さらに「居住者」について、「非永住者」（所法2①四）と全世界所得に対して課税される「非永住者以外の居住者（いわゆる本来の居住者）」に区分されています（注）。

注　所得税法では、法人（「内国法人」（所法2①六）と「外国法人」（所法2①七）、「人格のない社団等」（所法2①八、4））も所得税の納税義務者として規定されています。それは、法人も利子等、配当等、報酬及び料金等の形で得ている所得について、所得税の納税義務者になるとされているためです。

(1) 居住者(所法2①三)

「居住者」とは、「国内に『住所』を有し、又は現在まで引き続いて1年以上『居所』を有する個人をいう」としています(所法2①三)。

① 国内に住所を有する

ここでいう「国内」とは、所得税法の施行地をいうこととされています(所法2①一)。また、「住所」(注)とは、各人の生活の本拠をいうこととされています(所基通2－1)。そして、ここでいう「住所」とは、民法第22条でいう「各人の生活の本拠」と同じ概念です。また、生活の本拠であるかどうかは、客観的事実によって判定することとされています(所基通2－1)。

注　なお、国内に居住することになった個人が、国内において継続して1年以上居住することを通常必要とする場合などにおいては、国内に住所を有する者(「居住者」)と推定されます(所令14)。

② 居所

それに対し、「居所」とは、生活の本拠とするまでには至らないものの、実際にそこに住んでいる状態をいうこととされています。したがって、ある者が国内に生活の本拠を有していない場合であっても、継続して国内に1年以上住んでいる場合には、所得税法上は「居住者」として区分されることになります。

(参考) 「居住者」になるとされた判例・裁決例

○　年のうち半分超を海外に住み活動していた国内外に多くの関連企業を有する会社のオーナー兼代表者の住居、職業、国内において生計を一にする配偶者その他の親族の居住状況、資産の所在状況等を総合勘案し、「居住者」に該当するとされた事例

（神戸地裁：昭和60年12月２日判決、判例タイムズ614号58頁）

○　数年前に香港に移住したとしているものの、本邦法人の代表者を務め、なおかつ、日本国内の特定地域を拠点として出入国を繰り返していたことから、居住者に該当するとされた事例

（最高裁：平成５年２月18日判決、判例時報145号106頁）

○　外国に住所の登録をしている者の生活の本拠が国内にあるとして、その者が居住者に当たるとされた事例

（平成20年６月５日裁決、裁決事例集75集155頁）

○　シンガポールに移住したとしているものの、同国よりも日本での滞在期間が圧倒的に長く、かつ、日本法人の代表をしていたこと等から、日本の居住者になると判断された事例

（東京高裁：平成20年７月10日判決、税資258号129頁（順号10987））

○　家族を外国に居住させ、自らは国内に住民票をおいて出入国を繰り返していた者が居住者とされた事例

（平成20年12月25日裁決、裁決事例集76集228頁）

○　日本での①滞在日数、②生活の場所及び同所での生活状況、③職業及び業務の内容、従事状況、④生計を一にする親族の居住地、⑤資産の所在、⑥生活に関わる各種届出状況等、から居住者になるとされた事例　（平成23年10月24日裁決、裁決事例集85集17頁）

○　香港の永住権を有し、かつ、同地に一定の期間滞在していた事

実が認められるとしても、生活の本拠たる実態を具備していたのは日本国内であるとして居住者に該当するとされた事例

（令和３年３月26日裁決）

（参考）「非居住者」になるとされた判例

○　香港に出国し、年200日以上、同地に住んでいた者は、たとえ国内に財産等の大部分を有していたとしても非居住者になるとされた事例

（最高裁二小：平成23年２月18日判決、平20（行ヒ）139、
最高裁ホームページ、いわゆる武富士事件判決）

⇓

※　この事件が契機となって（事件自体は平成９年～12年にかけて発生）、平成12年の改正で「非居住無制限納税義務者」制度が導入されました。

○　海外法人の業務に従事する経営者が、たとえ日本での滞在期間が圧倒的に長く、かつ、財産等が日本にあり、配偶者や子供が日本に居住していたとしても活動の中心がシンガポールにあったとして非居住者に当たるとされた事例

（東京高裁：令和元年11月27日判決）

○　海外の複数子会社の代表を務め多国間を移動している者が家族は日本にいたとしても「居住者」ではないとされた事例

（東京地裁：令和元年５月30日判決）
（同旨判決・東京高裁：令和元年11月27日判決）

(2) 非永住者(所法2①四)

「非永住者」とは「居住者のうち、日本の国籍を有しておらず、かつ、過去10年以内において国内に住所又は居所を有していた期間の合計が5年以下である個人をいう」とされています(所法2①四)(注)。

注 平成18年度の改正前は、非永住者とは、「日本国内での居住が5年以内で、かつ、永住の意思を有しない者」をいうものとされていました。その結果、次のような租税回避事例が生じていました。

○ 非永住者のポジションを利用した租税回避

5年経過の直前に離日、それを繰り返すことで非永住者のポジションを維持し、国外で稼いだ分については日本に送金しない(外資系のコンサル会社等)という形での租税回避が多発していました。また、日本人であっても、同じ規定が適用されていたため、海外赴任から帰国後5年間永住意思を表明しないことなどによる租税回避事例がみられました。そこで、平成18年度の税制改正で、日本国籍の者を除外するとともに、外国籍の者であっても過去10年以内に5年以上日本にいた者も除くこととされました。

もっと知りたい人のために

非永住者となるための手続等

Q 日本に数年程度滞在予定で来た外国人の居住期間は、いつから開始するのでしょうか。

また、非永住者としての扱いを受けるため、何か特別の手続等が必要なのでしょうか。

ポイント 1 入国の日の翌日から

2 特別な手続不要

A 1. 居住期間の計算の起算日は、入国の日の翌日からとなります(通法10①、所基通2―4)。

2. 従前は届出が必要とされていましたが、平成18年度の改正で、所定の要件を充足していれば自動的に非永住者に区分されることとなりました（所法２①四）。

（参考）「非永住者」に該当するか否かが争われた判例・裁決例

○　海外から帰国した者が行った海外資産の譲渡について、その者が譲渡時に非永住者であったとして、譲渡所得課税が取り消された事例

（東京地裁：平成25年５月30日判決、平21（行ウ）310、判例時報2208号６頁）

○　過去に外交官として日本に派遣されていた期間は「国内に住所または居所」を有していたことになるので、日本滞在が５年超となり非永住者には該当しないとされた事例

（平成21年10月６日裁決、裁決事例集78集87頁）

（３）　非居住者（所法２①五）

「非居住者」とは、「居住者」以外の個人をいうこととされています（所法２①五）。

この章の冒頭でも触れたように、わが国の所得税法では、国籍の有無にかかわらず、わが国に住所がある者を「居住者」とし、それ以外の者を「非居住者」とするいわゆる「属地主義」の考え方が採用されています。

その結果、例えば日本人であっても、海外赴任等で外国に駐在している人たちは、所得税法上は原則として「非居住者」として取り扱われることになります。

他方、外国人であっても、日本に住所を有していたり１年以上日本に

住んでいる場合には、「居住者」として取り扱われることになります(注)。

注 ただし、その場合であっても、5年以内の滞在であれば「非永住者」というポジションになります。

(4) 法人、人格のない社団等（所法2①六～八）

なお、所得税法では、個人のみでなく、法人（「内国法人」、「外国法人」）や「人格のない社団等」も納税義務者としています（所法2①六～八）。

それは、法人や人格のない社団等が受け取る利子や配当が所得税の課税対象とされているためです（所法174、178）(注)。

注 ただし、法人に対する所得税の課税は、源泉徴収による納付だけで納税義務が完了します。また、内国法人及び外国法人で法人税の申告義務のある者が、利子・配当等の支払を受ける際に源泉徴収された所得税については、法人税の申告段階で法人税額から控除することによって二重課税とはならないようになっています（法法68①、144）。

(5) まとめ

所得税法上の納税者の区分を図で示すと、次のようになります。

◎　所得税法上の納税者区分

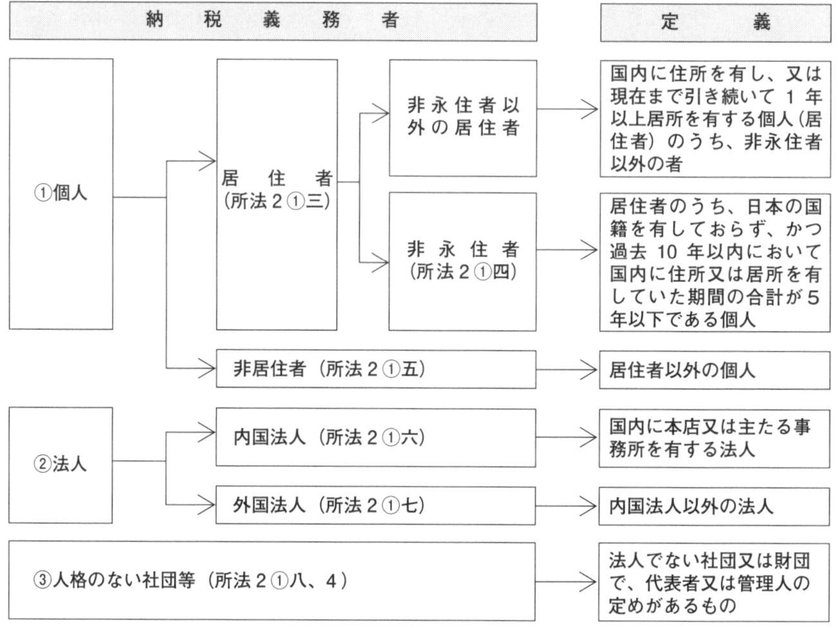

（資料出所：国税庁税務大学校講本「所得税法」（令和５年度版）８頁より抜すい、一部修正）

もっと知りたい人のために

「住所」、「居所」の概念

Q　「居住者」と「非居住者」の区分基準となる「住所」、「居所」とはどのような概念なのでしょうか。

ポイント　「住所」は生活の本拠、「居所」は「住所」以外の場所で相当期間居住する場所。

A　「住所」とは、「生活の本拠」です（民法22）。そして、「生活の本拠」がどこにあるのかについては、客観的事実によって判断することとされています（所基通２－１）。

　また、「居所」については、法令上明確な定義はなされていませんが、「『住所以外の場所』において、人が相当期間継続して居住する場所」と解されています。したがって、国内に「住所」がない場合であっても、１年以上の「居所」があれば、その者は居住者ということとなります（所法２①三、国税庁タックスアンサーNo.2875「居住者と非居住者の区分」）。

2 課税所得の範囲と課税方法

（１） 課税所得の範囲

これまでにみてきたところから明らかなように、わが国の所得税法では、個人の納税義務者を「居住者」（非永住者以外）及び、「非永住者」と「非居住者」に区分し、さらに「法人（「人格のない社団等」を含みます。）」についても一定の範囲ではありますが、納税義務者としています。

そして、個人の納税義務者については、その居住形態に応じ、課税所得の範囲を異にしています。

① 居住者（「非永住者」を除く）の場合

「居住者」のうち、「非永住者」以外の「居住者」（いわゆる本来の居住者）に対しては、その所得の源泉地が国内にあるか国外にあるかを問わず課税（いわゆる「全世界所得課税」）することとされています（所法５①、７①一）。

もっと知りたい人のために

滞在地国が２か国以上の場合の住所地の判定

Q ある人の滞在地が２か国以上にわたる場合、その住所地の判定はどのようにすればよいのでしょうか（その年に最も多く滞在していた国になるのでしょうか）。

ポイント　客観的事実に基づく総合判断。

A　1．複数国にわたって滞在している人の住所地がどこにあるのかは、滞在日数のみによって判断するものではなく、その人の住居、職業、資産がどこにあるのか、親族の居住状況等によって総合判断することとされています（所令14、15、所基通2―1、3―1～3）。

2．したがって、例えば、年中移動しているいわゆる「永遠の旅人」の場合であっても、その人の生活の本拠がわが国にあれば、その人は日本の居住者ということになります。

※　詳細については、国税庁タックスアンサー No.2012「居住者・非居住者の判定（複数の滞在地がある人の場合）」を参照してください。

もっと知りたい人のために

地方住民税における居住者、非居住者の判定

Q　国税の場合、年の中途で海外赴任等で出国した場合には出国の日から非居住者になるとのことですが、地方住民税についても同じ扱いとなっているのでしょうか。

ポイント　賦課期日（1月1日時点）における住所地によって判断。

A　1．おっしゃるように、所得税においては、「居住者」、「非居住者」の区分は、基本的には個人の住所地がどこにあるのか、また、それがない場合1年以上の居所がどこにあるかによって判断されます（所法2①三）。

2．それに対し、地方税（地方住民税）にあっては、賦課期日（当該年度の1月1日）においてその者がどこに住所を有しているかによって、住民税を賦課するか否かを判断することとして

います（地法24①、294①、734②、736③）。

したがって、住民税においては、年の中途で出国した場合であっても、出国が１月１日である場合を除き、住民税が課されることとなります。この点で所得税法と異なります（注）。

注　なお、住民税の所得割部分については、課税手続の便宜の見地から、退職所得に対する分離課税に係るものを除き、前年分の所得を課税標準として課税するいわゆる「前年所得課税方式」が採用されています。したがって、例えば令和３年度分の所得割部分については、令和３年１月１日において都道府県又は市町村に住所を有する者の場合、令和２年中の所得を課税標準として課税されます。

（参考）「非居住者」との主張が覆され、課税所得の範囲の見直しがなされた判例

○　この事例では、マレーシア法人の株主である個人が、シンガポールの居住者ではなく日本の居住者に該当するとされたことに伴い、同人の有するマレーシア法人の所得が、CFC税制に基づき同人の所得になるとして雑所得課税がなされています。

（東京高裁：平成20年７月10日判決、税資250号129頁（順号10987））

②　非永住者の場合

「居住者」に該当する場合であっても、「非永住者」の要件を充足しているときには、「国外源泉所得以外の所得（いわゆる国内源泉所得）」と「国外源泉所得のうち日本国内で支払われたもの及び国内に送金された分」を所得税の課税対象としています（所法７①二）。

③　非居住者の場合

さらに、「非居住者」の場合にあっては、国内源泉所得のみが課税対象となります。

④　まとめ

これまでの説明を一覧表で示すと、次のようになっています。

◎　個人納税義務者の区分と課税所得の範囲

納税者の区分			課税所得の範囲
居住者		○国内に住所を有する個人 ○現在まで引き続き１年以上居所を有する個人	○全ての所得（全世界所得）（所法５①、７①一）
	非永住者	○日本国籍を有しておらず、かつ、過去10年以内において国内に住所又は居所を有していた期間の合計が５年以下である個人	○国外源泉所得以外の所得 ○国外源泉所得（国内払い・国内送金分に限る）（所法７①二、所令17）
非居住者		○居住者以外の個人	○国内源泉所得のみ（所法７①三、161、所令279～298）

（資料出所：財務省「国際課税に関する基本的な資料」より抜すい、一部修正）

もっと知りたい人のために

非居住者の勤務が国内、国外双方で行われた場合

Q　非居住者の勤務が国内及び国外の双方にわたって行われた場合、国内源泉所得の計算がどのようにすればよいのでしょうか。

ポイント　日数按分。

A　非居住者が国内及び国外の双方にわたって行った勤務又は人的役務の提供に基因して給与又は報酬の支払を受ける場合におけるその給与又は報酬の総額のうち、国内において行った勤務又は人的役務の提供に係る部分の金額は、国内における公演等の回数、収入金額等の状況に照らし、その給与又は報酬の総額に対する金額が著しく少額であると認められる場合を除き、次の算式により計算することとされています（所基通161―41）。

$$\frac{\text{給与又は}}{\text{報酬の総額}}\ \ \text{給与又は報酬の総額} \times \frac{\text{国内において行った勤務又は人的役務の提供の期間}}{\text{給与又は報酬の総額の計算の基礎となった期間}}$$

注　ただし、国内において勤務し又は人的役務を提供したことにより特に給与又は報酬の額が加算されている場合等には、上記算式は適用しないものとされています。

（2） 課税方法

課税方法は、「居住者」、「非永住者」、「非居住者」のいずれにおいても基本的には申告納税によります。

ただし、わが国に恒久的施設を有しない非居住者の場合、利子所得や配当所得など一定の所得については源泉徴収のみで課税が完了することとされています（詳細については64頁、65頁のイメージ図を参照してください）。

3　申告、納税

申告、納税の方法は、課税所得の範囲は異なりますが、「非永住者」及び「非居住者」であっても、「居住者」の場合と同様です。

ただし、「非居住者」であってわが国に恒久的施設を有していない場合には、所得の種類によって異なります。例えば源泉徴収のみで課税が完了する所得を得るときは、改めて申告、納付等は不要です。

それに対し、総合課税となる所得については、申告、納付が必要です。

なお、それらの手続は一般的には、「納税管理人」によって行われます。

注　1　「納税管理人」とは、非居住者になる個人又は国内に支店等を有しなくなる外国法人が、納税申告書の提出その他国税に関する事項を処理する必要があるとき、それらの事項を処理されるため指定される者であるとされています（通法117①）。

2　納税者が「納税管理人」を指定したときは、その旨及びその者の住所、氏名等を納税管理人に係る国税の納税地を所轄する税務署長に届け出ることとされています（同条②）。

※　詳細について知りたい方は国税庁タックスアンサーNo.1923の「海外転勤と納税管理人の選任」もあわせて参照してください。

※　ただし、「納税管理人」は租税債務者ではありませんので、本人に代わって税務調査や滞納処分の対象になることはありません。

3　納税者が「納税管理人」を定めることなく出国した場合、税務調査や照会必要が生じたとしても当局としては海外に居住している納税者本人に連絡を取らなければならないなど余分な手数がかかります。そのため令和3年の税制改正で、納税者本人に対し、「納税管理人」の選定・届出をすることを要請できるようにするとともに、納税者本人がそれに応じない場合には、その納税者の国内関連者を「納税管理人」として指定できるように改められています。

4　租税条約における取扱い

(1)　租税条約の規定

租税条約では、国内法と異なった規定が設けられていることがあります。

その結果、両者間で異なった規定が設けられている場合、どちらの規定を適用すべきかという点が問題となることがあります。

そのような場合、国によっては後から規定されたものが優先するとしている国（例えば米国）もありますが、わが国では原則として租税条約の規定が優先することとされています（憲法98②ほか）。

① 双方居住者の振分け

例えば「居住者」や「課税所得」の範囲について、租税条約において国内法と異なった規定が設けられていることにより、同一の納税者が双方の国で「居住者」として扱われてしまうというような事態が生じてくることがあります。

そのような事態に対処するため、わが国が締結している租税条約では、OECD モデル租税条約の考え方（第4章第2項）に従い、「双方居住者」の振分けに関する規定が設けられています（例えば、日米条約第4条第3項）。

② 課税所得の範囲と源泉地

課税所得の範囲や源泉地についても、例えば利子所得（国内法では使用地、租税条約では債務者の住所地）や使用料（国内法では使用地主義、租税条約では債務者主義）などについて国内法の規定と異なった規定が設けられていることがあります。

また、源泉徴収税率についても、国内法よりも低い税率が定められています。

（2） 国内法との間の調整

このような事態に対処するため、例えば、所得の源泉地について租税条約に国内法と異なった定めがある場合については、国内法の規定にかかわらず、租税条約の定めるところによることとされています（所法162）。

その結果、国内法で使用地主義が採用されている貸付金利子（所法161①十）及び使用料（同項十一）について、租税条約締結国との間の取引については租税条約の規定に従い、原則として債務者の住んでいる国が所得の源泉地になります。

3 法人税の納税義務者と課税所得の範囲

〔ポイント〕

1．法人自体に対する考え方として、法人を株主から独立した存在と考えるか（法人実在説）、それとも株主の集合体にすぎないと考えるか（法人擬制説）という２つがあります。わが国では基本的に後者によっています。
2．また、法人の所在地を設立地とする考え方（いわゆる設立準拠地主義）と管理支配地とする考え方（いわゆる管理支配地主義）があります。わが国は前者によっています。
3．その結果、法人税の納税義務者は、設立地が国内であるか否かにより「内国法人」と「外国法人」に区分され、いずれに区分されるかによって課税所得の範囲が異なります。
4．ちなみに、内国法人については全世界所得に対して課税、外国法人に対しては国内源泉所得のみ課税としています。
5．なお、租税条約で国内法と別な規定が設けられていることもあります。

1 納税義務者

（1） 法人に対する２つの考え方（「法人実在説」と「法人擬制説」）

法人税の納税義務者を考える場合、そもそも、その前提となる「法人」とはいかなるものをいうのかという点が問題となってきます。そこには２つの考え方があるとされています。そのうちのひとつが、法人をその出資者である株主等から別の存在として捉えるという考え方です（いわゆる「法人実在説」）。もうひとつの考え方は、「法人」を出資者である株主等の集合体として捉える考え方です（いわゆる「法人擬制説」）。

ちなみに、米国などでは、「法人実在説」によっているとされています。それに対し、わが国では基本的には後者の「法人擬制説」によっているとされています（例えば、金子宏「租税法（第22版）」308頁（弘文堂）2017年）。

後者の考え方によった場合、法人の所得に対して法人税を課し、さらに個人の配当所得に対して所得税を課すということは結果的に二重課税になってしまいます。そこで、個人レベルで配当控除を認めるという形で二重課税を排除しています（同前）。

（2） 法人の所在地に対する2つの考え方（「設立準拠地主義」と「管理支配地主義」）

「法人の所在地」については、法人が設立された場所をその法人の所在地とする考え方（いわゆる「設立準拠地主義」）とどこで設立されたかに関係なく実際にそれらの法人の管理支配が行われている場所をその法人の所在地とする考え方（いわゆる「管理支配地主義」）という2つの考え方があるとされています。

わが国や米国では、前者の考え方が採用されています。それに対し、後者の考え方は旧英連邦諸国の多くで採用されています。

（3） 内国法人と外国法人

わが国の法人税法では、法人税の納税義務者を課税所得の範囲の差により「内国法人」と「外国法人」に区分しています（法法2三、四、4）。

①　内国法人

そこでいう「内国法人」とは、「国内に本店又は主たる事務所を有する法人」です（法法２三）。

ただし、いかなるものを「法人」というのかについては、法人税法では何らの規定もされていません。したがって、他の法律（例えば民法33条以下、会社法、一般社団法人及び一般財団法人に関する法律ほか）で規定されている「法人」という概念を法人税法上そのまま「法人」として扱っています。

法人税法上、「内国法人」は、その課税範囲等に応じ、法人税が課税されない「公共法人」、収益事業のみが課税となる「公益法人等」、「人格のない社団等」及び、全ての事業が課税となる「協同組合等」と「普通法人」の５つに区分されています（法法２五〜九）。

②　外国法人

法人税法でいう「外国法人」とは、「内国法人以外の法人」です（法法２四）。

「内国法人」とは、「国内に本店又は主たる事務所を有する法人」のことをいうこととされていますので、それ以外の法人すなわち「国内に本店又は主たる事務所を有していない法人」が「外国法人」ということになります。

内国法人がその課税範囲等に応じて５つに区分されているのに対し、「外国法人」は「人格のない社団等」と「普通法人」の２つに区分されています（法法２八、九）。

ちなみに、法人税法では法人の種類を、次のような形で区分しています。

◎ 法人税法における法人の種類

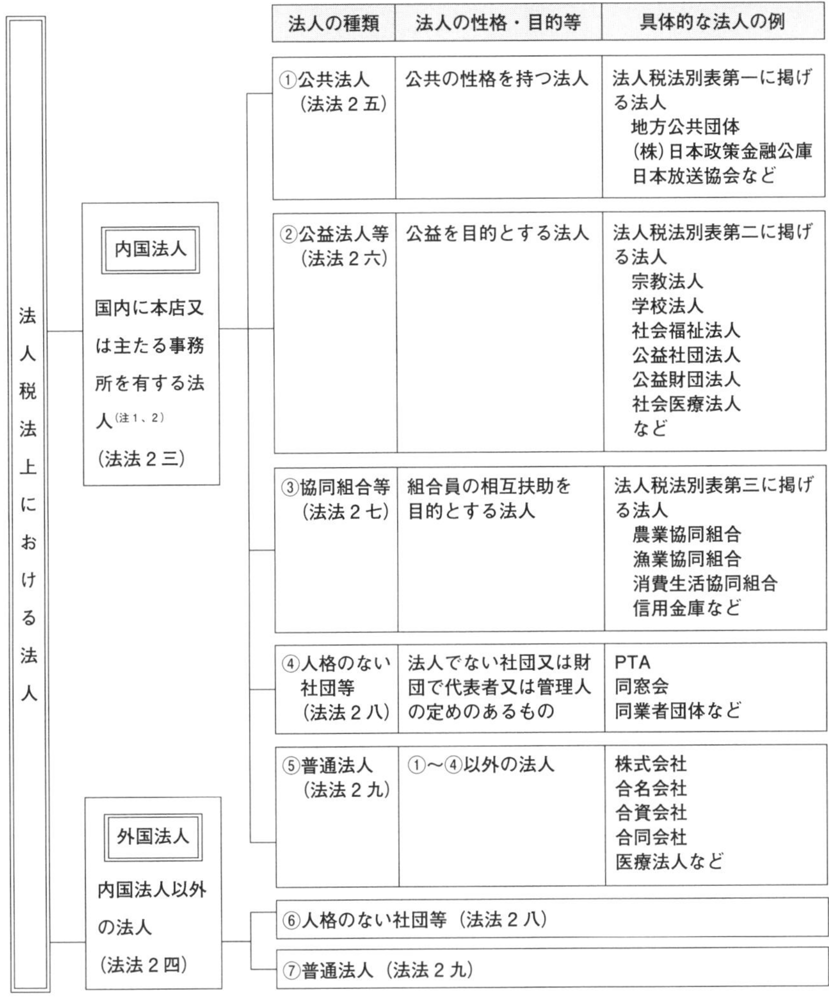

法人税法上における法人		法人の種類	法人の性格・目的等	具体的な法人の例
法人税法上における法人	内国法人 国内に本店又は主たる事務所を有する法人(注1、2) (法法2三)	①公共法人 (法法2五)	公共の性格を持つ法人	法人税法別表第一に掲げる法人 地方公共団体 (株)日本政策金融公庫 日本放送協会など
		②公益法人等 (法法2六)	公益を目的とする法人	法人税法別表第二に掲げる法人 宗教法人 学校法人 社会福祉法人 公益社団法人 公益財団法人 社会医療法人 など
		③協同組合等 (法法2七)	組合員の相互扶助を目的とする法人	法人税法別表第三に掲げる法人 農業協同組合 漁業協同組合 消費生活協同組合 信用金庫など
		④人格のない社団等 (法法2八)	法人でない社団又は財団で代表者又は管理人の定めのあるもの	PTA 同窓会 同業者団体など
		⑤普通法人 (法法2九)	①～④以外の法人	株式会社 合名会社 合資会社 合同会社 医療法人など
	外国法人 内国法人以外の法人 (法法2四)	⑥人格のない社団等(法法2八)		
		⑦普通法人(法法2九)		

注 1　本店又は主たる事務所の所在地の判定に当たっては、登記を設立要件とする法人については、登記簿上の所在地によることとされています。

2　人格のない社団等の本店又は主たる事務所の所在地については、次によることとされています(法基通1－1－4)。

① 定款、寄附行為、規則又は規約に本店又は主たる事務所の所在地の定めがある場合……その定款等に定められている所在地

② ①以外の場合……事業の本拠として代表者又は管理人が駐在し、業務の企画や経理を総括している場所(その場所が転々と移転する場合には、代表者又は管理人の住所)

(資料出所：国税庁税務大学校講本「法人税法」(令和5年度版)5頁より抜すい、一部修正)

2　課税所得の範囲

（1）　内国法人の場合

法人税の課税所得の範囲は、法人の種類によって異なります。

内国法人の場合は、次のようになっています（法法4～7）。

◎　法人の種類と課税所得の範囲（法法4～7）

<table>
<tr><th>課税所得
法人の種類（内国法人）</th><th>各事業年度の所得[注1]</th><th>退職年金等積立金[注3]</th></tr>
<tr><td>公共法人</td><td colspan="2">納税義務なし（法法4②）</td></tr>
<tr><td>公益法人等</td><td rowspan="2">収益事業[注2]から生じた所得にのみ課税（法法4①ただし書、5、7）</td><td rowspan="4">退職年金業務等を行う法人（信託会社及び保険会社等）に対して課税（法法7）</td></tr>
<tr><td>人格のない社団等</td></tr>
<tr><td>協同組合等</td><td rowspan="2">課税（法法4、5）</td></tr>
<tr><td>普通法人</td></tr>
</table>

注 1　各事業年度の所得に対する法人税には、法人課税信託の受託者を納税義務者として「法人課税信託」の信託財産について生ずる所得に対して課税される法人税が含まれます（法法4の2）。

2　収益事業とは、法人税法施行令第5条に列挙されている物品販売業等の34の事業で継続して事業場を設けて行われるものとされています（法法2十三）。例えば、お寺（宗教法人）が境内の一部を駐車場として貸したり（駐車場業）、幼稚園（学校法人）が園児に制服・制帽等を販売（物品販売業）することなどをいいます（法基通15―1―1～72）。

3　退職年金等積立金に対する法人税は、平成11年4月1日から令和5年3月31日までの間に開始する事業年度については、時限措置として、課税が停止されています（措法68の5）。

（資料出所：国税庁税務大学校講本「法人税法」（令和5年度版）6頁より抜すい、一部修正）

（2）　外国法人の場合

それに対し、「外国法人」の場合にあっては、「国内源泉所得」のみが課税対象となります（法法4③、9、138、141）[注]。

注　それらに加え、所得税法上の納税義務を負う場合もあります（所法7①五、161①四～十一及び十三～十六）。

（3）まとめ

これらの関係を一覧表で示すと、次のようになります。

◎　法人納税義務者の区分と課税所得の範囲（普通法人）

納税者の区分		課税所得の範囲
内国法人	国内に本店又は主たる事務所を有する法人（法法2三）	全ての所得（全世界所得）（法法4①、5） ※　ただし、外国子会社配当益金不算入制度の適用を受ける配当については、その95%相当額を益金不算入（法法23の2）
外国法人	内国法人以外の法人（法法2四）	国内源泉所得のみ（法法4③、9、138、141）

注　公益法人等や人格のない社団等について、法人税の納税義務が生じるのは、それらの団体が収益事業を行う場合のみとされています（法法4①）。

（資料出所：財務省「国際課税に関する基本的な資料」より抜すい、一部修正）

3　租税条約における取扱い

（1）双方居住者の振分け

個人所得税の場合と同じく、法人税においても、例えば前述した法人の所在地に対する考え方の相違などにより、「内国法人」と「外国法人」の定義等について、国によって異なった規定ぶりとなっていることがあります。

その結果、場合によっては、ある「法人」が両締約国のいずれにおいても「内国法人」として扱われるような事態が生じてくる可能性があります。

そこでわが国が締約している租税条約及びそのベースとなっているOECD モデル租税条約では、そのような場合に備え、次のような調整規定（振分け基準）を設けています。

第1条　人的範囲

この条約は一方又は双方の締約国の居住者である者に対し適用する。

第3条　定義

1　この条約の適用上、文脈により別に解釈する場合を除くほか

a）「者」には、個人、法人並びに法人以外の団体を含む

b）「法人（Company）」とは、法人格を有する団体又は租税に関し法人格を有する団体として取り扱われる団体をいう

第4条　居住者

1、2略（個人所得税の場合と同じ規定ぶり）

3　1の規定により双方の締約国の居住者に該当する者で個人以外のものについては、その者の事業の実質的管理の場所が存在する締約国の居住者とみなす

※　ただし、法人について国内法で設立準拠地主義を採用しているわが国は、この考え方によらず、国内法と同じく原則として「本店所在地主義」によるか、相互協議により振り分けることとしています。

（2）所得の源泉地等

なお、所得の源泉地についても、国内法と租税条約で異なった規定が

設けられていることがあります。

そこで、法人税法でも、所得税法の場合（所法162）と同じく、租税条約上の規定が優先適用される旨の規定がおかれています（法法139）。

4 多様な事業体

これまでにみてきましたように、わが国の税法では、個人に対しては個人所得税を、法人格を有する法人に対しては法人税を課すという形になっています(注)。

注　ただし、人格のない社団等に対してはこれを法人とみなして法人税を課すこととされています（所法４、法法３）。

しかし、実際の経済活動においては、それ以外の事業体や組織体（以下これらをまとめて多様な事業体といいます。）の利用も増加してきています。しかも、これらの事業体は国によって税務上の取扱いが異なることが多いことから、国際取引において特に問題となってきます。

1 多様な事業体の基本形態

多様な事業体は、その形態や内容等に応じ、基本的に次の３つに区分されます。

（1） 組合形態

① 任意組合

この種の事業体の代表例は、わが国の民法上の組合（民法667条）、いわゆる任意組合です。

注　米国の各州法に基づいて組成されるパートナーシップなどもこれに近いものといわれています。

この種の組織体は、複数の組合員（個人・法人いずれでも可）が、共同の事業を営むため、金銭その他の財産又は労務を出資し、そこから生じた損益を、各組合員の出資割合等に応じて配分するという形で行われます。

そして、組合自体は納税義務者とはならず、構成員である個人（又は法人）に対して所得税（又は法人税）が課されることとなっています（所基通36・37共—19、19の2、20、法基通14—1—1、1の2、2）。

② 匿名組合

匿名組合契約は、当事者の一方が、相手方（営業者）のために出資をし、その営業から生ずる利益を分配することを約することによってその効力を生ずるという契約です（商法535条以下）。

匿名組合契約では表面に出てくるのは営業者のみですが、営業者が得た所得（損失）については、（契約に基づき）出資者が出資持分に応じて課税されます(注)。

注　かつて、国内源泉所得となる匿名組合契約に基づく利益の分配は営業者と10人以上の出資者とされていたため、外国からの出資者が9人以下の場合、わが国で課税されなかったことから、租税回避の手段として多用されていました。

そこで、平成15年度（2003年度）の税制改正で、組合員数の如何にかかわらず国内源泉所得として課税できるように改められました。

これに類する事業体として、投資事業有限責任組合（LPS)、有限責任事業組合（LLP）などがありますが、課税方法としては構成員課税とされ、任意組合の場合と基本的に同様です(注)（所基通36・37共—21、21の2、法基通14—1—3）。

なお、LPSやLLPに類する外国の組織体については、その内容に応じ構成員課税とされたり組織体自体を法人とみなして課税されたりしています（後述の判例・裁決例を参照してください。)。

注　ただし、法人格を有していても、「資産流動化法」（法97号）に基づく「特定目的会社（SPC)」及び「投資法人法」（法97号）に基づく投資法人は、その利益の大部分を社員に配当することが予定されていることから、一定の要件を充足すれば支払配当についても損金算入が認められています（法法67の14)。その場合にはそれらの法人の構成員である社員に対し、課税がなされます（いわゆるペイ・スルー型法人)。

(2) 法人形態による事業体

わが国の場合、法人形態による事業体に対しては、その事業体自体に対し法人税が課されることとなっています（法法４、５)。

それに対し、例えばドイツなどでは、合名会社、合資会社に対しては法人自体ではなく構成員である株主に課税されることとなっています。

また、米国の有限責任会社（LLC）や小規模閉鎖会社（S法人）については、法人格を有してはいるものの、納税者の選択（チェック・ザ・ボックス・ルール）により、構成員課税をすることも認められています(注)。

注　ただし、米国LLCへの出資がわが国からなされた場合、わが国の税法上、米国LLCは法人格を有しているとされていますので、法人として扱われ、構成員課税を受けることはできません（後述の判例、裁決例参照)。

(3) 信託形態

わが国では、信託契約は土地信託など一部の信託を除き、それほど利用されてきませんでした。しかし、海外では広く普及し、税務上の問題も多発しています。

周知のように、信託契約は、委託者（settlor又はgrantor）が特定の財産を受託者（trustee）に移転し、受託者がそれらの財産を管理した上でそこから得られる利益を受益者（beneficiary）が享受するという契約です。

わが国の所得税法及び法人税法では、信託のこのような性格に着目し、受益者がそれらの財産を所有しているものとみなして受益者に課税することとしています（所法13①本書、法法12①本書）(注)。

注　ただし、集団投資信託については、そこで生じた利益が分配されるまで課税が延期されることとなっています（法法12①ただし書）。

ちなみに、米国や英国などでは信託を利用した租税問題が多発していることから、わが国でも今後この分野における租税回避事例が増加してくるのではないかと思われます。

（参考）　多様な事業体に関する判例・裁決例

○　米国でパス・スルー課税を受けている有限責任会社（LLC）が、法人格を有しているので、わが国の税務上法人として扱われるとされた事例　（東京高裁：平成18年10月10日判決、税資227号（順号1079））

○　バミューダ諸島の法律に基づいて組成された事業体（LPS）が、わが国の税法上、法人にも人格のない社団にも当たらないとして、法人税課税処分等が取り消された事例

（東京高裁：平成26年2月5日判決、平成24年（行コ）第345号、裁判所ホームページ・判例時報2235号3頁・判例タイムズ1407号86頁・税資264号（順号12403））

○　デラウェア州法に基づいて組成された事業体（LPS）が、自ら法律行為の当事者になることができ、かつ、その法律効果が当該LPSに帰属し権利義務の帰属主体と認められるので、所得税法2条1項七号等に定める「外国法人」に該当するとされた事例

（最高裁二小：平成27年7月17日判決、民集69巻5号1253頁）

○　民法上の組合（りんご組合・任意組合）の組合員が一般作業員として行った役務の提供によって得た所得が、当該任意組合利益の分配ではなく給与所得になるとされた事例

（最高裁二小：平成13年７月13日判決、裁判所ホームページ）

○　匿名組合契約を通じて行っていた航空機リース事業に係る損失の取込み（不動産所得）が、当該匿名組合契約に基づき分配される損益は出資に対する対価であり不動産所得ではないとされた事例

（最高裁二小：平成27年６月12日判決、民集69巻４号1121頁）

○　海外に所有する不動産について、現地に管理人を置き有料で貸し出したことによって得られる所得は、不動産所得ではなく雑所得に該当するとされた事例　（令和３年３月２日裁決、非公開裁決）

第２編　インバウンド取引・投資に伴う税務

1 はじめに

〔ポイント〕

1．インバウンド取引・投資とは、外国人又は外国法人がわが国に直接来て事業活動を行ったり、わが国に投資をする行為のことです。
2．外国人又は外国法人がわが国に直接来て事業活動を行う場合の課税は、個人であれば居住者、非居住者又は非永住者のいずれかとして課税されます。また、法人であれば、外国法人の支店等又は外資系内国法人として課税されます。
3．それらに加え、外国人又は外国法人が海外からわが国に投資をする場合、そのリターンに対しわが国で課税されます。
4．なお、それらの活動等が租税条約締結国である場合等については、別途の取扱いがなされることもあります。

インバウンド取引の場合、第一次課税権は所得の源泉又は財産の所在地であるわが国にあります。

また、モノの輸入の場合であれば、関税、消費税の対象となります。

他方、アウトバウンド取引の場合にあっては、第一次的課税権は外国にあります。その結果、わが国では、そこで課税された分について、わが国でどのように扱うかという点が問題となってきます。

また、モノの輸出の場合は、相手国で関税、消費税が課されます。

なお、インバウンド取引、アウトバウンド取引のいずれの場合であっても、租税条約で別途の扱いがなされることがあります。

インバウンド取引とアウトバウンド取引を図で示すと、次のようになります。

◎　インバウンド取引のイメージ

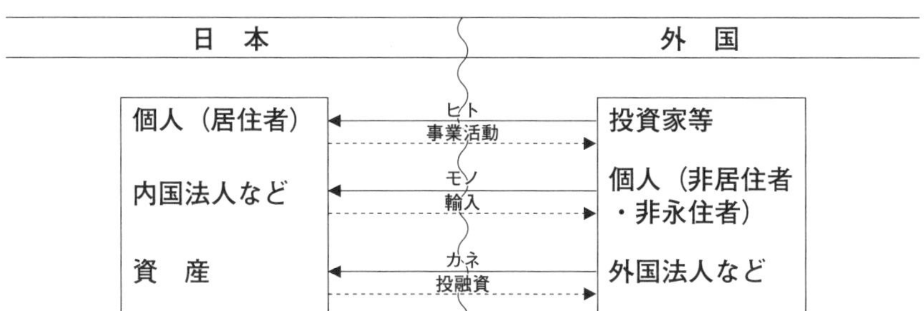

◎　アウトバウンド取引のイメージ

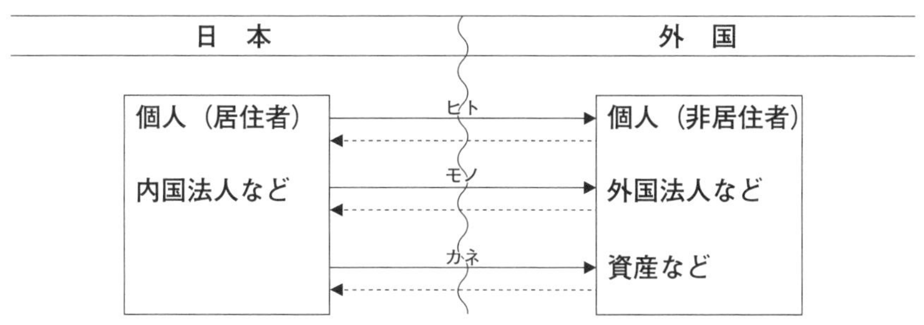

注　1　実線は原因となるヒト、モノ、カネの流れを表しています。
　　2　点線はそれによる収益（資金回収等）を表しています。

インバウンド取引及び外国からの投資等の場合、次の４つの方法が考えられます。

（イ）　外国人が直接わが国に来て、個人として事業活動等を行う。

（ロ）　外国人が直接わが国に来て、従業員等の立場で役務提供を行う。

（ハ）　非居住者又は外国法人の立場を維持したままわが国で事業活

動・投資等を行う。

（ニ）　外国法人がわが国に子会社等を設立して事業活動等を行う。

このうち、（イ）と（ハ）については、原則として国内法のみで対応が可能ですが、場合によっては租税条約によりわが国の課税権が一部制限されることがあります。

それに対し、（ロ）については、国内法だけでなく租税条約が重要な役割を果たす場合があります。

2 外国人がわが国に来て直接事業活動・投資活動を行う場合

〔ポイント〕

1．外国人については、滞在期間の長短により、居住者、非永住者、非居住者の３つに区分されます。

2．それぞれの区分に応じ、わが国で課税される範囲が異なります。

3．なお、居住者の定義が国によって異なることがあるため、租税条約でそれらの調整（例えば、双方居住者の振分けなど）が図られています。

1 概説

外国人が直接わが国に来て事業活動等を行う場合、その者が１年以上滞在することなどによりわが国の「居住者」になるときと、そうでないとき（「非居住者」のまま）が考えられます。

また、前者の場合であっても、わが国での滞在期間の長さにより「非永住者」とそれ以外の本来の「居住者」に区分されます。そして、その者が上記のいずれに該当するかにより、次にみるように、その課税範囲を異にしています。

・本来の居住者……全世界所得に対して課税（所法５①、７①一）

・非永住者……国外源泉所得以外の所得で日本国内で支払われたもの及び日本に送金されたものに対して課税（所法７①二）

・非居住者……国内源泉所得に対してのみ課税（所法５②、７①三）

2　課税方式

（１）　居住者、非永住者の場合（所法21、22ほか）

課税方式は「居住者」と「非永住者」の場合には、通常の個人所得税の場合と同じく、原則として全ての所得を合算して行ういわゆる総合課税方式（申告納税）となります（所法第２編「居住者の納税義務」特に21、22）。

ただし、「非永住者」の場合にあっては、国外源泉所得以外の所得と国外源泉所得のうち国内払い及び国内送金分のみについて総合課税となります（その他は課税なし）（所法７①二）。

もっと知りたい人のために

非永住者課税における「国内において支払われたもの」の意義

Q　非永住者は、国内源泉所得のほか国外源泉所得で「（日本）国内において支払われたもの」及び「国外から（日本に）送金されたもの」について課税されるとのことですが、そこでいう「国内において支払われたもの」とは、具体的にどのようなものをいうのでしょうか。

ポイント　回答を参照してください。

A　１．非永住者の課税所得の範囲について規定した所得税法第７条第１項第２号に規定する「国内において支払われた……もの」とは、例えば、次のようなものがそれに当たるとされています（所基通７－４）。

①　その非永住者の国外にある営業所等と国外の顧客との間に行われた商取引の対価で、為替等によりその非永住者の

国内にある営業所等に直接送付され、若しくは当該国内にある営業所等に係る債権と相殺され、又は当該国内にある営業所等の預金口座に直接振り込まれたもの

② その非永住者の国外にある不動産等の貸付けによる賃貸料で、為替等によりその非永住者に直接送付され、又はその非永住者の国内にある預金口座に直接振り込まれたもの

2．なお、確定申告書の提出時までにそれらの支払がなされているなどの場合において、これらの所得が国内又は国外のいずれにおいて支払われるか明らかでないときは、例えば、同種の取引に係る所得の過去における支払地、国外にある営業所等、国外における受領者とみられる家族等又は国外にある預金口座の有無等の具体的事情に応じ、国内又は国外のいずれにおいて支払われることとなるかを適正に推定することとされています（所基通7－5）。

もっと知りたい人のために

非永住者が日本赴任前に自国で得ていた所得について赴任後に送金を受けた場合

Q 非永住者が日本赴任前に得ていた所得（国外源泉所得）について、日本到着後に送金を受けた場合、それらの所得についても日本で課税になるのでしょうか。

ポイント 原則としてなりません。

A 「非永住者」については、国内源泉所得だけでなく国外源泉所得で国内で支払われたもの及び国内に送金された分について課税

されます（所法７①二）。

しかし、それはあくまで非永住者になってからの話です。

「非永住者」になれるのは外国人に限られていますので、日本赴任前は「非居住者」だったと思われます。わが国の制度上､「非居住者」であれば国内源泉所得についてしか課税されません（所法７①三）。

したがって、たとえ「非居住者」時代に得ていた所得が「非永住者」になってから日本に送金されたとしても、それらの所得について日本で課税されることはありません。

もっと知りたい人のために

送金の範囲

Q 「国内において支払われたもの」についてはわかりましたが、もうひとつの要件である「国外から送金されたもの」とは、具体的にどのようなものをいうのでしょうか。

ポイント 回答を参照してください。

A １.「国外から送金されたもの」にいう「送金」には、非居住者自身による国内への通貨の持込み又は小切手、為替手形、郵便為替、信用状その他の支払手段による通常の送金のほか、次に掲げるような行為も含むものとして取り扱われています（所基通７―５）。

⑴　貴金属、公社債券、株券その他の物を国内に携行し又は送付する行為で、通常の送金に代えて行われたと認められるもの

(2) 国内において借入れをし又は立替払を受け、国外にある自己の預金等によりその債務を弁済することとするなどの行為で、通常の送金に代えて行われたと認められるもの

2. なお、国外からいったん送金を受けた金額（例えば、100）はグロスで計算されますので、そのうち一部（例えば、40）を国外に送金したとしても、送金を受けた額はネットの60（100－40）ではなく、100になりますので注意してください（平成20年8月4日裁決、裁決事例集76集77頁）。

(2) 非居住者の場合（所法161、164ほか）

それに対し、「非居住者」の場合にあっては、一般的には源泉分離課税のみで納税が完了することとされています（所法164、169、170）。

ただし、「非居住者」がわが国に恒久的施設※（Permanent Establishment: PE）を有する場合であって、当該恒久的施設※に帰属する所得（所法161①一）及び国内源泉所得のうち資産の運用・保有により生ずる所得など（所法161①二、三、五～七、十七）については、総合課税となります。

※ 「恒久的施設」とは、支店、工場等をいうこととされています。なお、その詳細については国税庁タックスアンサー No.2883「恒久的施設（PE）（令和元年分以後）」を参照してください。

納税義務の範囲と課税方式を図で示すと、次のようになっています。

◎　個人納税義務者の課税所得と課税方式

①　納税義務者の課税所得の範囲（所法７、95④、161）。

<table>
<tr><td colspan="2" rowspan="2">所得区分
居住区分</td><td colspan="2">国外源泉所得以外の所得</td><td colspan="3">国外源泉所得</td></tr>
<tr><td>国内源泉所得</td><td></td><td>国内払</td><td>国内送金</td><td></td></tr>
<tr><td rowspan="2">居住者</td><td>非永住者以外の居住者</td><td colspan="5">課　税</td></tr>
<tr><td>非永住者</td><td colspan="4">課　税</td><td></td></tr>
<tr><td colspan="2">非居住者</td><td>課　税</td><td colspan="4"></td></tr>
</table>

②　課税方式（所法21、22、164ほか）

<table>
<tr><td colspan="3">居住区分等</td><td>課税方式</td></tr>
<tr><td rowspan="2">居住者</td><td colspan="2">非永住者以外の居住者</td><td rowspan="2">総合課税（申告納税方式）
（所法21、22）</td></tr>
<tr><td colspan="2">非永住者</td></tr>
<tr><td rowspan="3">非居住者</td><td rowspan="2">PE を有する</td><td>PE 帰属所得</td><td>総合課税（申告納税方式）
（所法164①）</td></tr>
<tr><td>PE 帰属所得以外</td><td rowspan="2">総合課税（申告納税方式）
（所法164①、165 ～ 166）又は
源泉分離課税方式
（所法164②、169 ～ 170）</td></tr>
<tr><td colspan="2">PE を有しない</td></tr>
</table>

注 1　PE（恒久的施設）とは、支店等、建設作業場、代理人等をいうこととされています（所法2①八の四、所令１の２）。なお、詳細については国税庁タックスアンサー No.2883「恒久的施設（PE）（令和元年分以後）」を参照してください。

2　非居住者の所得控除は雑損控除、寄附金控除及び基礎控除のみ、また、税額控除は、配当控除及び外国税額控除のみが適用されます。

（資料出所：国税庁税務大学校講本「所得税法」（令和５年度版）９頁より抜すい、一部修正）

3　租税条約の取扱い

前述した属人主義、属地主義にみられるように、居住者の定義は国によって異なる場合があります。その結果、ある国で居住者とされた者が、相手国でも居住者として扱われる場合も生じてきます(注)。

注　例えば、米国では、米国市民であれば、原則として全世界所得に対して課税することとされています。
　また、英国では、居住者について、本人の永住意思等をより尊重したdomicileという概念が採用されています（米国も同様）。
　そして、英国の場合、non-domicileに該当する者に対しては、日本の「非永住者」と同様の課税がなされます（HMRCマニュアルより）。

このような事態に対処するため、OECDモデル租税条約では、双方居住者の振分けに関する規定（第4条第2項）が設けられています。

わが国が締結している租税条約でも、相手国によって若干の差はありますが、ほぼ同様の規定が設けられています。

外国法人がわが国に子会社を設立して事業活動・投資活動を行う場合

〔ポイント〕

1．わが国の会社法では、設立準拠地主義という考え方が採用されています。その結果、外国法人は、わが国に子会社を設立することにより、内国法人として扱われることになります。

2．ただし、国によっては管理支配地主義を採用しているところもあります。

3．そのため、個人の場合と同じく、租税条約での調整規定が設けられています。

1　国内法の規定（法法2ほか）

冒頭でも触れましたように、わが国の会社法では、法人の所在地をその法人がどこで設立されたかによって区分する設立準拠地主義という考え方が採用されています。また、わが国の法人税法では、法人とはいかなるものをいうのかについて同法上明確な定義規定が設けられていません。そのため、法人とはいかなるものをいうのかについては、他の法令で規定されている考え方をそのまま受け入れています（いわゆる「借用概念」という考え方です。）。その結果、例えば会社法でいう会社等が代表的な法人（普通法人）として扱われています（法法2九）。また、協同組合、一般社団法人、財団法人、宗教法人、学校法人等も、法人税法上、法人として扱われています（法法2五～八）。そして、わが国で設立された法人は、法人税法上全て内国法人として取り扱われています（法法２三）。

内国法人については、法人税法上、その全世界所得に対してわが国で法人税が課されることになります（法法４①）(注)。

注　ただし、内国法人はその株主構成に着目し、外資系法人と称されることがあります。

2 租税条約における取扱い

法人が租税条約との関連で問題となってくるのは、それらの法人が両締約国のいずれの国においても内国法人として扱われることになった場合です。

それは、前述したように、法人の所在地に対する考え方が国によって差があるためです。

法人がわが国だけでなく相手国においても内国法人として扱われることとなった場合、OECDモデル租税条約では、「その者の事業の実質的支配管理の場所、その者が設立された場所、その他関連する全ての要因を考慮して、合意によって、この条約の適用上その者が居住者とみなされる締約国を決定するよう努める。」としています（第４条3）。しかし、わが国の国内法では、法人の所在地については、「設立準拠地主義（本店所在地主義）」の考え方が採用されています（法法２三）。その結果、わが国が締結している租税条約では、OECDモデル条約の考え方でなく、国内法と同じく法人の設立地である本店所在地国の居住者とみなすか、相互協議の合意によりその所在地国を決定することとしています。

4 非居住者又は外国法人がわが国に恒久的施設（PE）を設けて事業活動・投資活動を行う場合

〔ポイント〕

1．非居住者がわが国に移住しなくても、PEを通じて事業活動を行うことが可能。

2．外国法人もわが国に子会社を設立しなくてもPEを通じて事業活動を行うことが可能。

3．「PEなければ課税なし」というのが、国際課税の基本原則。

4．平成26年度の税制改正で、PE課税をそれまでの総合主義から帰属主義に変更し、あわせてOECD承認アプローチ（AOA原則）の考え方が導入された。

1 恒久的施設に関する国内法の規定（所法2、法法2ほか）

非居住者又は外国法人が、その立場を維持したまま、わが国に恒久的施設（PE）を設けて事業活動や投資活動を行うことがあります。

注　ちなみに、恒久的施設（Permanent Establishment：通常PEと略称）とは、支店、出張所等その他事業を行う一定の場所や代理人のことをいうこととされています（所法2八の四、法法2十二の十九）。

恒久的施設は、法令上、次の3種に区分されています(注)。

① 国内にある支店、工場その他一定の場所（いわゆる「支店PE」）

② 国内において建設、据付け、組立てその他の作業又はその作業の

指揮監督等で１年を超えて行われるもの（いわゆる「建設 PE」）

③　自己のために契約を締結する権限のある者（いわゆる「代理人 PE」）

注　ただし、租税条約でこれと別異の定めがされている場合にはそれによることとなります。

そして、非居住者や外国法人がわが国で事業を行う場合、わが国に恒久的施設（PE）がなければ、それらの者の事業利得には課税しないというのが国際課税における基本ルールになっています。

いわゆる、「PE なければ課税なし」と称されている原則です。非居住者や外国法人が恒久的施設（PE）を通じてわが国で事業活動を行う場合、それらの恒久的施設（PE）に帰せられる所得は、国内源泉所得としてわが国で課税されます。

このような課税方法は、一般に「帰属主義（注）」という名で呼ばれています。

注　〈総合主義から帰属主義への移行〉…平成26年度改正
従前（平成26年度改正前）は、居住者及び外国法人がわが国に恒久的施設を有する場合には「総合主義」という考えの下、当該恒久的施設に帰せられるものでなくても、国内源泉所得として課税されていました。
しかし、ほとんどの国で「帰属主義」が採用されていること、わが国が締結している租税条約でも「帰属主義」の考え方が採用されていることなどから、平成26年度の税制改正で、国内法でも、国際的スタンダードにあわせるべく「帰属主義」の考え方が導入されました。
ちなみに、平成26年度改正前の「総合主義」と改正後の「帰属主義」の具体的な差異を図で示すと、次のようになっています。

◎　総合主義から帰属主義への国際課税原則の見直し

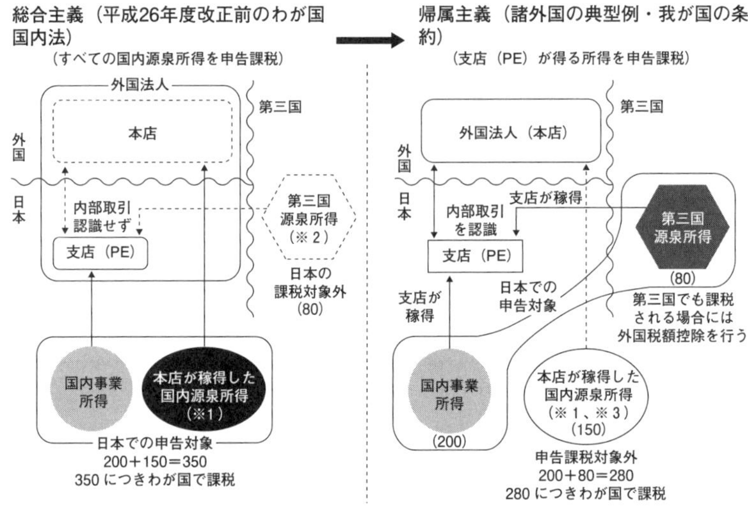

※１　本店が支店（PE）を介さずに行う直接投資等：平成26年改正前は課税
　２　支店（PE）が行う国外投融資で第三国において課税されているもの
　　：平成26年改正前は非課税
　３　原則として源泉徴収で課税関係終了

（資料出所：財務省「平成26年度 税制改正」パンフレットより抜すい、一部修正）

また、恒久的施設に帰属する所得については、それらの恒久的施設が、本店から分離・独立した企業であると擬制し、当該恒久的施設に帰せられることとされています（所法164、法法141ほか）(注)。

注　いわゆる OECD 承認アプローチ（AOA 原則）という考え方です。このような考え方に基づき、恒久的施設の自己資本相当額が当該 PE 帰属資本（その PE が本店等から分離・独立した企業であると擬制した場合にそこに帰せられるべきと考えられる資本の額）に満たない場合には、PE における支払利子総額のうちその満たない部分に対応する金利は、当該 PE の帰属所得の計算上、損金の額に算入されません。

同様に、PE から本店等に支払われる内部利子についても、それが過大である場合には、過大支払利子税制の規制対象となります。

ただし、その場合であっても内部利子については源泉徴収の対象とはなりません。

（具体的計算例）

例えば、国内事業所得(A)＝200、本店が稼得した国内源泉所得(B)＝150、第三国源泉所得(C)＝80だったとしますと、「総合主義」によった場合のわが国の課税所得は、(A)＋(B)＝200＋150＝350となっていました。

それに対し、「帰属主義」によった場合においては、わが国の課税所得は(A)＋(C)＝200＋80＝280となります。

なお、日本にある恒久的施設と本店等との間の内部取引については、PEである日本支店において損益を認識するとともに、内部取引価格が独立企業間価格と異なる価格で行われたことによりわが国に所在するそれらの恒久的施設に帰属する所得が過少となっている場合には、その内部取引価格を独立企業間価格に引き直してその所得を計算し直すなど、移転価格税制に基づいて課税がなされます(注)。

注　したがって、本店等への寄附に相当する内部取引が行われた場合には、国外関連者に対する寄附と同様に全額が損金不算入となります。

ただし、日本にある恒久的施設から本店等に対して支払われた内部支払利子等については、恒久的施設に帰属する所得の金額の計算上は支払いがあったものとみなして損金算入されますが、源泉徴収については別の扱いとなり、わが国での源泉課税は行われません。

もっと知りたい人のために

PE開設のための資金供与等の取扱い

Q　恒久的施設を開設するため本店から資金供与があったり、支店から本店への利益送金があった場合はどのような処理になるのでしょうか。

ポイント　資本等取引として扱われます。

A　平成26年度の税制改正で、恒久的施設をあたかも独立した法人として扱うようにされたことにより、それらの施設を開設するための資金の供与や本店等への利益送金等をどのように扱うべきかという点が問題となってきます。それらについては、資本等取引として扱うこととされています。

2　租税条約における取扱い

2015年10月に公表されたBEPSプロジェクト行動計画7（恒久的施設認定の人為的回避の防止）の提言に基づき、2017年にOECDモデル租税条約第5条（恒久的施設）第4項にいう恒久的施設に該当しないものの範囲が縮減されました。

具体的には、第4項に4.1として、次のような文章が追加されました。

BEPSプロジェクト行動7をふまえたOECDモデル租税条約第5条第4項への追加文章

4.1　4の規定は、事業を行う一定の場所を使用し若しくは保有する企業又は当該企業と密接に関連する企業が当該一定の場所又は当該一定の場所が存在する締約国内の他の場所において事業活動を行う場合において、次のa）又はb）に該当するときは、当該一定の場所については適用しない。ただし、当該企業及び当該企業と密接に関連する企業が当該一定の場所において行う事業活動又は当該企業若しくは当該企業と密接に関連する企業が当該一定の場所及び当該他の場所において行う事業活動が、一体的な業務の一部として補完的な機能を果たす場合に限る（2017年追加）。

a） この条の規定に基づき、当該一定の場所又は当該他の場所が当該企業又は当該企業と密接に関連する企業の恒久的施設を構成すること。

b） 当該企業及び当該企業と密接に関連する企業が当該一定の場所において行う活動の組合せ又は当該企業若しくは当該企業と密接に関連する企業が当該一定の場所及び当該他の場所において行う活動の組合せによる活動の全体が準備的又は補助的な性格でないこと。

また、代理人 PE についても、契約締結代理人だけでなく、「契約の締結のために反復して主要な役割を果たす場合」も恒久的施設を有することとされました（OECD モデル租税条約第５条第５項）。

これを受けて、わが国でも平成30年度の税制改正で、恒久的施設の範囲について、次のような見直しがなされました。

① 従来、保管・展示・引渡しなどといった、いわゆる特定活動のみを行っていた場合、従前は恒久的施設には該当しないとされてきました。しかし、平成30年度の改正で、特定活動のみを行う場合であっても、その活動が外国法人等の事業の遂行に当たり重要なものである場合には、恒久的施設に該当することとされました（所令１の２⑤、法令４の４⑤）。

② また、代理人 PE については、その者に契約を締結する権限が与

えられている場合にのみ代理人PEに当たるとされていましたが、契約締結権限を有していなくても、そこに至る段階で重要な役割を果たしている場合等においては、それを代理人PEに含めることとされました（所令1の2⑦、法令4の4⑦）。

ちなみに、PE関連規定が見直された平成30年度の改正をイメージ図の形で示すと、次のようになっています。

◎　**PE関連規定の見直し**

改正前のPEの定義（概要）		主な改正事項
支店PE 支店、事務所、工場等 ＊保管・展示・引渡しなどの特定活動のみを行う場所を除く	➡	・特定活動のみを行う場所も、その活動が、外国法人等の事業の遂行にあたり、準備的・補助的な性格のものでない場合はPEに該当
代理人PE 契約締結代理人等	➡	・代理人の役割を限定することによるPE認定回避に対応

（資料出所：財務省「平成30年度 税制改正」パンフレットより抜すい）

（参考）　OECDモデル租税条約の改正をふまえた国内法・通達における恒久的施設の範囲等の見直しに関する規定一覧

所法2八の四、5、161、164、所令1の2、所規1の2、所基通161―1、164―1、法法2十二の十九、4、138、141、法令4の4、法規3の4、法基通20―1―1

※　新しいPEの概要についてもっと知りたい方は、国税庁タックスアンサーNo.2883「恒久的施設（PE）（令和元年分以後）」を参照してください。

（参考） PEの該当性及びPE帰属をめぐる判例・裁決例

○　この事例では、非居住者がインターネットによる注文に応じて、アメリカで仕入れた自動車用部品を保管し、配送していた日本国内のアパートがPEに該当するとされています。

（東京高裁：平成28年1月28日判決、税務月報）

（同旨裁決・平成23年11月25日裁決、裁決事例集85集204頁）

○　この事例（日本ガイダント事件）では、オランダ法人が日本法人との間で締結した匿名組合契約が、PEを有する任意組合なのかそれとも名目どおり匿名組合契約であり日蘭租税条約で規定する「その他所得条項」に該当するのかが争いとなりましたが、東京高裁はこの契約から生じた所得は同条約（20条）で規定する「その他所得条項」に該当するので日本には課税権がないと判示しています。

（東京高裁：平成19年6月28日判決、平17（行コ）27、最高裁ホームページ）

⇓

この判決をふまえ、平成23年に改訂された日蘭条約（議定書9）では、匿名組合契約からの分配金についても任意組合からの分配分と同じくわが国で課税できるように改められています。

※　なお、日本側でPEに該当するとして課税はしたものの、日米間の相互協議で、それらは「倉庫」であり、PEに該当しないとして当初の課税処分（約140億円）がなかったこととされたアマゾン・ジャパン事件があります。

○　外国法人の香港本店名義で外国の銀行に保有している円建て定

期預金に係る受取利息は、外国法人の日本支店が独自に運用したことに基づくものであって同支店において行う事業に帰せられるものであるから、外国法人の日本支店の国内源泉所得に該当するとした事例　　　　　　（平成２年７月６日裁決、裁決事例集40集192頁）

5 非居住者又は外国法人が恒久的施設（PE）を有しない形でわが国で事業・投資活動等を行う場合

〔ポイント〕

1．非居住者がわが国でPEを有することなく投資活動等を行った場合には、所得の種類によって課税形態が異なります。

2．外国法人がわが国でPEを有することなく投資活動等を行った場合も同様です。

3．なお、わが国との間で租税条約が締結されている場合には、別途の取扱いとなることがあります。

※　非居住者に対する課税についてより詳細に知りたい方は、国税庁パンフレット『源泉徴収のあらまし』及びタックスアンサーNo.2517「海外に転勤する人の年末調整と転勤後の源泉徴収」、No.2518「海外出向者が帰国したときの年末調整」、No.2873「非居住者等に対する課税のしくみ（平成29年分以降）」、No.2878「国内源泉所得の範囲（平成29年分以降）」～No.2885「非居住者等に対する源泉徴収のしくみ」等もあわせて参照してください。

1　国内法の規定（所法161、164、法法141ほか）

非居住者又は外国法人に対しては、国内源泉所得に対して課税がなされます（所法5②、法法4③）。そして、それらの者がわが国に恒久的施設を有する場合には、前述しましたように当該恒久的施設に帰せられる所得の総額に対して所得税又は法人税が課されます（所法164①一、法法141一）。

それに対し、非居住者又は外国法人等が恒久的施設を有しないままの場合又は恒久的施設を有していてもそれらの恒久的施設に帰属しない所得については、国内にある資産の運用・保有による所得など一部の所得（非居住者の場合にあっては所法161①二、三、五～七及び十七、外国法人の場合にあっては法法138①二～六）を除き、源泉徴収のみで課税が完了する仕組みとなっています。

具体的には、次のようなイメージになっています。

◎　非居住者に対する課税関係の概要（イメージ）

<table>
<tr><th rowspan="2">非居住者の区分（所法164①）
所得の種類（所法161①）</th><th colspan="2">恒久的施設を有する者</th><th rowspan="2">恒久的施設を有しない者（所法164①二・②二）</th><th rowspan="2">源泉徴収（所法212①213①）</th></tr>
<tr><th>恒久的施設帰属所得（所法164①一イ）</th><th>その他の国内源泉所得（所法164①一ロ、②一）</th></tr>
<tr><td>（事業所得）</td><td></td><td colspan="2">【課税対象外】</td><td>無</td></tr>
<tr><td>①資産の運用・保有により生ずる所得（所法161①二）
※下記⑦～⑮に該当するものを除く。</td><td rowspan="2">【総合課税】（所法161①一）</td><td colspan="2" rowspan="2">【総合課税（一部）（注２）】</td><td>無</td></tr>
<tr><td>②資産の譲渡により生ずる所得（〃三）</td><td>無</td></tr>
<tr><td>③組合契約事業利益の配分（〃四）※</td><td rowspan="7">【源泉徴収の上、総合課税】（所法161①一）</td><td colspan="2">【課税対象外】</td><td>20.42%</td></tr>
<tr><td>④土地等の譲渡対価（〃五）※</td><td colspan="2" rowspan="3">【源泉徴収の上、総合課税】</td><td>10.21%</td></tr>
<tr><td>⑤人的役務の提供事業の対価（〃六）※</td><td>20.42%</td></tr>
<tr><td>⑥不動産の賃貸料等（〃七）※</td><td>20.42%</td></tr>
<tr><td>⑦利子等（〃八）</td><td colspan="2" rowspan="3">【源泉分離課税】</td><td>15.315%</td></tr>
<tr><td>⑧配当等（〃九）</td><td>20.42%</td></tr>
<tr><td>⑨貸付金利子（〃十）※</td><td>20.42%</td></tr>
</table>

<table>
<tr><td>⑩使用料等
（〃十一）※</td><td rowspan="6">【源泉徴収の上、総合課税】
（所法161①一）</td><td rowspan="6">【源泉分離課税】</td><td>20.42%</td></tr>
<tr><td>⑪給与その他人的役務の提供に対する報酬、公的年金等、退職手当等
（〃十二）</td><td>20.42%</td></tr>
<tr><td>⑫事業の広告宣伝のための賞金
（〃十三）※</td><td>20.42%</td></tr>
<tr><td>⑬生命保険契約に基づく年金等
（〃十四）※</td><td>20.42%</td></tr>
<tr><td>⑭定期積金の給付補塡金等　（〃十五）</td><td>15.315%</td></tr>
<tr><td>⑮匿名組合契約等に基づく利益の分配
（〃十六）</td><td>20.42%</td></tr>
<tr><td>⑯その他の国内源泉所得　（〃十七）</td><td>【総合課税】
（所法161①一）</td><td>【総合課税】</td><td>無</td></tr>
</table>

※　外国法人のPEに帰せられるものであって、源泉徴収の免除証明書を提示したときは源泉徴収は免除となります（所法180、214）。

注 1　恒久的施設帰属所得が、上記の表①から⑯までに掲げる国内源泉所得に重複して該当する場合があります。

2　上記の表②資産の譲渡により生ずる所得のうち恒久的施設帰属所得に該当する所得以外のものについては、所得税法施行令第281条第1項第1号から第8号までに掲げるもののみ課税されます。

3　租税特別措置法の規定により、上記の表において総合課税の対象とされる所得のうち一定のものについては、申告分離課税又は源泉分離課税の対象とされる場合があります。

4　租税特別措置法の規定により、上記の表における源泉徴収税率のうち一定の所得に係るものについては、軽減又は免除される場合があります。

（資料出所：国税庁「源泉徴収のあらまし（令和6年版）」より抜すい、一部修正）

◎　外国法人に対する課税関係の概要（イメージ）

・アミカケ部分が、法人税の課税対象となる国内源泉所得となります。
・④及び⑤並びに(7)〜(14)の所得については、源泉徴収の対象となる国内源泉所得となります。

<table>
<tr><td colspan="2" rowspan="2">外国法人の区分（法法141）
所得の種類（法法138）</td><td colspan="2">恒久的施設を有する法人</td><td rowspan="2">恒久的施設を有しない法人（法法141二）</td><td rowspan="2">源泉徴収（所法212①213①）</td></tr>
<tr><td>恒久的施設帰属所得（法法141一イ）</td><td>その他の国内源泉所得（法法141一ロ）</td></tr>
<tr><td colspan="2">（事業所得）</td><td rowspan="12">①恒久的施設に帰せられるべき所得（法法138①一）【法人税】</td><td colspan="2">【課税対象外】</td><td>無（注１）</td></tr>
<tr><td colspan="2">②資産の運用・保有（法法138①二）
※下記(7)〜(14)に該当するものを除く。</td><td colspan="2" rowspan="11">【法人税】</td><td>無（注２）</td></tr>
<tr><td rowspan="7">③資産の譲渡（法法138①三）
※右のものに限る。</td><td>不動産の譲渡（法令178①一）</td><td rowspan="2">無（注３）</td></tr>
<tr><td>不動産の上に存する権利等の譲渡（〃二）</td></tr>
<tr><td>山林の伐採又は譲渡（〃三）</td><td rowspan="5">無</td></tr>
<tr><td>買集めした内国法人株式の譲渡（〃四イ）</td></tr>
<tr><td>事業譲渡類似株式の譲渡（〃四ロ）</td></tr>
<tr><td>不動産関連法人株式の譲渡（〃五）</td></tr>
<tr><td>ゴルフ場の所有・経営に係る法人の株式の譲渡等（〃六、七）</td></tr>
<tr><td colspan="2">④人的役務の提供事業の対価（法法138①四）</td><td>20.42%</td></tr>
<tr><td colspan="2">⑤不動産の賃貸料等（〃　五）</td><td>20.42%</td></tr>
<tr><td colspan="2">⑥その他の国内源泉所得（〃六）</td><td>無</td></tr>
</table>

⑺債券利子等 （所法161①八）（注５）	①恒久的施設に帰せられるべき所得（法法138①一）【法人税】	【源泉徴収のみ】	15.315%
⑻配当等 （〃九）（注５）			20.42% （注4）
⑼貸付金利子 （〃十）（注５）			20.42%
⑽使用料等 （〃十一）（注５）			20.42%
⑾事業の広告宣伝のための賞金 （〃十三）（注５）			20.42%
⑿生命保険契約に基づく年金等 （〃十四）（注５）			20.42%
⒀定期積金の給付補塡金等 （〃十五）（注５）			15.315%
⒁匿名組合契約等に基づく利益の分配 （〃十六）（注５）			20.42%

注 1　事業所得のうち、組合契約事業から生ずる利益の配分については、20.42％の税率で源泉徴収が行われます。

2　租税特別措置法第41条の12の規定により同条に規定する一定の割引債の償還差益については、18.378％（一部のものは16.336％）の税率で源泉徴収が行われます。

また、租税特別措置法第41条の12の２の規定により同条に規定する一定の割引債の償還金に係る差益金額については、15.315％の税率で源泉徴収が行われます。

3　資産の譲渡による所得のうち、国内にある土地若しくは土地の上に存する権利又は建物及びその附属設備若しくは構築物の譲渡による対価（所得税法施行令281条の３に規定するものを除きます。）については、10.21％の税率で源泉徴収が行われます。

4　上場株式等に係る配当等、公募証券投資信託（公社債投資信託及び特定株式投資信託を除きます。）の収益の分配に係る配当等及び特定投資法人の投資口の配当等については15.315％の税率が適用されます。

5　⑺から⒁の国内源泉所得の区分は所得税法上のもので、法人税法にはこれらの国内源泉所得の区分は設けられていません。

（資料出所：国税庁「源泉徴収のあらまし（令和６年版）」）

国内源泉所得のうち事業所得について恒久的施設がない場合に課税対象外（非居住者の場合にあっては組合契約事業利益の配分もこれに含まれます。）とされているのは、「恒久的施設なければ課税なし」という国際課税の基本原則によるものです。

もっと知りたい人のために

非居住者等に支払う際の源泉徴収で誤りやすいもの

Q　個人等が非居住者に支払う際の源泉徴収はふだんあまり慣れていないことから、誤り事例が多いとのことですが、特に気をつけなければならないのはどのような場合でしょうか。

ポイント　回答例を参照してください。

A　個人等が非居住者に支払う際の源泉徴収の誤りが多い事例として、国税庁では次のような事項をあげ、注意を呼びかけています。

1．土地等の譲渡の対価（平成２年～）

2．不動産の賃借料等

3．工業所有権・著作権等の使用料等

4．給与等の人的役務の提供に対する報酬等

※　なお、この点についてもう少し詳しく知りたい方は国税庁のリーフレットを参照してください。

（参考）　国内源泉所得に該当するか否か等が争いとなった判例・裁決例

○　外国法人との間の債権、債務の相殺残高は貸付金に該当し、それに付された支払利息は当該外国法人の国内源泉所得になる

（昭和58年４月18日裁決、裁決事例集26集107頁）

○　代表取締役の国外における勤務に係る報酬は国内源泉所得になる

（平成６年５月25日裁決、裁決事例集47集353頁）

○　外国法人のマークをサングラス等に不正に使用したことを理由として支払われた和解金は国内源泉所得になる

（平成６年６月21日裁決、裁決事例集47集360頁）

○　国内源泉所得となる芸能人の人的役務提供の対価には、国内において当該事業を行う者が当該人的役務の提供に関して支払を受けるすべての対価が含まれる

（平成15年２月26日裁決、裁決事例集65集283頁）

○　外国法人に支払われたゲームソフトの開発委託金は、国内源泉所得である著作権の譲渡等の対価に該当する

（平成21年12月11日裁決、裁決事例集78集208頁）

○　国内に恒久的施設を有しない者が非居住期間内に国内の金融取引業者との間で行った店頭外国為替証拠金取引に係る所得が国内における資産の運用、保有により生じる所得であり、国内源泉所得に該当する　（平成31年３月25日裁決、裁決事例集114集92頁）

○　外国芸能法人に出演料とは別に支払われた渡航費等は、所得税法161条１項６号に規定する人的役務の提供に係る対価に該当するので、支払者はそれらの金員の支払時に源泉徴収をする義務がある　（東京地裁：令和４年９月14日判決）

もっと知りたい人のために

PEを有する者に係る源泉徴収免除

Q　国内にPEを有している非居住者又は外国法人の場合、源泉徴収が免除されることがあると聞きましたが、そのためにはどのような手続が必要なのでしょうか。

ポイント　所轄税務署長から、源泉徴収免除証明書の交付が必要。

A　1．国内に恒久的施設を有する非居住者又は外国法人が、納税地の所轄税務署長から源泉徴収の免除証明書の交付を受け、この証明書を国内源泉所得の支払者に提示した場合には、国内源泉所得のうち特定のものについては源泉徴収を要しないこととされています（所法180、214）。

2．源泉徴収免除となる所得。

（所得税法第161条第1項）

四号　民法第667条第1項に規定する組合契約に基づいて恒久的施設を通じて行う事業から生ずる利益の配分のうち、非居住者（又は外国法人）の恒久的施設に帰せられるもの（組合事業に係る恒久的施設以外の恒久的施設に帰せられるものに限る）

六号、七号、十号、十一号　国内源泉所得のうち、非居住者（又は外国法人）の恒久的施設に帰せられるもの

十二号イ、十三号、十四号　同上（ただし、非居住者のみ）

なお、非居住者又は外国法人に対する支払のうち、源泉徴収の要否をフローチャートの形で示すと、次頁のようになっています。

◎ 非居住者・外国法人に係る源泉徴収の要否

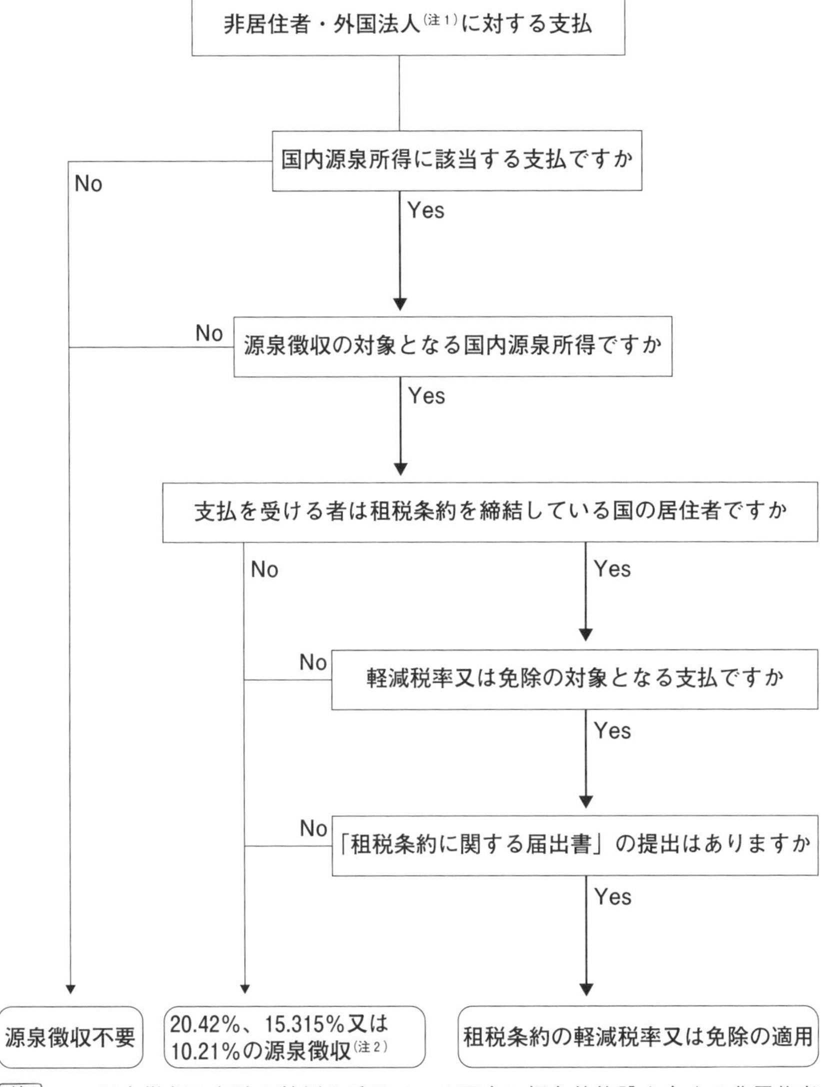

注 1　源泉徴収の免除の特例を受けている国内に恒久的施設を有する非居住者を除きます。

2　15.315%は利子等（8号所得）と定期積金の給付補塡金等（15号所得）に、10.21%は土地等の譲渡対価（5号所得）に適用されます。

2 租税条約における取扱い

わが国に恒久的施設を有していない非居住者や外国法人にとって最も重要なのは、利子・配当・使用料等の形で得られる投資所得から得られるリターンに対する源泉課税の減免です。

そこで、租税条約では、国際交流促進という観点から、それらの所得について以下のような形で源泉課税を減免することとしています。

すなわち、非居住者又は外国法人の居住地国又は所在地国とわが国との間で租税条約が締結されている場合には、その租税条約の定めるところにより、その非居住者等が支払を受ける国内源泉所得に対する課税を軽減又は免除することとしています。

ただし、この課税の軽減又は免除を受けようとするときは、所定の事項を記載した租税条約に関する届出書（添付書類が必要なこともあります。）をその国内源泉所得の源泉徴収義務者を経由して税務署に提出することとされています(注)。

注　詳細については、国税庁タックスアンサーNo.2888「租税条約に関する届出書の提出（源泉徴収関係）」及びNo.2889「租税条約に関する源泉徴収税額の還付請求」を参照してください。

(1) 利子等（債務者主義＋税率）

国内法では事業に関連する貸付金・利子等（第10号所得）については、使用地を源泉地とする（いわゆる「使用地主義」）とともに、20.42％の税率で源泉徴収を行うこととされています。それに対し、租税条約では債務者の所在地が所得の源泉地とされ（いわゆる「債務者主義」）、源泉徴収税率も10％以下とされていることに加え、政府等が受け取る利子については源泉地国での課税を免除することとしています。

（2） 配当等（税率）

国内法では、配当等について、源泉徴収税率は20.42％の一律税率とされています（所法212①、213①）。それに対し、租税条約では、制限税率が10％又は15％とされています。また、親子間配当については、原則５％に軽減されるとともに10％又は一定の持株要件を充足している場合には、配当課税を免除することとしています(注)。

注　親子間の要件を満たすには、原則として出資比率25％以上かつ６か月以上の保有が必要ですが、国によっては持株要件を10％以上に軽減していることもあります（例えば、対米国、英国、オーストラリア、オランダ、スイスなど）。また６か月の継続保有要件を条件としていない対米条約もあります。

なお、免税となる規定の適用が受けられる親子会社間の持株割合は、10％以上（対英国）、50％以上（対米国、オランダ）、80％以上（対オーストラリア）など相手国によってまちまちです。

（3） 使用料等（債務者主義＋税率）

国内法では、20.42％の源泉徴収税率によることとされています（所法212①、213①）。それに対し、わが国が締結している租税条約では、源泉地国での課税を10％以下にするとともに、相手国によって５％以下（対オーストラリア、ニュージーランドなど）としたり、OECD モデル租税条約と同じく免税としていることもあります（例えば、対米国、英国、オランダ、フランスなど）。

また、旧ソ連邦諸国や東欧諸国との条約などのように、文化的使用料のみを免税としているものもあります。

なお、使用料の源泉地についての考え方も国内法と租税条約で異なります。

すなわち、国内法では、支払者の国内業務に係るものが国内源泉所得とされている（いわゆる「使用地主義」）のに対し、租税条約では債務者の所在地国に源泉があるとする考え方（いわゆる「債務者主義」）が採用されています。

（参考）　使用料をめぐる判例・裁決例

○　××等の製造ノウハウ等の実施権許諾の対価として支払う使用料に新日米租税条約を適用してその支払の際に源泉徴収を行わなかったことについて、同条約の適用は、当該使用料の実際の支払が行われた日を基準にするのではなく、当該使用料の契約上の支払期日を基準にするとした事例

（平成20年10月31日裁決、裁決事例集76集212頁）

※　ただし、旧日米租税条約では「使用地主義」が採用されていたため、その使用地が日本では特許権等を利用して製造する地を使用地としていたのに対し、米国では販売地を使用地として考えていました。

その結果、米国企業の子会社が日本で受けた課税処分を不服として訴訟を提起し、納税者の主張が認められています。

（最高裁一小：平成16年６月24日判決、平11（行ヒ）44）

⇓

なお、この問題は、新条約で源泉地免除とされたため、実務上は解決をみています。

（４）　給与等の人的役務の提供に対する報酬等

給与等の人的役務の提供に対する報酬等についても、国内法と租税条約では若干の相違がみられます。

すなわち、国内法では、給与所得、退職所得などについては、その勤務がわが国で行われた場合には原則として国内源泉所得として扱われています（所法161①十二ロ）。

それに対し、租税条約では、人的交流促進の観点から、短期滞在者や交換教授、留学生、事業修習者等について、一定の条件の下に源泉地国非課税とするなどの特例が設けられています。

ただし、役員報酬については国内法と同じく、租税条約でも役務提供地ではなく、法人の所在地国で課税することとしています。

なお、退職金については、租税条約に特別な規定が設けられていませんので、給与所得と同じ扱いとなります（注）。

注　ちなみに多くの租税条約において「退職年金」条項が用いられていますが、国内法でいう退職手当等は、ここでいう「退職年金」には該当しないものとして取り扱われています。

（5） 自由職業者の報酬

国内法では、弁護士、会計士等といった人的役務提供事業から生じる所得については、わが国で行われた人的役務提供対価について課税することとされています（所法161①六。所令282）。

それに対し、租税条約では、わが国に自己の活動を行うために通常必要とする施設（いわゆる「恒久的施設（注）」）がない限り、わが国では課税しないこととしています。

注　なお、国連モデルでは、固定的施設＋183日基準となっています。ちなみに、わが国が締結した租税条約では、国連モデルを採用しているほうが多くなっています。

（6） 総合課税の対象となる所得

投資所得以外の所得のうち、資産の運用・保有により生じる所得（所法161①二、法法138①二)、資産の譲渡により生じる所得(所法161①、法法138①三)及びその他の所得(所法161①十七)について、国内法では、源泉徴収の対象にはされていないものの、総合課税の対象とされています(所法164①二、法法141①二)。

それに対し、租税条約では、これらの所得は原則として事業所得とされ、わが国に恒久的施設がない限り、課税されません。

なお、所得税法第161号第1項第17号でいう「その他の国内源泉所得」については、源泉徴収の対象とはされていませんが、恒久的施設の有無に関係なく所得税法上、総合課税の対象とされています(所法164①一、二)。

また、土地等の譲渡対価(所法161①五、法法138①三、法令178一・二)、不動産の賃貸料等(所法161①七、法法138①四)及び人的役務の提供事業の対価(所法161①六、法法138①四)については、源泉徴収の上総合課税の対象とされています。

これらの所得に対しては、人的役務提供、事業の対価を除き、租税条約においても国内法と同じく、原則としてわが国で課税されます。

例えば、土地等の譲渡及び賃貸料収入に対する課税権は、基本的にはそれらの不動産所在地国にあるとされています。

それに対し、人的役務の提供の対価については、「企業の利得」又は「産業上又は商業上の利得」として扱われることもあります。そのような条約の場合には、恒久的施設がない限り、わが国では課税されません。

(7) 年金

国内法では、年金については給与所得ではなく雑所得として扱われていますが、租税条約では居住地国課税をベースとしつつも、内容に応じ源泉地国課税としているものもあります。

もっと知りたい人のために

海外移住後に日本から受ける年金の取扱い

Q 私は退職後に生活費の安い海外で生活するつもりです。収入源としては日本での年金ぐらいですが、年金に対する課税はどのようになっているのでしょうか。

ポイント 居住地国課税が原則ですが、いくつかの例外あり。

A 日本の年金制度から支払われる年金については、租税条約がなければ日本、現地の双方の課税となってしまいますが、租税条約がある場合にはその規定に応じ次のような課税になります。

（参考）　日本の年金制度から支払われる年金の租税条約上の取扱いの概要

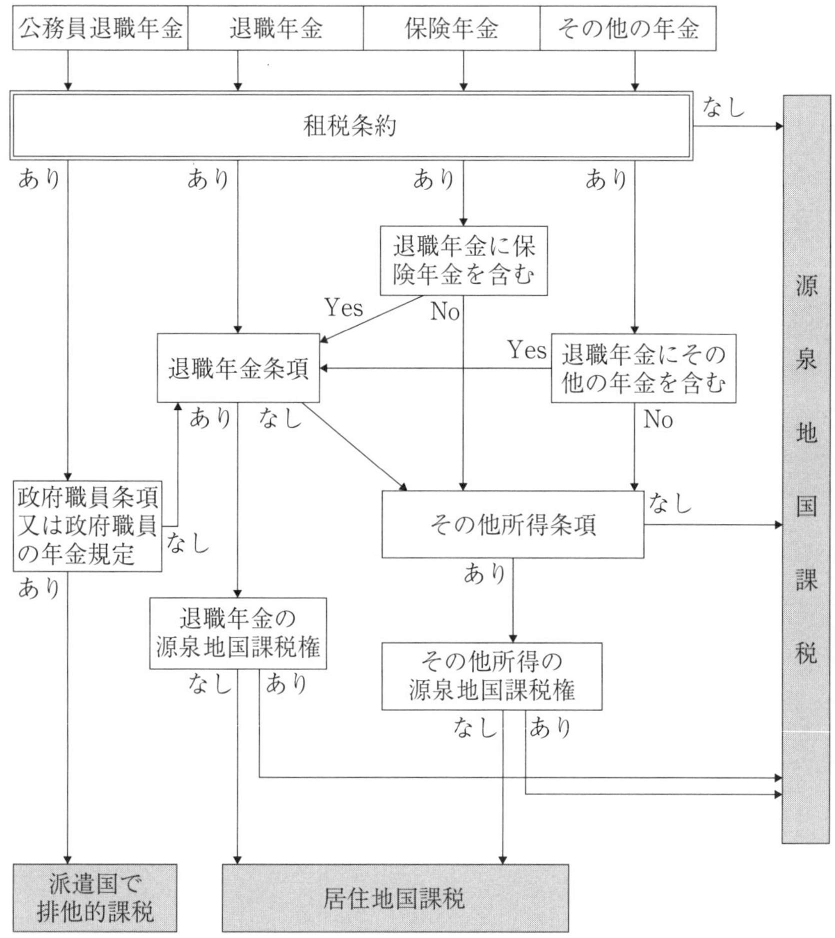

（資料出所：川田剛、徳永匡子「2017 OECD モデル租税条約コメンタリー逐条解説」478 頁（税務研究会出版局））

もっと知りたい人のために

租税条約上の特典を受けるための手続

Q 租税条約では、源泉徴収税の減免など特典が与えられていることがあるとのことですが、それらの特典享受は自動的に認められるのでしょうか。

ポイント 届出書の提出が必要です。

A 非居住者が利子・配当等を受領する場合において、租税条約に基づく軽減又は免除を受けようとする場合には、「租税条約に関する届出書」を支払者を通して支払者の所轄税務署に提出する必要があります。

そして、租税条約の特典を受けることができる者について「特典条項」を有する場合には、上述した届出書のほかに「特典条項に関する付表（様式17）」及び相手国において課税を受けるべき居住者であることを明らかにした「居住証明書」の提出も必要となります（実特令2～2の5、9の5～9の10）。

これに関連した判例として次のものがあります。

○ 租税条約に第7条第1項に規定する減免条項の適用は、届出書の提出がない場合であっても否定されない。

（東京地裁：平成27年5月28日判決、税務月報63巻4号1252頁）

※ 詳細については、国税庁タックスアンサーNo.2888「租税条約に関する届出書の提出（源泉徴収関係）」を参照してください。
※ また、租税条約との関係については、国税庁タックスアンサーNo.2889「租税条約に関する源泉徴収税額の還付請求」～No.2891「BEPS防止措置実施条約の概要」もありますので、あわせて参照してください。

6 外国人の雇用等に関する税務

〔ポイント〕

1．令和５年(2023年）10月末現在における外国人労働者数は、約204.9万人となっています。

2．わが国に滞在する外国人には専門的技術的分野に従事する者、定住者、技能実習者などいくつかの種類があります。

3．それらの人たちは、税務上は滞在期間等に応じ居住者、非永住者、非居住者として課税されます。

4．なお、わが国との間で租税条約が締結されている国からの人たちに対しては、別途の取扱いがなされることがあります。

1 外国人労働者の現状

近年の人手不足の深刻化に伴い、外国人の雇用は2008年の約48.6万人から2023年10月末には約204.9万人（対前年比12.4％増）と過去最高を更新しています（厚生労働省)。

国籍別ではベトナムが最も多く51.8万人を占め、次いで、中国39.8万人の２国のみで全体の約半数を占めています。

また、日本で働く外国人を、資格別・職種別等にみてみると、次のようになっています。

◎　わが国における外国人労働者の内訳

（出入国管理及び難民認定法上、以下の形態での就労が可能な者。）

①専門的・技術的分野　約59.6万人
・一部の在留資格については、上陸許可の基準を「我が国の産業及び国民生活に与える影響その他の事情」を勘案して定めることとされている。

②身分に基づき在留する者　約61.6万人
（「定住者」（主に日系人）、「日本人の配偶者等」、「永住者」（永住を認められた者）等）
・これらの在留資格は在留中の活動に制限がないため、様々な分野で報酬を受ける活動が可能。

③技能実習　約41.3万人
技能移転を通じた開発途上国への国際協力が目的。

④特定活動　約7.2万人
（EPA に基づく外国人看護師・介護福祉士候補者、ワーキングホリデー、外国人建設就労者、外国人造船就労者等）

⑤資格外活動（留学生のアルバイト等）　約35.3万人
・本来の在留資格の活動を阻害しない範囲内（１週28時間以内等）で報酬を受ける活動が許可。

計　約204.9万人

※　出入国在留管理庁、外国人雇用状況の届出状況（2023年10月末現在）による。

これらのうち専門的・技術的分野において主な在留資格は次のようになっています。

◎ 「① 専門的・技術的分野」に該当する主な在留資格

在留資格	具体例
教授	大学教授等
高度専門職	ポイント制による高度人材（学歴・年収・職歴等によるポイント）
経営・管理	企業等の経営者・管理者
法律・会計業務	弁護士、公認会計士等
医療	医師、歯科医師、看護師
研究	政府関係機関や私企業等の研究者
教育	中学校・高等学校等の語学教師等
技術・人文知識・国際業務	機械工学等の技術者、通訳、デザイナー、私企業の語学教師、マーケティング業務従事者等
企業内転勤	外国の事業所からの転勤者
介護	介護福祉士 ※平成29年９月から新たに追加
技能	外国料理の調理師、スポーツ指導者、航空機の操縦者、貴金属等の加工職人等

2 技能実習生の現状

近年の外国人労働者のなかで目に付くのが、技能実習生に代表される外国人技能労働者の増加です。

ちなみに、厚生労働省及び法務省の資料によれば、2022年（令和４年）末の技能実習生の数は35.8万人とコロナ禍に伴う入国制限の影響等もあってピーク時（2019年の約38万人）よりは若干減少しているものの、わが国が少子高齢化に移行していること等から、基本的には増加傾向にあります。

※ なお、技能実習生制度については、転職の機会増加やより長期の滞在を求める声などに応じるべく、現在見直しが行われています。

なお、技能実習生の受入れは、次のような２つの形で行われています。

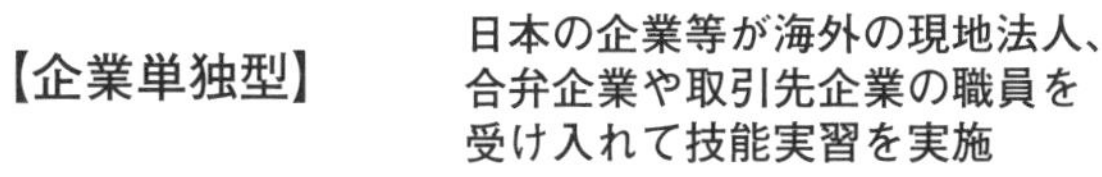

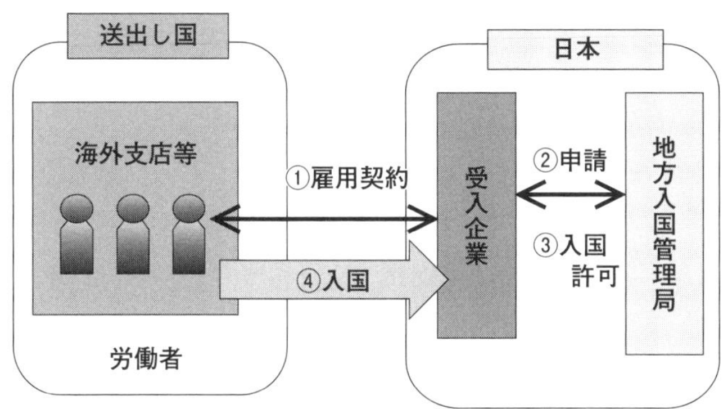

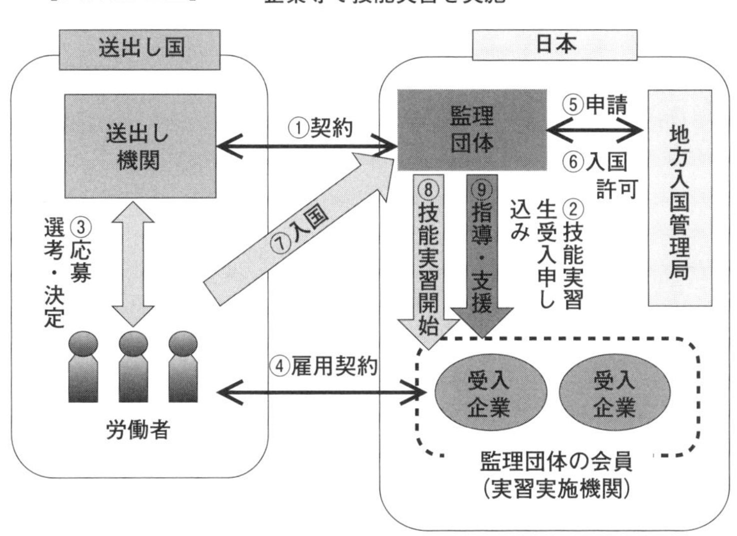

（資料出所：厚生労働省）

3　技能実習生受入れに伴う税務問題

技能実習生でわが国に来た人たちには、原則として家族帯同は認められていません。その結果、現状では、ほとんどの人がわが国への単身赴任という形で働いており、扶養家族は本国に居住しています。そのようなこともあって、自国に住んでいる扶養控除の人数や内容等について誤りの事例が多発していました。

そこで、平成27年度の税制改正で、給与等の支払を受ける者が非居住者である親族について扶養控除等の適用を受ける場合には、その親族に係る「親族関係書類」及び「送金関係書類」を給与等の支払者に提出し、又は提示しなければならないこととされました(注)。

注　詳細については、国税庁リーフレット「国外居住親族に係る扶養控除等の適用について」（平成30年１月改訂）及び「令和５年１月以降に非居住者である親族について扶養控除等の適用を受ける方へ」を参照してください。

もっと知りたい人のために

日本で勤務する外国人の国外居住親族に係る扶養控除等の取扱い

Q　日本で勤務している外国人（技能実習生等）で国外居住親族がいる場合、扶養控除、配偶者控除等が受けられるのでしょうか。

ポイント　可能です。ただし、「親族関係書類」及び「送金関係書類」等の添付が必要です。

A　国外居住親族について扶養控除、配偶者控除の適用を受けるためには、「親族関係書類」及び「送金関係書類」等の添付が必要とされています。

※　詳細については、国税庁ホームページ「令和４年分　所得税及び

復興特別所得税の確定申告の手引き」39頁及び42頁を参照してください。

注　なお、令和2年度の税制改正で、国外居住親族に係る扶養控除等の見直しがなされ、30歳以上70歳未満の者は原則として控除対象外となりました（令和5年（2023年）以降）ので注意してください。

もっと知りたい人のために

日本で働く外国人の家族で健康保険の対象となる者

Q　税金と直接の関係はないかもしれませんが、日本で働く外国人（技能実習生等）の家族で、日本で同居している人と本国に居住している人がいる場合、双方とも健康保険の対象となるのでしょうか。

ポイント　日本に住んでいる人のみです。

A　1．従来の制度の下では、日本に住んでいる加入者本人のみでなく、本国に住んでいる扶養親族等も健康保険の対象にすることも可能でした。

2．しかし、令和元年度の制度改正により、日本に居住していることを原則とする制度と改められました。その結果、現在では、居住者でなければ原則として健康保険の対象にはならないこととなりました。

4　租税条約における取扱い

わが国が締結している租税条約では、わが国に滞在している学生（Student）又は事業修習者（Business Apprentice）が生計・教育又は訓練のため受け取る給付については、OECDモデル租税条約と同様に、それらの給付がわが国以外から支払われるものである場合に限り、わが国では課税しないこととしています（OECDモデル租税条約第20条）。

また、いくつかの国との条約においては、わが国で支給される報酬等についても、一定の限定付き等ではありますが、わが国での課税を免除することとしています。

ちなみに、そのような特例的な取扱いが認められているのは、次のような条約です。

◎　租税条約により日本での課税が免除される報酬等（東南アジア関係のみ抜すい）

国　名	内　容	条　約
インドネシア	人的役務提供の対価で年60万円以内のもの（上限５年）	日本・インドネシア条約第21条第１項（C）（iv）
	事業習得者（technical professional or business experience）の場合にあっては、日本以外から受領する報酬と日本国内で支払われる報酬との合計額が年80万円までのもの（上限５年）	同条第２項
	日本政府との取決めに基づき専ら勉学、研究又は訓練のために12か月以内一時的に滞在するもので、その勉学、研究又は訓練につき直接関係のある役務に対する報酬	同条第３項
韓国	学生が受ける交付金、奨学金及び勤務による報酬で年間２万USドル相当額以内のもの（５年上限）	日韓条約第20条第２項
	１年以内滞在の事業修習者が得る報酬で年１万USドル以内のもの	同条第３項

国　名	内　容	条　約
タイ	学生、職業上若しくは営業上の資格に必要な訓練を受けるため受ける交付金、手当又は奨励金及び５年を超えない期間内に日本において提供する人的役務による所得	日・タイ条約第19条(ⅰ)、(ⅱ)、(ⅲ)
中国	専ら教育若しくは訓練を受けるため又は特別の技術的経験を習得するため一方の締約国内に滞在する学生、事業修習者又は研修員であって、現に他方の締約国の居住者であるもの又はその滞在の直前に他方の締約国の居住者であったものがその生計、教育又は訓練のために受け取る給付又は所得	日中条約第21条
バングラデシュ	学生又は職業上若しくは営業上の資格に必要な訓練を受けるための交付金、手当又は奨励金	日・バングラデシュ条約第20条
パキスタン	学生：年150万円まで免税（３年限度）	日・パキスタン条約第21条第１項（C）
	事業修習者：年150万円まで免税	同条第２項（C）
フィリピン	人的役務提供所得につき年1,500USドルまで免税（５年限度）	日・フィリピン条約第21条第12項（C）（ⅲ）
	事業習得者は年4,000USドルまで免税（５年限度）	同条(3)(4)

もっと知りたい人のために

専修学校等の就学生に対する免税条項の適用の是非

Q　多くの租税条約では、学生や事業修習者について所得税の免税条項があるとのことですが、日本語学校に在学している外国人就学生をアルバイトとして雇用することとした場合も同様と考えてよいでしょうか。

ポイント　日本語学校などの専修学校又は各種学校に在学する就学生については、学生、事業修習者又は事業習得者等に係る免税条項の適用はありません。

A　租税条約において免税条項の適用を受けることができる「学生」、「事業修習者」及び「事業習得者」の範囲については、国内法の規定により解釈することになりますが、わが国の場合は一般的には次のように解されています。

① 学生……学校教育法１条に規定する学校の児童、生徒又は学生

② 事業修習者（Business Apprentice）……企業内の見習研修者や日本の職業訓練所等において訓練、研修を受ける者

③ 事業習得者（technical professional or business experience）……企業の使用人として又は契約に基づき、当該企業以外の者から高度な職業上の経験等を習得する者

したがって、日本語学校などの各種学校の就学生は、そのことのみをもって免税条項の適用はありませんので、これらの者に対するアルバイト給与については、居住者か非居住者かの判定を行った上、それぞれの区分に応じた源泉徴収を行うこととなります。

（国税庁ホームページ「質疑応答事例」より抜すい、一部修正）

もっと知りたい人のために

中国、インドからの留学生に支払うアルバイト代

Q　当社では、中国やインドから来日した大学生をアルバイトとして雇っていますが、この大学生については租税条約による所得税の免税措置を受けられるのでしょうか。

ポイント 中国からの留学生：免税。

インドからの留学生：原則課税（国外から支払われるものは免税）。

A　1．中国から来日した大学生

専ら教育を受けるために日本に滞在する学生で、現に中国の居住者である者又はその滞在の直前に中国の居住者であった者が、その生計、教育のために受け取る給付又は所得は、免税とされます（日中租税条約21）。

注　ただし、源泉徴収の段階で免税措置を受けるためには、給与等の支払者を経由して「租税条約に関する届出書」を、その給与等の支払者の所轄税務署長に提出する必要があります（実特令８）。

したがって、中国から来日した大学生の日本での生活費や学費に充てる程度のアルバイト代であれば、免税とされます。

2．インドから来日した大学生

専ら教育を受けるために日本に滞在する学生で、現にインドの居住者である者又はその滞在の直前にインドの居住者であった者が、その生計、教育のために受け取る給付は、免税とされます。ただし、日本の国外から支払われるものに限られます（日印租税条約20）。

したがって、インドから来た大学生が受け取る日本でのアルバイトによる所得は、国外から支払われるものではありませんので、免税とされません。この場合、その給与等については、その大学生が居住者か非居住者かの判定を行った上、それぞれの区分に応じた源泉徴収を行うこととなります。

注　わが国の締結した租税条約の学生条項は、免税とされる給付の範囲等が国によって様々であり、租税条約の適用に当たっては、各国との租税条約の内容を確認する必要がありますので注意してください。

（国税庁ホームページ「質疑応答事例」より抜すい、一部修正）

もっと知りたい人のために

外国人研修生に支払う手当が源泉徴収免除となる場合

Q 当社では、中国から研修生を受け入れて働いてもらっていますが、それらの者に対して支給される手当等のうち、免税となるのはどのようなものについてなのでしょうか。

ポイント 一定の要件充足が必要。

A 日中租税条約21条では、専ら教育若しくは訓練を受けるため又は特別の技術経験を習得するため来日する学生、事業習得者又は研修員であって、現に中国の居住者である者又はその滞在の直前に中国の居住者であった者がその生計、教育又は訓練のために受け取る給付又は所得については日本の租税を免除すると規定しています。

しかし、ここでいう免税資格享受のためには、少なくとも次の要件を充足することが必要とされます。

① あらかじめ作成された「研修計画書」によって研修が行われていること

② 習得する技術等は単純作業の繰り返しではないこと

③ 実務研修時間が研修全体の３分の２以下となっていること

④ 残業、休日出勤などといった所定外作業を行っていないこと

これらの要件を充足していない場合には、たとえ研修生という

名目であっても免税にはなりませんので注意してください。

注　ちなみに、在留資格基準に適合した活動を行っていないことを理由に免税資格がないとされた事例として、平成21年3月24日裁決（裁決事例集77集232頁）があります。

5 国際金融都市に向けた税制上の手当

令和３年度の改正で、国際金融都市に向けた税制上の手当として、ファンド・マネージャーが出資持分を有するファンド（株式譲渡等を事業内容とする組合）から、運用成果に応じてその出資割合を超えて受け取る組合利益の分配のうち次に掲げるような一定の要件を満たしている場合には、「役務提供の対価」として総合課税（累進税率、最高55％）の対象ではなく、「株式譲渡益等」として分離課税（一律20％）の対象となる措置が講じられています。

（要件例）

① ファンド・マネージャーがファンドの組合員であること（組合員として組合に金銭を出資）

・キャリード・インタレストは実現益で構成されること（評価益は含まれない）

② 組合利益の分配割合に「経済的合理性」があること

・利益の配分が恣意的でないこと

・一般的な商慣行等に基づいていること

（一般的な分配割合は、ファンド・マネージャー20％、その他の投資家80％）

6　外国人の帰国に伴う地方税の税務

日本で働いていた外国人が自国に帰国することになった場合の地方税の税務は、その人が居住者であったか否かによって異なってきます。

ただし、地方税については前年度課税となっていることから、国税の場合と異なった扱いが必要となってきます（地税法24、294、734②、736③）。

もっと知りたい人のために

地方住民税の扱い

Q　（居住者だった）外国人が自国に帰国した場合、地方住民税の扱いはどのようになるのでしょうか。

ポイント　原則として通常の居住者の場合と同じです。

A　1．地方住民税は、その年の1月1日現在わが国に住所を有する人に対し、前年の所得について課税することとされています（地税法24、294、734②、736③）。

2．したがって、1月1日後に出国したときは、原則としてその前年の所得に対して住民税が課されることとなります。

※　そのため、年の途中で帰国した場合などにおいては、雇用者サイドで、日本滞在中に住民税相当額を含めたところで給与を支払い（いわゆるグロス・アップ）、それに見合う源泉税の徴収手続をしているところが多いようです。

第３編　アウトバウンド取引に伴う税務

1 はじめに

〔ポイント〕

1．アウトバウンド取引については、源泉地国である相手国に第一次的な課税権があります。

2．それらの所得に対しては、わが国でも課税されます。その結果、国際的二重課税が生じることとなり、それをどのように排除するかが問題となってきます。

3．国際的二重課税の排除方法としてはいくつかの方法がありますが、最も多く用いられているのは外国税額控除方式です。

　なお、平成21年度（2009年）に導入された外国子会社配当益金不算入制度も、国際的な二重課税回避策として重要な役割を果たしています。

4．それらに加え、相手国の課税権を制限する租税条約も重要な役割を果たしています。

国際化の進展に伴い、対外直接投資や対外証券投資も年々拡大し続けてきています。その結果、2022年末における対外総資産は1,338兆円と20年前（約302兆円）の４倍以上になっています（資料出所：国際収支統計）。

なかでも、海外直接投資（約275兆円）と海外証券投資（約531兆円）の伸びは著しく、過去20年間で約５倍になっています。とりわけ、20年前（2000年当時）にはほとんどなかったケイマン諸島への証券投資が約110兆円と、フランス、イギリス及びドイツの合計額を上回り、アメリカ（約

260兆円）に次ぐところまで達しています。

また、本邦企業の海外進出拠点数は2021年までで7.8万件と、10年前の２倍超になっています(注)。

注　国別には、中国が約半分（40%）、以下、アメリカ（11%）、タイ（８%）、インド（６%）、ベトナム（３%）、インドネシア（３%）、ドイツ（２%）、フィリピン（２%）、台湾（２%）などASEAN国が上位を占めています。

それに伴い、現地に滞在する在留邦人の数も約129万人と20年前（76万人）の２倍近くに達しています(注)。

注　国別にはアメリカ41万人（32%）、中国10万人（８%）、オーストラリア10万人（８%）、カナダ８万人（６%）、タイ７万人（６%）、イギリス６万人（５%）、ブラジル５万人（４%）、韓国４万人（３%）、ドイツ４万人（３%）などとなっています。なお、全体的な傾向としては、アメリカのウエイトが減少し、中国を中心としたアジア地域が増加している点が目立ちます。

アウトバウンド取引・投資等は、①居住者が外国に移住する場合、②内国法人が外国に支店を設ける場合、③外国子会社を設立等する場合、といった進出形態によりその課税が異なってきます。

1　居住者又は内国法人の国外移転に伴う税務

（1）　居住者の国外への住所移転等に伴う税務（所法２、126、127ほか）

ヒトの異動については、出国時点の税務が問題となってきます。

所得税法でいう「出国」としては、国税通則法第117条第２項に規定する「納税管理人」(注)の届出をしないで国内に住所を有しなくなることをいうこととされています（所法２①四十二）。

注　「納税管理人」（通法117）とは、納税者のために納税申告その他の事務を処理する代理人です。したがって、納税管理人がその権限内でした行為については、納税者本人に直接その効力が及びます。
「納税管理人」になることができる者についての制限はありませんので、個人・法人いずれも可能です。
ただし、課税債務者ではありませんので、滞納処分等の対象にはなりません。

なお、確定申告書を提出すべき者等が納税管理人の届出をすることなく出国をする場合（所法126）及び年の中途で出国をする場合（所法127）には、確定申告書の提出が義務付けられています(注)。

注　なお、出国により非居住者に該当することとなった場合であっても、恒久的施設帰属所得、国内にある不動産等や動産等から生じる所得及び不動産の譲渡等による所得については、国内源泉所得として本人又は納税管理人を通じ申告・納付が必要です（所法７、161①一～七、十七、164①二）。詳細については、国税庁タックスアンサー No.1926「海外勤務中に不動産所得などがある場合」、No.1932「海外勤務中に不動産を売却した場合」、No.1936「海外勤務中に株式を譲渡した場合」を参照してください。

（参考）　納税管理人に関する裁決例

○　国内に住所を有しなくなった後に納税管理人の届出が提出されても、所得税法上は出国になる（所法２①四十二）ので、出国後に出された申告書は期限後申告となる

（平成14年11月13日裁決、裁決事例集64集196頁）

もっと知りたい人のために

１年以上の予定で海外に勤務することになった者に係る所得税の精算

Q　日本国内の会社に勤めている給与所得者が、１年以上の予定で

海外の支店などに転勤し又は海外の子会社に出向したりする場合、所得税額の精算はどのようにすればよいのでしょうか。

ポイント 源泉徴収された所得税の精算が必要。

A 1．転勤や出向をした給与所得者は原則として、所得税法上の非居住者になります。

非居住者が国外勤務で得た給与には、原則として日本の所得税は課税されません。

したがって、非居住者となる時までに日本国内で得た給与について源泉徴収された所得税を精算する必要があります。

2．精算の方法は、毎年12月に行う年末調整と同じです。

この調整による精算は、非居住者となる時までに会社で行います。この調整のためには、次の手続をしてください。

① まず、「給与所得者の保険料控除申告書」等を会社に提出してください。この調整で控除する保険料は、非居住者となる時の日までに支払った金額を対象にして計算します。

② 次に、今年の初めに提出した「給与所得者の扶養控除等申告書」の記載内容に変更がないかをチェックしてください。また、基礎控除、配偶者控除又は配偶者特別控除等が受けられる場合は、「基礎控除申告書兼配偶者控除等申告書兼所得金額調整控除申告書」も併せて会社に提出してください。

注 控除対象扶養親族などになるかならないかは、出国時の現況で判断します。また、配偶者や扶養親族に所得があるときは、海外勤務となる年の１年分の所得金額を出国の時の現況で見積もって、配偶者控除や配偶者特別控除、扶養控除が受けられるかどうかの判断をすることになります。

③　それらに加え、年末調整時と同じく、会社宛てに「給与所得者の保険料控除申告書」の提出が必要です。

3．なお、これらの計算は、通常の年末調整の場合と同様に、必要書類を会社に提出すれば原則として会社で処理してくれますので、出国者である貴方が改めて確定申告等をする必要はありません(注)。

注　ただし、不動産所得など他の所得があるときは別途確定申告が必要になります。

※　詳細については、国税庁タックスアンサー No.1920「海外勤務と所得税額の精算」及び No.2517「海外に転勤する人の年末調整と転勤後の源泉徴収」を参照してください。

もっと知りたい人のために

海外で勤務する役員の給与の取扱い

Q　海外で勤務する法人の役員などに対する給与は税務上別の扱いになっているとのことですが、どのようになっているのでしょうか。

ポイント　国内源泉所得として要源泉徴収。

A　1．①　日本の法人の海外支店などに1年以上の予定で勤務する給与所得者は、一般的には、国内に住所を有しない者と推定され、所得税法上の非居住者になります。

②　非居住者が受け取る給与は、たとえその給与が日本にある本社から支払われていても勤務地が外国である場合、原則として日本の所得税は課税されません。

2．しかし、同じく海外支店などに勤務する人であっても、日本の法人の役員の場合には、その受け取る給与については取扱いが異なります。この場合には、その給与は、日本国内で生じたものとして、支払を受ける際に20.42％（所得税20％、復興特別所得税0.42％）の税率で源泉徴収されます。

なお、この役員には、例えば、取締役支店長など使用人として常時勤務している役員は含まれません。

3．役員の給与に対する課税の取扱いについては、多数の国との間で租税条約が締結されており、租税条約に異なる取扱いをする旨の規定があるときは、その取扱いが優先することになっています。

（所法２、５、161、162、164、170、所令15、285、所基通161—42、復興財確法８、９、28）

もっと知りたい人のために

海外に転勤した人に支払われる給与に係る源泉徴収の要否

Q　海外転勤により非居住者となった人に対する源泉徴収はどのようになっているのでしょうか。

ポイント　原則として源泉徴収不要。ただし、場合によっては必要。

A　1．①　非居住者となった使用人が海外における勤務に対して受ける給与等は、国内源泉所得に該当しないことから、源泉徴収の必要はありません。

②　ただし、海外勤務役員に対して国内において給与、ボーナスなどが支払われたり、非居住者となった使用人に支払われた給与、ボーナス等のうち、その計算期間内に日本で勤務した期間が含まれている場合には、

日本での勤務期間に対応する金額に対して20.42％の税率で源泉徴収が必要です。

2．なお、給与等の計算期間の中途において居住者から非居住者となった場合、給与等の計算期間が１か月以下であれば、給与等の計算期間のうちに日本での勤務期間が含まれていても源泉徴収をしなくてもよいことになっています（給与等の全額が日本での勤務に対応する場合には、20.42％の税率で源泉徴収が必要です。）。

（所法２、７、85、161、162、164、190、212、213、所令285、復興財確法28、所基通85—１、161—41、161—42、190—１、212—５）

また、国外移住する居住者で出国時に１億円以上の有価証券等を所有していた場合には、出国時にそれらの有価証券等の譲渡があったとみなして、譲渡益課税が課されることとなっています（所法60の２）[注]。

注　ただし、一定の担保提供を条件に、納税猶予が認められています（所法137の２）。

（２）　海外出向者の帰国に伴う税務

海外出向者が帰国した場合、帰国後は居住者となりますので、国内源泉所得のみならず全世界所得に対して課税されます。

なお、帰国後の勤務に対する給与については年末調整の対象になります。

したがって、確定申告は帰国前の国内源泉所得（源泉分離課税となるものを除きます。）と帰国後の全ての所得を合計して計算することになりますので、１か所から給与の支払を受けている人で、給与所得及び退職所得以外の所得金額が20万円を超える場合は、確定申告をする必要があります（国税庁タックスアンサー No.1935「海外勤務者が帰国したときの確定申告」）。

確定申告に際して適用する各種所得控除について、注意する点は以下のとおりです。

1　医療費控除、社会保険料控除、小規模企業共済等掛金控除、生命保険料控除、地震保険料控除の各控除の額は、居住者期間（帰国後）に支払ったこれらの金額を基として計算します。

2　配偶者控除、配偶者特別控除、扶養控除、障害者控除、寡婦控除、ひとり親控除、勤労学生控除等の各控除の額は、その年の12月31日の現況により判定したところで計算します。

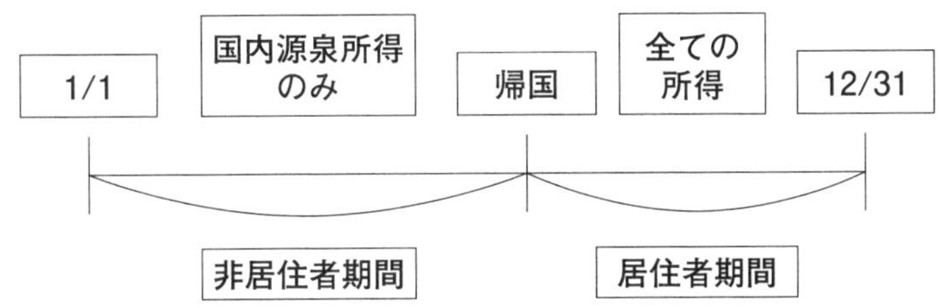

（所法2、5、7、8、102、120、121、161、165、190、所令14、15、258）

（3） 内国法人の国外移転に伴う税務

自然人である個人の場合と異なり、内国法人の国外移転は、その内国法人を清算し、外国で新たな法人を設立するという形になります。その結果、国内では清算所得課税の対象となります。

もっと知りたい人のために

外国法人が組織再編で内国法人になる場合

Q　米国などでは、外国法人が組織再編により内国法人になった場合、本店移転扱いとして無税での移転を認める制度があるとのことですが、わが国でも同じ扱いを受けることができるのでしょうか。

ポイント　できません（法人の清算があったとして、清算所得課税がなされます。）。

A　1．おっしゃるように、米国では組織再編によりシベリアなど特定の国又は地域に本店を有する外国法人が内国法人になった場合、実体に変更なしとして非課税とする扱いがあります（IRC 第368条(a)(1)(F)。一般に domiciliation と称されている制度です。）。

2．しかし、わが国ではそのような制度はありませんので、外国法人をいったん清算したものとして清算所得課税がなされることになります。

もっと知りたい人のために

海外赴任者が中途で帰国した場合の年末調整

Q　海外の現地法人に2年間滞在の予定で7月に出国し、出国時に年末調整をしていた者が都合でその年の10月に帰国した場合、その者に支払う給与の年末調整はどのようになるのでしょうか。

ポイント　回答例を参照してください。

A　その者が居住者であった期間（すなわち、1～7月及び10～12月）に支払われた給与を合計して年末調整を行うことになります（所法102、190）。

もっと知りたい人のために

留守宅手当から支払った社会保険料、生命保険料と年末調整

Q 海外勤務者が留守宅手当から支払っていた社会保険料、生命保険料は、年末調整の対象になるのでしょうか。

ポイント なりません。

A 1．社会保険料控除、生命保険料控除の対象となるのは、居住者がその年に支払った分のみです（所法74①、76①）。

2．したがって、非居住者時代に支払った社会保険料、生命保険料については、控除の対象とはなりません（所令258③④）。

※ 詳細については、国税庁質疑応答事例「非居住者であった期間内の社会保険料、生命保険料」を参照してください。

2 居住者又は内国法人が住所地を移転することなく外国に投資等を行った場合の税務

居住者又は内国法人が外国に支店や恒久的施設を有することなく、直接外国に投資を行うことがあります。

そのような場合、それらの投資活動によって利益が生じたときは、居住者又は内国法人の所得に合算した上で、わが国で課税されます。

その場合、投資先で課税された税（居住者の場合にあっては外国所得税、内国法人の場合にあっては外国法人税）について損金に計上するか外国税額控除の対象にすることができることとされています（所法46、95、法法41、69）。

他方、それらの投資によって損失が生じた場合には、内国法人であれば、その分を損金に算入することができますが、居住者の場合、そこで生じた損失について損益通算が認められるのは、不動産所得、事業所得、山林所得、譲渡所得の計算上生じたものに限られています（所法69①、所令198）。

もっと知りたい人のために

国外中古不動産投資に係る経費控除否認

Q　令和２年度の税制改正で、ハワイ等に中古不動産を購入し、多額の減価償却を計上した上で他の所得と損益通算し、所得を圧縮する行為が認められなくなったとのことですが、いつから規制されるようになるのでしょうか。

ポイント　令和３年（2021年）以降からです。

A　おっしゃるようにハワイ等にある中古の国外不動産を購入し、残存耐用年数等を利用して多額の経費を計上しそれを他の所得と通算することで所得を圧縮するという行為に対処するため、令和２年度の改正でそれが規制されました。この改正は令和３年(2021年）以降の分から適用されています。

3　内国法人が支店形態で外国に進出する場合の税務

内国法人が外国に支店形態で進出する場合、基本的には進出先国の税法に従って課税されます。

ただし、そこで生じた損益については内国法人の所在地であるわが国で内国法人の所得と損益通算されます。

その場合、支店所在地国での損益の額の計算は、現地通貨で行われているのが通例ですので、それを本邦通貨に換算することが必要になってきます。

その場合における損益の計算は、基本的には発生時換算法（原則として、取引国における電信売買相場の仲値：TTM）によって行うこととされています（法法61の８①）。

なお、支店の所得に対して当該支店所在地国で法人税等に該当する税が課された場合には、納付した外国法人税等について、納付確定日の属する事業年度において、内国法人の所得の金額の計算上、損金の額に算入するか、又はわが国の法人税額から控除することができることとされています（法法69①、法令141、142の２）。

そして、その場合における為替換算は、納付すべきことが確定した日の属する事業年度の本支店合併損益計算書の作成基準とした為替相場によることとされています（法基通16―３―47(3)）。

4　内国法人が外国に子会社を設立して進出する場合の税務

内国法人が外国に子会社形態で進出する場合、その子会社は内国法人とは独立した存在として取り扱われます。

したがって、それらの子会社で生じた損益については、親会社である内国法人の損益と通算することは原則として認められていません。

ただし、国際的な租税回避を防止する観点から、支配関係にある外国子会社（国外関連者）との取引が独立企業間価格でなされていない場合には移転価格税制の適用対象となり、子会社への利益移転分は、内国法人の所得に加算されます（措法66の４ほか）。また、軽課税国にあるペーパー・カンパニー等に利益を付け替えるような租税回避行為に対しては、外国子会社合算税制により、それらの子会社等の所得のうち内国法人の持分相当額が内国法人の所得に合算して課税されます（措法66の６）。

2 外国税額控除（所法95、法法69、相法20の２、21の８）

〔ポイント〕

1．外国税額控除制度は、国際的な二重課税を排除するための方法として最も広く用いられています。
2．外国税額控除の対象となる税については、一定の規制が設けられています。
3．なお、わが国の歳入を犠牲にしてまで控除を認めることはありません。そのため、一定の限度内でのみ控除を認めることとしています。
4．外国税額の納付時期とわが国の税の納付時期は必ずしも一致していないことから、控除限度額の繰越し等の制度が設けられています。

第１章でも触れましたように、わが国では居住者及び内国法人については、その全世界所得に対して課税する方式が採用されています。

また、相続税·贈与税の場合にあっても、居住者が相続又は贈与によって取得した財産については、それらの財産の所在地の如何を問わず、わが国で全て課税することとしています。

しかし、国外で稼得された所得や国外所在財産については、所得の場合にあっては、それらの所得の源泉地国、国外所在財産にあっては、それらの財産の所在地国が第一時的な課税権を有しています。

そのため、それらの所得又は財産についてわが国で何らの調整もなく課税してしまうと、結果的に二重課税となってしまいます。

そこで、所得税法、法人税法及び相続税法では、「外国税額控除」という制度を設け、国際的な二重課税を排除することとしています。

注　国際的な二重課税の排除方法としては、課税を国内のみに限定する方法（いわゆる国外所得免除方式）もありますが、わが国をはじめ多くの国はこのような方式を採用していません。

また、わが国のように全世界所得課税方式を採用している国における国際的二重課税排除方法としては、外国税額控除方式と外国税額を必要経費又は損金とする外国税額損金算入方式の２つがあります。

ちなみにわが国では、いずれの方法によることも認められています。

1　所得税法における外国税額控除制度（所法95、所令222）

（１）概説

所得税法では、「居住者」が「外国にその源泉がある所得」について、その国の法令に基づいて「所得税に相当する税」を課された場合には、次の算式により計算された金額を限度として、その者の算出税額から控除することとしています（所法95、所令221、222、222の２ほか）。

$$\underset{\text{（例：400）}}{\text{その年分の所得税の額}} \times \frac{\text{その年分の国外所得金額（例：300）}}{\text{その年分の合計所得金額（例：1,200）}} = \underset{\text{（例：100）}}{\text{外国税額控除の限度額}}$$

注　上記算式の分子及び分母の所得金額は、いずれも純損失の繰越控除、雑損失の繰越控除の規定を適用しないで計算した金額です（所令222②③）

なお、国外源泉所得が不動産所得、事業所得、山林所得、一時所得又は雑所得の場合にあっては、上記の外国税額控除方式に代えて、各種所得の計算上必要経費又は支出した金額に算入することを選択することができることとされています（所法46）。

（2） 控除対象となる外国所得税の範囲

外国税額控除の対象となる外国所得税は、次のようになります。

◎ 外国税額控除の対象となる外国所得税

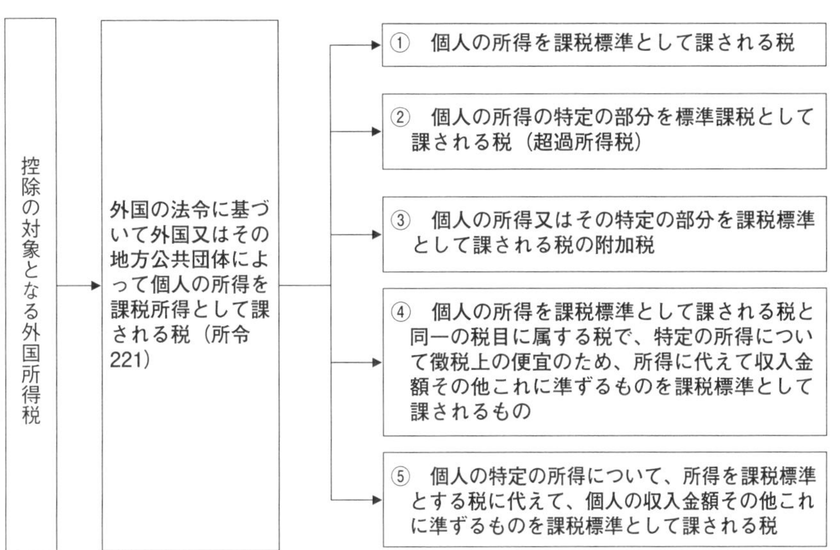

注　上図以外のものについては、たとえ外国所得税という名称が付されていても、外国税額控除の対象にはなりません。

（3） 外国税額控除額の邦貨換算

外国所得税は一般的には現地の通貨で支払われます。しかし、わが国で外国税額控除を受ける場合の計算は、本邦通貨で行われます。その結果、現地で現地通貨で支払われた金額を本邦通貨に換算する手続が必要になってきます。

その換算は、外国で課された所得税の内容に応じ、次により行うこととされています（所基通95—10）。

イ　源泉徴収による外国所得税

源泉徴収により納付することとなる利子等、配当、使用料等（以下「配当等」といいます。）に係る外国所得税については、その配当等の額の換算に適用する外国為替の売買相場により邦貨に換算します。

ロ　イ以外による外国所得税

外貨建取引に係る経費の金額の換算（所法57の３①）に適用する外国為替の売買相場（原則として取引日の仲値：TTM）により邦貨に換算します。

(４)　外国税額控除の適用を受けるための手続

外国税額控除の適用を受けるためには、確定申告書、修正申告書又は更正の請求書に外国税額控除に関する明細及び控除対象外国所得税を課されたことを証する申告書等の写し等のほか、各種所得ごとに計算された国外所得金額の計算に関する明細書を添付する必要があり、適用を受けることのできる金額は、当該明細書等に記載された金額が限度となります。

(参考)　外国税額控除の手続をめぐる裁決例

○　台湾の土地増値税は個人の所得を課税標準として課されたものではないので、外国所得税には該当しない

（平成14年11月20日裁決、裁決事例集64集185頁）

○　確定申告書に外国税額控除と受けるべき金額の記載及び書類の

添付がなかったことについて、やむを得ない事情がないとして控除が否認された事例

（平成21年12月２日裁決、裁決事例集78集200頁）

もっと知りたい人のために

外国税額控除の適用を受けるタイミング

Q 外国税額控除の適用を受けるタイミングは、どのようにすればよいのでしょうか。

ポイント 原則は外国所得税の租税債務が確定した日の属する年分。ただし継続適用を要件に納付日でも可。

A 外国税額控除は、原則として申告、賦課決定等の手続により納付する外国所得税について、具体的に納付すべき租税債務が確定した日の属する年分において適用します。

ただし、納付することが確定した外国所得税につき、実際に納付した日の属する年分において継続して外国税額控除を適用している場合は、その処理が認められます（所基通95—３）。

図で示すと、次のようになります。

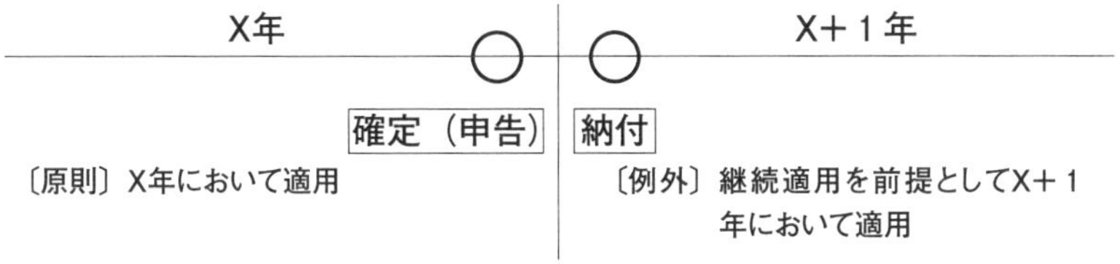

X年 | X＋１年

確定（申告） | 納付

〔原則〕X年において適用

〔例外〕継続適用を前提としてX＋１年において適用

もっと知りたい人のために

控除限度額を超えた場合、満たない場合

Q 控除限度額を超えた場合はどうなるのでしょうか？　また、控除限度額に満たなかった場合はどうなるのでしょうか？

ポイント 3年間にわたり、繰越等が認められます。

A **1．控除限度額を超える場合**

その年分の外国所得税額が控除限度額と地方税控除限度額との合計額を超える場合には、その年の前年以前3年間の控除限度額のうち、その年に繰り越される部分の合計額（繰越控除限度額）を限度として、その超える部分の金額をその年分の所得税の額から控除することができます（所法95②、所令223、224）。

2．控除限度額に満たない場合

他方、その年分の外国所得税額が控除限度額に満たない場合に、その年の前年以前3年間に納付することとなった外国所得税額で控除しきれなかった金額（繰越外国所得税額）は、順次その年分の国税の控除余裕額の範囲内でその年分に繰り越して控除することができることとされています（所法95③、所令225）。

図で示すと、次のようになります。

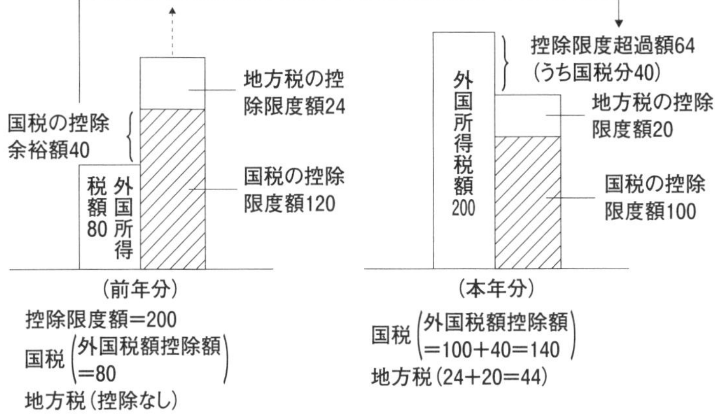

※　これらについてさらに知りたい方は、国税庁タックスアンサーNo.1240「居住者に係る外国税額控除」を参照してください。

もっと知りたい人のために

外国税額控除と還付

Q　所得税額控除の計算上、控除しきれなかった外国税額がある場合、どのような扱いになるのでしょうか？

ポイント　還付申告をすることで還付が受けられます。

A　1．所得税の額の計算上、控除しきれなかった外国税額控除の額がある場合には、その内容を記載した「確定申告書（還付申告書）」を提出すれば還付が受けられることとされています（所法120①四、所令262、所規47）。

※　これは、外国所得税額の控除は控除限度額の繰越し等により、原則的には全額控除できるものですが、実際には当期の所得税額としてしまうなどによりその全部又は一部が控除しきれないことが生じてしまうこともあるために設けられている規定で

す。

なお、同様の措置は法人税法においても講じられています（法法74①三、78①）。

2 法人税法における外国税額控除（法法69）

（1） 概要

法人税においても、外国税額控除が認められています。

そもそも、わが国で外国税額控除制度が導入されたのは、1953年（昭和28年）のことですが、それは法人税の分野においてでした。

ちなみに、それまでは、二重課税の解消は外国税額損金算入方式のみでした。

しかし、外国税額損金算入方式では、国際的な二重課税が完全に解消しきれないということで、外国税額控除方式が導入されたわけです。

（2） 控除対象となる外国法人税（法法69、法令141ほか）

ところで、法人税法における外国税額控除制度とは、内国法人が、その海外支店等で生じた所得について自らが納税者となって納付した外国法人税額を、当該内国法人のわが国の法人税額等から控除することをいいます（法法69）。

ちなみに、ここでいう外国法人税額には、支店で生じた所得に対して課される外国法人税と、外国法人等が内国法人に対して支払う利子や配当等について源泉地国で課された源泉徴収税額の取扱いは、２つに区分されます。

図で示すと、次のようになります。

◎　法人税法における外国税額控除のイメージ

海外支店等の所得に対して課税されるケース

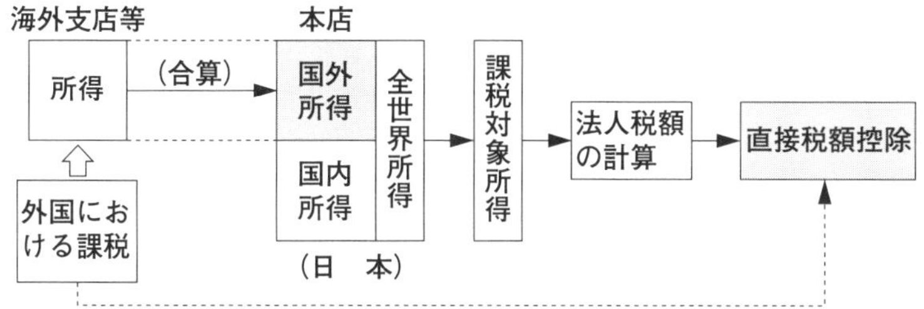

利子等について源泉徴収されたケース

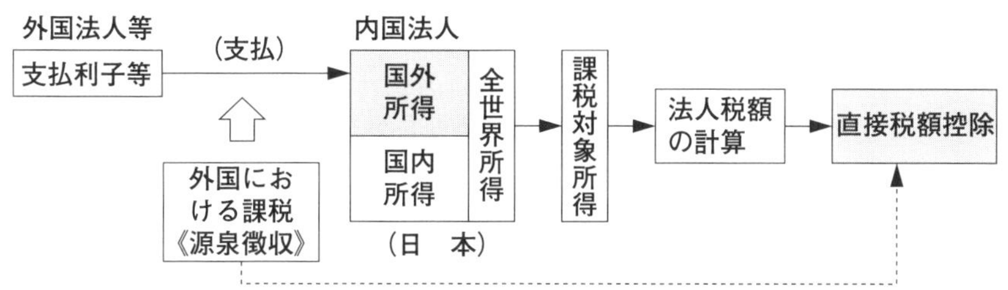

（資料出所：「図解法人税（大蔵財務協会）」より抜すい、一部修正）

※1　法人税法では、外国で課された税であっても、その内容によって外国法人税に該当するものとそうでないものを区分しています（法法69①、法令141）。

※2　外国で課された法人税であれば、法人税法上、全て外国税額控除の対象になるというものではありません（法令141③）。

ちなみに、現在、外国法人税に該当するとされているものとしないとされているものを一覧表で示すと、次のようになっています（法令141①～③、法基通16―3―4）。

◎　外国法人税に該当する税としない税（法法69①、法令141①～③）

外国法人税に該当するもの	(1)　法人の所得を課税標準として課される税〔原則〕（㊐　わが国の法人税、所得税などに相当するもの）
	(2)　超過利潤税その他法人の所得の特定の部分を課税標準として課される税
	(3)　法人の所得又はその特定部分を課税標準として課される税の附加税（㊐　わが国の法人住民税の法人税割に相当するもの）
	(4)　法人の所得を課税標準として課される税と同一の税目に属する税で、法人の特定の所得について、徴税上の便宜のため、所得に代えて収入金額その他これに準ずるものを課税標準として課されるもの（㊐　利子、配当などについて収入金額を課税標準として源泉徴収される所得税（法基通16―3―4））
	(5)　法人の特定の所得について、所得を課税標準とする税に代えて、法人の収入金額その他これに準ずるものを課税標準として課される税（㊐　農産物税、石油会社税など）
外国法人税に該当しないもの	(1)　納付後、任意にその納付額の全部又は一部の還付を請求することができる税
	(2)　税の納付が猶予される期間を、任意に定めることができる税
	(3)　複数の税率の中から納税者と外国当局等との合意により税率が決定された税について、最も低い税率を上回る部分（※）
	(4)　附帯税に相当するもの（わが国の延滞税、加算税など）
	(5)　売上税、営業税に相当するもの
	(6)　わが国の固定資産税、不動産取得税、登録免許税に相当するもの
	(7)　その他上記のものに類する外国税

※　いわゆるデザイナーズ・タックス。平成23年度の改正で追加。

（3）外国法人税に該当するにもかかわらず、外国税額控除の対象にならないもの（法令142の2）

外国法人税に該当するものであっても、次の部分は外国税額控除の対象とはなりません（法法69①、法令142の2）。

①　所得に対する負担が高率な部分（35%超部分）。

例えば、外国で課された外国法人税が50%だった場合、35%を超える15%相当部分は税額控除にはなりません。

また、利子等に対し源泉徴収の方法により課される外国法人税についても、内国法人の所得率に応じた超過部分については控除対象になりません。

②　通常行われると認められない取引に基因して生じた所得に対して課される部分（法令142の2②一～四、法規29①～⑭）。

例えば、いわゆる仕組取引（借入先と特殊関係にある者に対する有利貸付け等）に基因して生じた所得に対する外国法人税の額は、控除対象外国法人税の額から除くこととされています（法令142の2⑤⑥）。

③　わが国の法人税が課されない所得に対して課される部分（法令142の2⑦⑧）。

もっと知りたい人のために

高率負担部分の取扱い

Q　外国法人税に該当するものであっても、高率負担部分については外国税額控除の対象にならないとのことですが、その部分についてはどのような扱いになるのでしょうか。

ポイント　損金算入。

A　外国法人税のうち負担割合35%を超える部分については損金算入することになります（法法69①かっこ書、法令142の2）。図で示すと、次のようになります。

◎ 高率負担部分に関するイメージ図

前提：外国法人税の課税標準＝1,000、これに対する外国法人税率＝40%

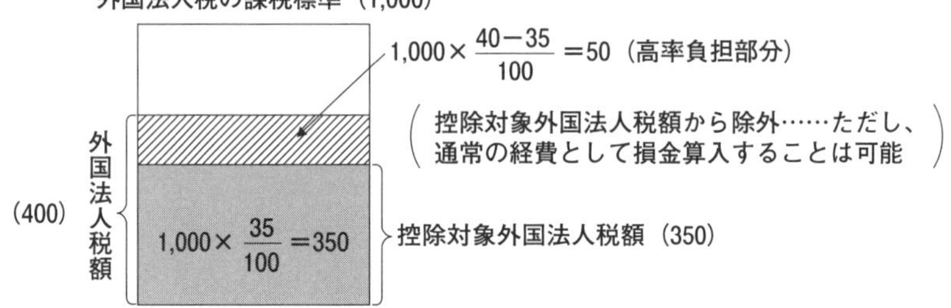

注 この部分（50）が控除対象部分から外れ、損金算入となります。

なお、所得に対する負担が高率な部分の金額に該当するか否かの判断は、内国法人が納付することとなるそれぞれの外国法人税ごとに行うこととなります（法基通16－３－22）。

もっと知りたい人のために

適格現物分配に伴う外国税額控除の可否について

Q 今般、100％支配関係のある内国法人間において（適格）現物分配を実施し、子会社が有している中国出資法人の持分を親会社に移転する予定です。

中国の制度上、譲渡税が擬制され10％の課税を受けるようです。

中国で課されたこの税額が外国税額控除の対象となるのでしょうか。

ポイント 外国税額控除は受けられません。

A 外国税額控除制度は、国際的な二重課税を排除するために設けられている制度です。然るに、本件事例の場合、わが国では税制適格組織再編に該当していれば、たとえ現物分配がなされたとしても課税はないこととされています（措法２十二の五の二、三、24①

61の２⑧、62の５③ほか）

そのため、照会のようなケースでは国際的二重課税とはなっていません。したがって、本件の場合、たとえ中国で（間接譲渡として）課税されていたとしても国際的な二重課税は生じていませんので、外国税額控除を受けることはできません。

（４） 控除限度額と限度超過額又は限度余裕額が生じた場合の取扱い

① 控除限度額の計算（法法69、法令142、143）

内国法人が当期に納付すべき法人税額から控除できる外国法人税の限度額は、次のように計算することとされています（法法69①、法令142①）。

◎ 法人税額から控除できる外国法人税の限度額の計算方法

控除限度額	算　式	
右の①②のうちいずれか少ない金額	①当期で納付することとなった控除対象外国法人税額	高率負担部分等を除いた金額
	②当期の法人税額基準による控除限度額	当期の全世界所得に対する法人税額 × 当期の調整国外所得金額 / 当期の全世界所得金額

なお、法人税の控除限度額を超える外国法人税額については、当期の地方税の控除限度額の範囲内で地方税から控除することが認められています（法法69②、法令143）。

もっと知りたい人のために

地方税の控除限度額の計算

Q 地方税の控除限度額の計算は、標準税率によるのでしょうか。それとも実際税率によるのでしょうか。

ポイント　どちらでも可。

A　どちらでもよいことになっています。原則として標準税率によることとされていますが、実際税率によって計算してもよいこととされています。どちらを採用するかは法人の任意であり、継続適用も要件とされていません。

②　控除限度超過額が生じた場合又は控除余裕枠が生じた場合（法法69、法令144、145）

本年分につき控除限度超過額が生じた場合には、前３年以内に生じた控除余裕枠があればその分に充当し、それでも控除しきれなかったときに３年間の繰越しが認められています（法法69②、法令144①③）。

他方、本年度分につき控除余裕枠が生じたときは過去３年以内の超過分に充当し、それでも余裕があるときは３年間の繰越しが認められています（法法69③、法令145①③）。

◎　（例１）　控除限度超過額が生じた場合の繰越控除限度額の充当による控除に関するイメージ図

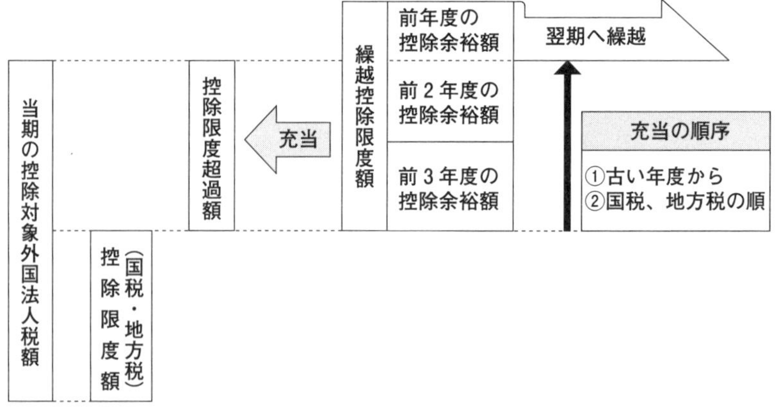

◎　（例２）　控除余裕額が生じた場合の繰越控除対象外国法人税額への充当による控除に関するイメージ図

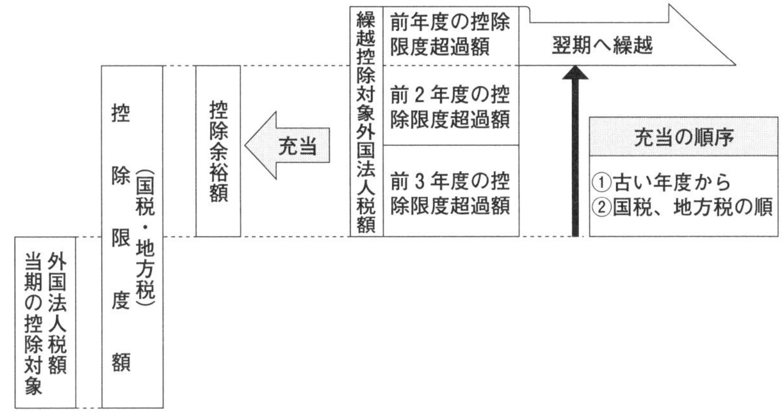

（５）　外国税額控除の適用時期（法法69、法基通16―３―５～６）

外国法人税を納付した税額について、外国税額控除を受ける時期は、それが確定申告等によるものか、予定納付等によるものかにより、次のような取扱いとなります（法法69①、法基通16―３―５～６）。

◎　外国税額控除の適用時期

区分＼取扱い	原　則	特　例（継続適用が条件）
確定申告等による外国法人税額	外国法人税を納付することとなる日（納付確定日）の属する事業年度	納付確定税額を税務上の合理的な基準に基づき費用として計上した日の属する事業年度
予定納付等による外国法人税額	同　上	確定申告等があった日の属する事業年度（予定納付等をした額は確定申告等がある日まで仮払金等として経理する。）

また、納付確定日も課税方式に応じ、次のように区分されています。

◎　課税方式と納付確定日の関係

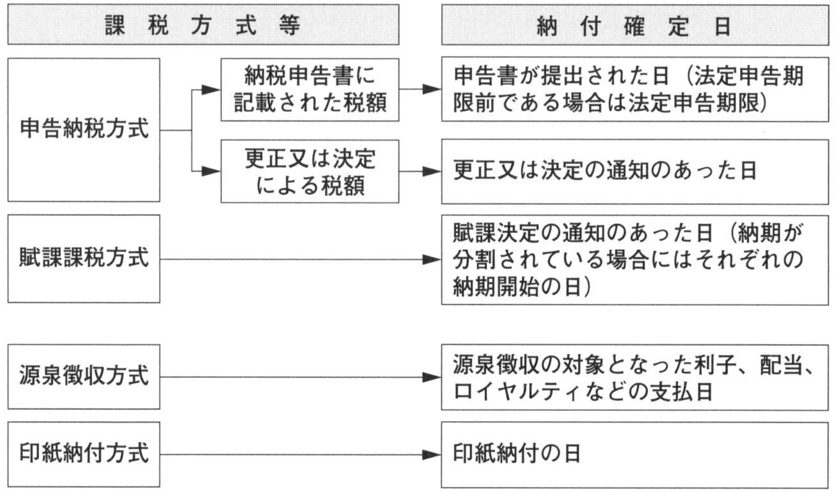

（６）　控除限度額の計算と調整国外所得金額（法令141の３、142③ほか）

外国税額控除を受けられるのは、法人が納付した税額のうち国外所得に対応する金額が限度とされています（法法69①）。具体的には、次の算式により計算した金額とされています（法令141の２、142①）。

（算式）

$$\text{当期の全世界所得金額に対する法人税額} \times \frac{\text{当期の調整国外所得金額}}{\text{当期の全世界所得金額}}$$

この算式でいう調整国外所得金額とは、国外所得金額から、外国法人税が課されない国外源泉所得に係る所得を控除した金額をいいます。ただし、その金額が所得金額の90％を超える場合には、90％相当額とされます（法令142③）。

もっと知りたい人のために

国外所得間での損益通算の可否

Q 「国外所得」の割合を計算する場合において、ある国で欠損が生じ（例えば△30)、他の国で所得（例えば50）が生じていた場合、国外所得金額はどのように計算するのでしょうか。

ポイント 損益通算後の金額となります。

A 以下の理由により、損益通算後の金額は20となります。

① 国外所得の金額を計算する場合、所得の生じた国と欠損の生じた国がある場合には、それらを通算したものが国外所得の額となります（法令142③)。

② これは、国外所得のうち損失を生じた部分を所得国のそれと通算しないこととした場合には、その分だけ国外所得の金額が増加し、結果的に外国税額控除の限度額がその分だけ多くなってしまうためです。

（7） みなし外国税額控除（タックス・スペアリング・クレジット）

みなし外国税額控除（タックス・スペアリング・クレジット）とは、発展途上国との間に交わされた租税条約において、源泉地国（発展途上国）で特別に免税された税金について、相手国でなされた減免措置をより効果あらしめるため、本来の課税がなされたものとみなしてわが国で外国税額控除を認める制度です。

もっと知りたい人のために

みなし外国税額控除における「差額スペアリング方式」と「固定スペアリング方式」の差

Q　みなし外国税額控除には、①「差額スペアリング方式」と②「固定スペアリング方式」の２つの類型があるようですが、両者は、どのような点で差があるのでしょうか。

ポイント　回答を参照してください。

A　①の差額スペアリング方式は、タイ（同様の方式によっていたスペイン、マレーシアについてはすでに廃止）との条約で採用されている方式で、源泉地国の一般税率（例えば30%）と減免措置による税率又は租税条約の限度税率（例えば10%）との差額（20%）をみなし外国税額控除の対象とする方法です。

　これに対し、②の固定スペアリング方式とは、相手国の国内法上の規定の如何にかかわらず、租税条約上、常にある一定の税率（例えば25%）で源泉地国で課税されたとみなした上で、これと実際税率（例えば10%）との差額（15%）をみなし外国税額控除の対象とするものです。これによっている国として、ブラジル、中国があります。

外国税額控除に関する判例、裁決例等

○　外国税額控除は、確定申告書に記載され、書類の添付がされたことにより具体的に確認できる金額の範囲に限られる。

（平成15年３月10日裁決、裁決事例集65集472頁）

○　大手銀行による外国税額控除の彼此流用が、外国税額控除制度を濫用するものであり、さらには税負担の公平を著しく害するものとして許されないというべきであるとされた事例

（最高裁二小、平成17年12月19日判決、平15（行ヒ）215）

○　申請により税率を自由に選択（0％～30％）できる税であったとしても、外国法人税にあたるとされた事例（損保ジャパン、ガーンジー島事件）　（最高裁：平成21年12月3日判決、民集63巻10号2283頁）

⇓

この判決をふまえ、平成23年の改正でこの種の税は外国税額控除の対象にしないこととされました。

3　外国子会社配当益金不算入制度（法法23の2）…平成21年度創設

なお、外国子会社に対する外国での課税と、当該外国子会社から内国法人が受ける配当に対する課税との国際的二重課税については、当該配当の95％相当額を益金不算入とすること（外国子会社配当益金不算入制度）により、調整が行われることとなっています（法法23の2）(注)。

注　この改正は、本邦企業が海外で獲得する利益の国内還流に向けた環境整備の一環として、平成21年度の改正で創設されたものです。

それ以前は間接税額控除方式が採用されていました。

しかし、相手国で損金算入が認められている優先配当株式からの受取配当についてこの制度の適用が受けられるとすると、結果的に国際的二重非課税状態が生じてしまいます。

そこで、平成27年度の税制改正で、外国子会社において損金に算入される配当をこの制度の対象外とする改正がなされています。

図で示すと、次のようになります。

◎　外国子会社配当益金不算入方式（法法23の２）

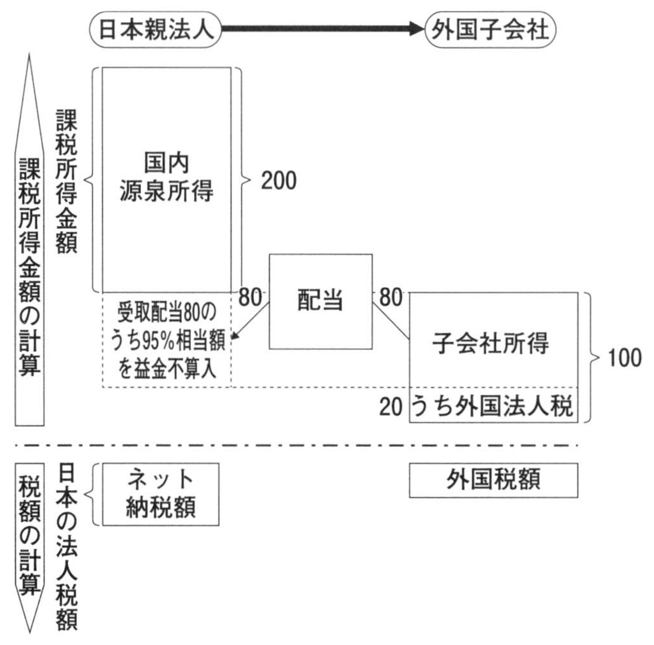

もっと知りたい人のために

米国子会社に係る本税制適用の可否

Q　アメリカ子会社の株式の保有割合が９％（ただし議決権割合では16%）となっている場合、外国子会社配当益金不算入制度の適用を受けられるのでしょうか。

ポイント　適用が受けられます。

A　この場合には、日米租税条約10条２(a)により自己株式を除いた議決権割合が16％超（10％以上）のため、外国子会社の配当益金不算入の適用が受けられます。

5％の源泉税については益金不算入の対象とはなりません。

4 相続税法における外国税額控除（相法20の2、21の8）

（1） 相続税の場合（相法20の2）

相続又は遺贈により国外にある財産を取得した場合において、その財産に対し外国の法令によりわが国の相続税に相当する税を課せられたときは、その課せられた相続税とわが国の相続税に相当する額のいずれか少ないほうの金額を相続税額から控除することができることとされています（相法20の2）。

イ　外国で課された相続税に相当する税額（例えば150）

ロ　$\text{わが国の相続税額（例えば300）} \times \dfrac{\text{外国に所在する財産の価額（例えば300）}}{\text{相続又は遺贈により取得した財産のうち課税価格計算の基礎に算入された財産の総額（例えば900）}} = 100$

※　上記の例でいえば、外国で納付した相続税に相当する税額150のうち、わが国で税額控除の対象となるのは100ということになります。

なお、相続税において外国税額控除制度を受けるためには、次のような要件が付されていますので注意してください。

◎　相続税において外国税額控除を受けるための要件

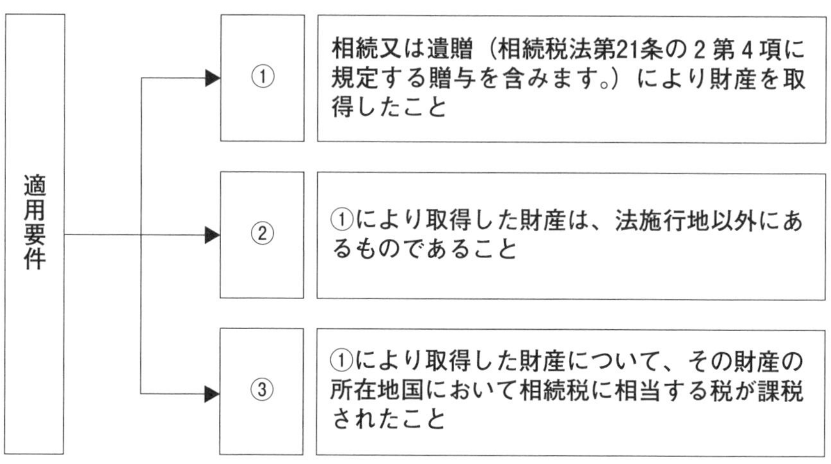

（２）　贈与税の場合（相法21の８）

外国で課された贈与税に相当する税についても、相続税の場合と同様に、次のいずれか少ないほうの金額を贈与税から控除することができることとされています（相法21の８）。

イ　外国で課された贈与税に相当する税額（例えば60）

ロ　わが国の贈与税額（例えば400）× 外国に所在する財産の価額（例えば300）／贈与を受けた財産金額の総額（例えば1,000）＝120

※　その結果、外国で納付した贈与税額のうち、わが国で外国税額の対象となるのは、イ又はロのうちのいずれか少ない額、すなわち60ということになります。

注　なお、外国において課税された相続税・贈与税相当額の円換算は、納付すべき日における対顧客電信売相場（TTS）により邦貨換算することになります（相基通20の２―１、21の８―１）。

3 外貨建取引の換算等

〔ポイント〕

1．わが国で課される税は、課税標準も税額も全て法定通貨である円をベースにして計算されます。
2．したがって、外国通貨で行われた取引や期末に存在する外貨建ての資産、負債等については、これを円貨に換算する必要があります。
3．ここでは、その際における換算方法について解説していきます。

わが国の税制では、所得でも財産でも、その額は法定通貨である円を前提にして計算されます。

その結果、資産の販売や購入、役務の提供、金銭の貸与等又は財産の相続、贈与等が外国通貨で行われている場合には、それを本邦通貨である円貨に換算する必要があります。

その際、外貨から円貨への換算レートとして用いられているのが、銀行の対顧客売買相場です(注)。

注　ちなみに、現在一般的に取引されている銀行の対顧客売買相場を米ドルを例にみてみると次のようになっています。

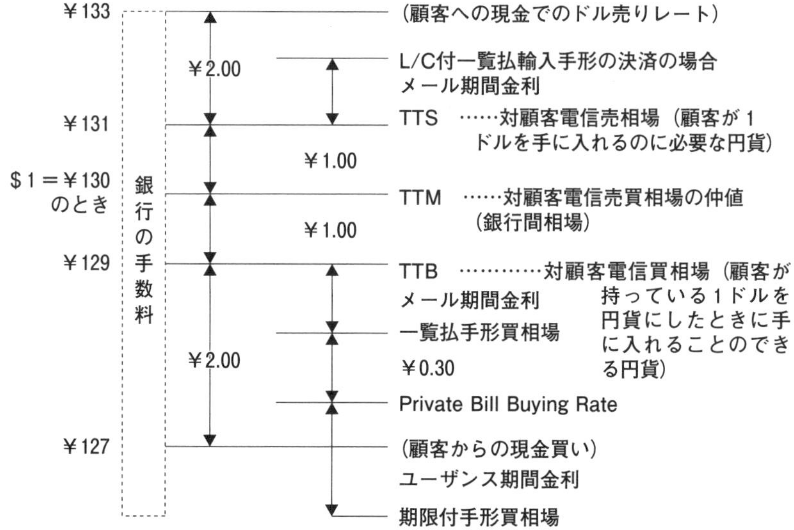

※その結果、例えば顧客が１ドルを現金で入手するためには、日本円で133円の支払が必要となります。それに対し、手持ちの１ドルを売って日本円を現金でもらおうとすれば、127円しか手にできないということになります。

1 所得税法における外貨建取引の換算等（所法57の３）

（１） 外貨建取引の意義

所得税法でいう「外貨建取引」とは、外国通貨で支払が行われる資産の販売及び購入、役務の提供、金銭の貸付け及び借入れ、その他の取引です（所法57の３①）。

したがって、支払が円貨で行われるものは、ここでいう外貨建取引にはなりません（所基通57の３－１）。

（２） 外貨建取引の円換算

所得税法では、外貨建てで行われた取引については、原則として取引日における「対顧客電信売買相場の仲値（TTM）」により円貨への換算を行うこととしています（所法57の3、所基通57の3－2）。

ただし、継続適用を要件として、それ以外の合理的な換算方法によることも認められています（所基通57の3－2ただし書）。

図で示すと、次のようになります。

◎　**外貨建取引の円換算額の計算に関するイメージ図**（所得税）

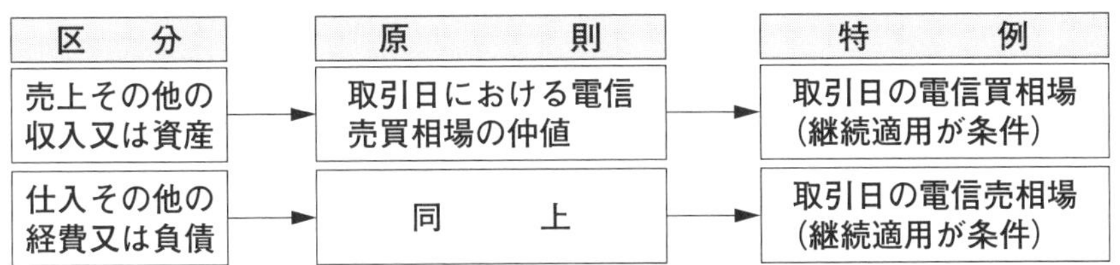

注　ただし、不動産所得等の金額（不動産所得、事業所得、山林所得又は雑所得を生ずべき業務に係る所得の金額）の計算においては、継続適用を条件として、外貨建取引の内容に応じてそれぞれ合理的と認められる次のような為替相場も使用できることとされています（所基通57の3－2（注）2）。

もっと知りたい人のために

現地通貨建てで損失、為替換算で益のとき

Q　例えば130万ドル（1ドル＝100円）で購入した海外不動産を120万ドル（1ドル＝130円）で譲渡した場合、現地通貨ベースでは損失になっていますので、譲渡益は発生しないと考えてよいのでしょうか。

ポイント　譲渡益を要認識。

A　税務上は、1.3億円で購入した不動産を1.56億円で売却したことになりますので2,600万円の譲渡益が生じることになります。

（120万ドル×￥130－130万ドル×￥100
　　＝1.56億円－1.3億円＝2,600万円）

※　為替差損益は譲渡損益に含まれます。

◎　その他合理的と認められる円換算額の例

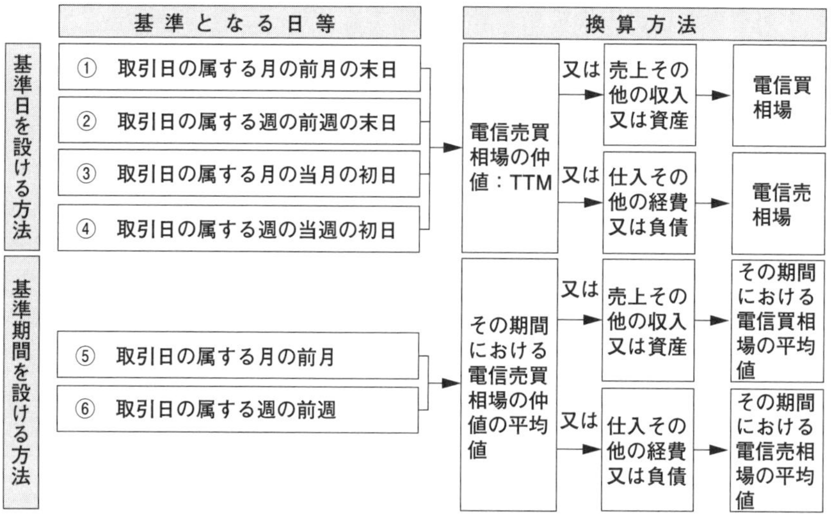

※　なお、電信売相場、電信買相場及び電信売買相場の仲値（TTM）については、金融機関によってその値が異なることがあります。これらについては、原則として、その者の主たる取引金融機関のものによることとされていますが、合理的なものを継続して使用している場合には、これを認めることとされています（所基通57の３―２（注）１）。

また、次のような場合における資産又は負債については、本邦通貨の額を円換算額とすることができます（所基通57の３―２（注）４）。

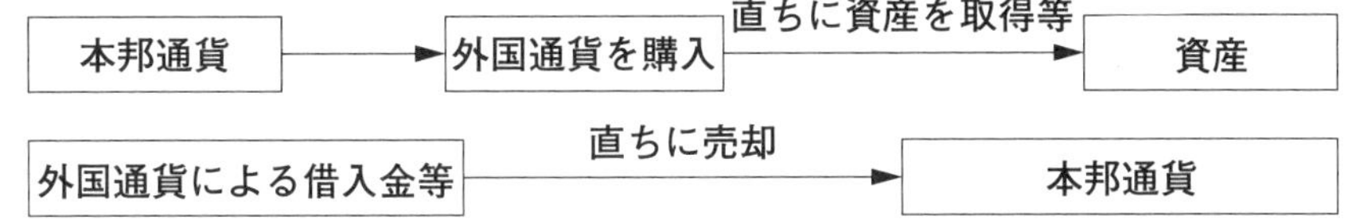

(参考) 外貨建取引に係る判例

○ 投資一任勘定により運用を任せていた場合において、受託者である金融機関がA国通貨からB国通貨に変更して当該変更によって利益が生じていたときは、委託者に雑所得が生じていたこととなる　(東京地裁（民事部）：令和4年8月31日判決)

2 法人税法における外貨建取引の換算等（法法61の8、9）

(1) 外貨建取引の意義

法人税法でいう「外貨建取引」とは、外国通貨で支払が行われる資産の販売及び購入、役務の提供、金銭の貸付け及び借入れ、剰余金の配当、その他の取引をいい（法法61の8①)、「外貨建資産等」とは外貨建債権及び外貨建債務、外貨建有価証券、外貨預金及び外国通貨をいうこととされています（法法61の9）。

注　ちなみに、給与の支給を外国通貨（例えば米ドル）で行うこととされている場合、毎月ドルで支給される給与は定期同額給与となります（国税庁質疑応答事例)。

(2) 外貨建取引の円換算（法法61の8①）

外貨建取引及び外貨建資産の円換算は、取引日における金融機関の対顧客電信売買相場の仲値（TTM）による（いわゆる発生時換算法）ことを原則としつつ、継続適用を条件として、それぞれ合理的と認められる為替相場の換算方法によることも認められています（法法61の8①、61の9、法基通13の2―1―1 ～18）。

ちなみに、外貨建取引をしている内国法人が事業年度終了の時において有する外貨建資産等の換算方法の一覧及び外貨建取引の発生から確定申告に至るまでをフローチャートの形で示すと、次のようになっています。

◎　外貨建資産等の換算方法一覧

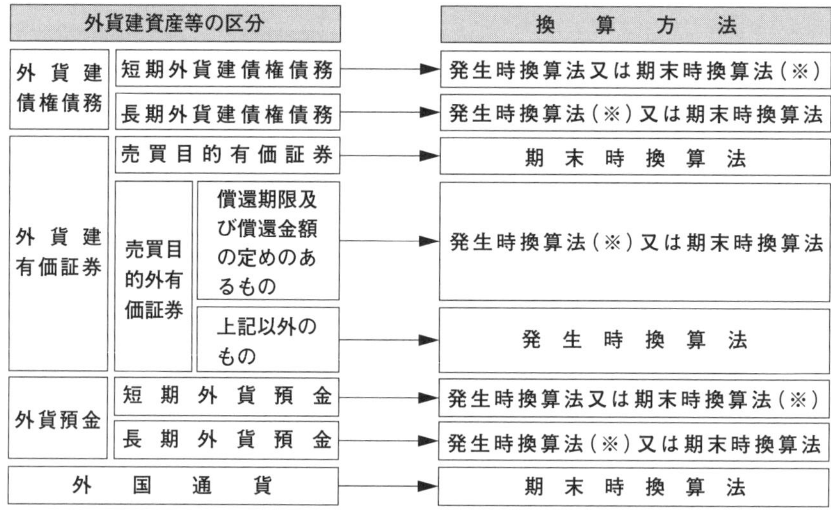

外貨建資産等の区分			換算方法
外貨建債権債務	短期外貨建債権債務		発生時換算法又は期末時換算法（※）
	長期外貨建債権債務		発生時換算法（※）又は期末時換算法
外貨建有価証券	売買目的有価証券		期末時換算法
	売買目的外有価証券	償還期限及び償還金額の定めのあるもの	発生時換算法（※）又は期末時換算法
		上記以外のもの	発生時換算法
外貨預金	短期外貨預金		発生時換算法又は期末時換算法（※）
	長期外貨預金		発生時換算法（※）又は期末時換算法
外国通貨			期末時換算法

注　1　換算方法の選定に関する届出がない場合には、（※）を付した方法により換算することになります（法令122の7）。

2　「発生時換算法」とは、外貨建資産等の取得等の基因となった外貨建取引の金額の円換算に用いた外国為替の売買相場により換算した金額（先物外国為替契約等により外貨建資産等の金額の円換算額を確定させた場合には、その先物外国為替契約等の為替相場により確定させた円換算額）をもって期末の円換算額とする方法をいい、「期末時換算法」とは、その期末時における外国為替の売買相場により換算した金額（先物外国為替契約等により外貨建資産等の金額の円換算額を確定させた場合には、その先物外国為替契約等の為替相場により確定させた円換算額）をもって期末の円換算額とする方法をいいます（法法61の9①一）。

3　「短期外貨建債権債務」とは、支払又は受取の期日がその事業年度終了の日の翌日から１年を経過した日の前日までに到来するものをいい、「短期外貨預金」とは、満期日がその事業年度終了の日の翌日から１年を経過した日の前日までに到来するものをいいます（法令122の４一、五）。

4 「長期外貨建債権債務」とは、外貨建債権債務のうち短期外貨建債権債務以外のものをいい、「長期外貨預金」とは、外貨預金のうち短期外貨預金以外のものをいいます（法令122の４二、六）。

5 法人が、適格分割等（適格分割、適格現物出資又は適格現物分配（残余財産の全部の分配を除きます。）をいいます。）によって外貨建資産等を移転するときには、その適格分割等の日の前日を事業年度終了の日とした場合に計算される換算差益又は換算差損の金額は、その適格分割等の日を含む事業年度の所得金額の計算上、益金の額又は損金の額に算入することになります（法法61の９③）。

6 次の①の移転事由により移転を受けた外貨建資産等について移転をする法人の②の移転事業年度において益金の額又は損金の額に算入された金額は、移転を受けた法人の③の移転後事業年度において損金の額又は益金の額に算入され、外貨建資産等の帳簿価額から減算され、又は帳簿価額に加算されます（法令122の８③⑤）。

① 移転事由	② 移転事業年度	③ 移転後事業年度
適格合併	被合併法人の最後事業年度	適格合併の日の属する事業年度
適格現物分配（残余財産の全部の分配に限ります。）	現物分配法人の残余財産の確定の日の属する事業年度	残余財産の確定の日の翌日の属する事業年度
適格分割等（上記（注５）参照）	分割法人等の適格分割等の日の属する事業年度	適格分割等の日の属する事業年度

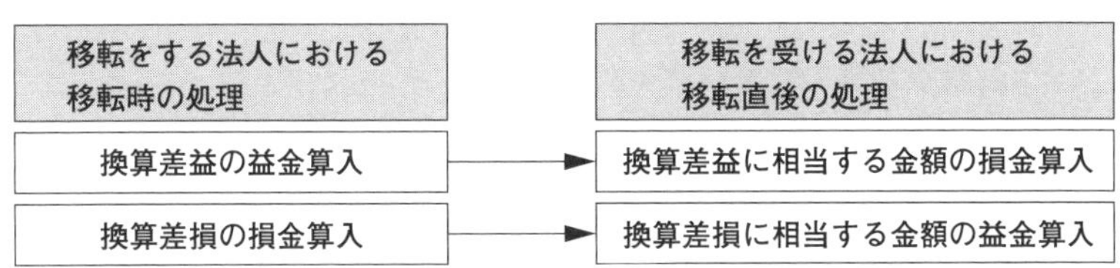

（資料出所：「令和５年版　図解法人税（大蔵財務協会）」399頁より抜すい、一部修正）

◎　（参考）外貨建取引の発生から確定申告に至るまでの流れ（イメージ図）

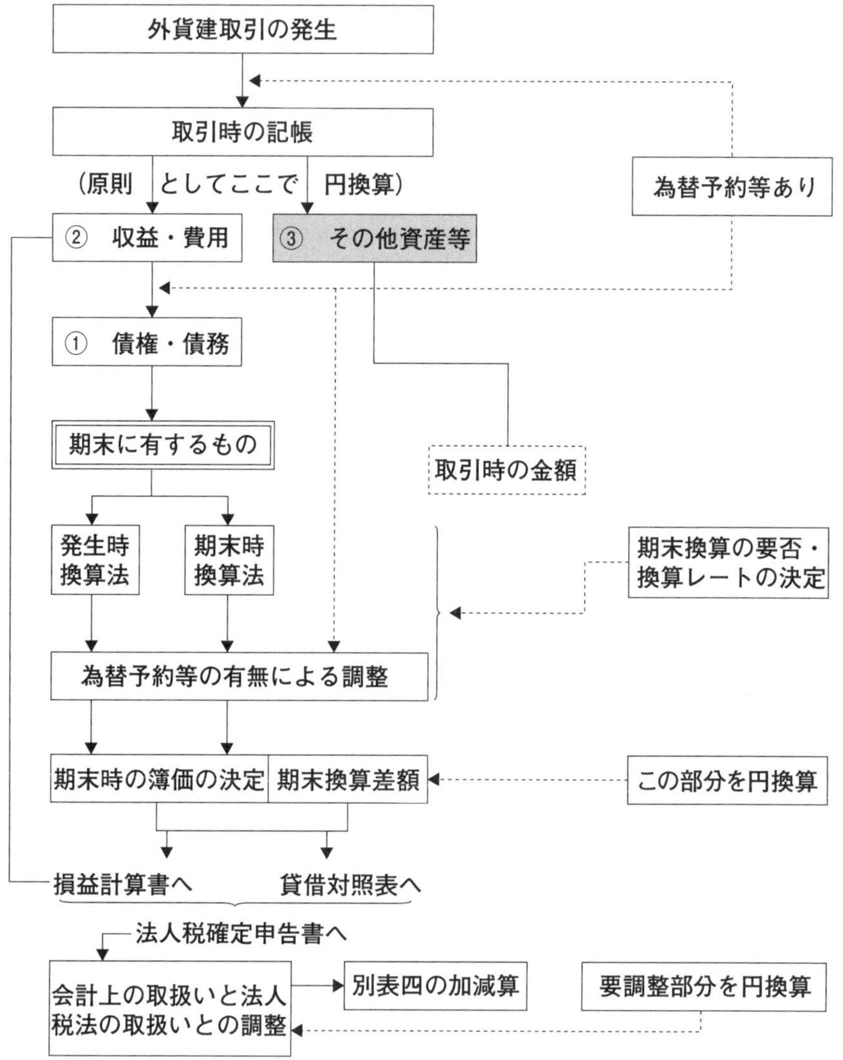

（資料出所：国税庁パンフレット等から抜すい、一部修正）

もっと知りたい人のために

先物外国為替契約等がある場合

Q 外貨建取引を行う場合において、リスクヘッジ等の観点から先物外国為替契約等をしていた場合にはどうなるのでしょうか。

ポイント
・収益、費用は、契約で確定した円貨額で計算。
・資産、負債等は、その先物外国為替契約等で確定させた円貨額。

A 外貨建取引について先物為替契約がなされている場合には、それが収益の費用に係るものであるか、資産、負債に係る取引であるかにより、それぞれ次によることとなります（所法57の３②、法法61の８、所基通57の３－４、法基通13の２－１－４、13の２－２－６）。

1．外貨建収益、費用の場合

外貨建取引に係る売上その他の収益又は仕入れその他の費用について円換算を行う場合において、その計上を行うべき日までに、その収益又は費用の額に係る本邦通貨の額を先物外国為替契約等により確定させているときは、その収益又は費用の額について、その確定させている本邦通貨の額をもってその円換算額とすることができます（所基通57の３－４、法基通13の２－１－４）。

2．外貨建資産、負債の場合

外貨建取引によって取得又は発生する資産又は負債について、先物外国為替契約等によって円換算額を確定しているときは、その確定している円換算額をもってこれらの資産又は負債の円換算額とすることとなります（所法57の３②、法法61の８②、法基通13の２－２－６）

もっと知りたい人のために

換算方法の選択手続

Q　外貨建資産の取得等を行った場合には、換算方法の選択が認められているとのことですが、その選択に当たっては何らかの手続が必要なのでしょうか。

ポイント　・確定申告書の提出期限までに所轄税務署長への届出が必要。

・届出がなければ、法令で規定された方法。

A

1．内国法人が外貨建資産等の取得等を行い、その資産等について選択できる換算方法が２つ以上ある場合には、その取得をした日の属する事業年度の確定申告書の提出期限までに、いずれか選択する方法を書面により納税地の所轄税務署長に届け出ることが必要とされています（法令122の５）。

また、それらを変更する場合には事前の申請が必要です（法令122の６）。

2．なお、届出がない場合には、次によることとなります（法令122の７）。

・短期外貨建債権債務……期末時換算法

・長期外貨建債権債務……発生時換算法

・売買目的外有価証券で償還期限等の定めのあるもの
……発生時換算法

・短期外貨預金……期末時換算法

・長期外貨預金……発生時換算法

もっと知りたい人のために

保有資産等について為替換算差額が生じた場合

Q 法人がその有する資産等について期末時換算法を選択した場合、取引発生時の為替換算レートとの間で差額が生じることとなりますが、その差額相当分については、どのように取り扱われることになるのでしょうか。

ポイント ・その事業年度の益金又は損金の額に算入。

・翌事業年度に洗替え。

A

1．内国法人が事業年度終了の時において期末時換算法の適用対象となる外貨建資産等を有する場合には、その資産等を期末時換算法により換算した金額と当該事業年度終了の時におけるその資産等の帳簿価額との差額に相当する金額は、その事業年度における所得金額の計算上、益金の額又は損金の額に算入することになります（法法61の9②）。

2．また、その事業年度の益金の額又は損金の額に算入した差額相当額は、翌事業年度の所得金額の計算上、損金の額又は益金の額に算入（洗替え）することになります（法令122の8）。

3 相続税・贈与税における為替換算（通達のみで規定）

相続又は贈与により、国外財産又は外貨建ての財産を取得した場合にも、それを本邦通貨に換算する必要があります。

また、それらの財産に対して所在地国で相続税又は贈与税を課された場合にも、現地通貨で評価された財産額及びそれに対して課された相続税又は贈与税に類する税を本邦通貨に換算することが必要となってきます。

このようなことから、相続税・贈与税においては、財産評価基本通達4―3で、邦貨換算について規定しています。

それによりますと、外貨建てによる財産の本邦通貨への換算は、原則として納税義務者の取引金融機関が公表する課税時期における最終の為替相場の対顧客直物電信買相場（TTB）によることとされています(注)。

注　詳細については、「財産評価基本通達4―3」を参照してください。

もっと知りたい人のために

相続又は贈与により取得した在外資産等の円換算

Q　相続又は贈与により取得した財産については、対顧客直物電信買相場により円換算するとのことですが、相場がないときはどうするのでしょうか。また、対外債務についての評価はどうするのでしょうか。

ポイント　1．課税時期に最も近い日の相場。
2．対顧客電信売相場（TTS）による。

A　1．課税時期に当該相場がない場合には、課税時期前の当該相場のうち、課税時期に最も近い日の該当相場とすることとされています（評基通4―3）。

2．また、外貨建てによる債務を邦貨換算する場合には、「対顧客直物電信売相場」となります（評基通4―3（注））。

第 4 編　国際的租税回避防止措置

1 BEPSプロジェクトとわが国の税制改正

〔ポイント〕

1．国際化の進展に伴い、多国籍企業や個人富裕層による国際的租税回避に対する関心が高まってきています。

2．BEPSプロジェクト及びそこで示された提言は、わが国の国際的租税回避防止規定にも大きなインパクトを及ぼしています。

3．国際的租税回避の典型例は、軽課税国を利用したもの（CFC税制で対応）、取引価格を利用したもの（移転価格税制で対応）、借入金を利用したもの（過少資本税制、過大支払利子税制で対応）など多岐にわたっており、その手口も複雑化してきていることから、毎年のように制度の見直しが行われています。

1 BEPSプロジェクトの概要

国際的な租税回避は、各国の税務当局にとって最優先の取組事項となっています。

というのも、そのような行為が横行すると単に税収が失われてしまうだけでなく、それが善良な納税者の負担となって跳ね返ってくることになるためです。

また、一部の人たちだけが「うまいこと」をして租税負担を免れているという事実に、善良な納税者の納税道義（タックス・コンプライアンス）

にも悪影響を及ぼします。

このようなことから、各国政府は国際的な租税回避行為の防止に力を入れるようになってきています。

その代表例が2015年10月に公表された「税源浸食と利益移転（Base Erosion and Profit Shifting：略称 BEPS）」プロジェクト[注]による行動計画（提言）です。

注　「BEPS プロジェクト」とは、多国籍企業が各国の税制や国際課税ルールとの間のズレを利用することで課税所得を人為的に操作し、圧縮しているのではないかという問題意識の下、2012年にOECD で立ち上げられたプロジェクトです。

このプロジェクトは、G20の要請をふまえ、2015年10月に15項目の行動計画が最終報告書の形で公表されています。

ちなみに、「BEPS プロジェクト」最終報告書の概要は、次のようになっています。

◎ 「BEPS プロジェクト」最終報告書の概要（2015年10月公表）

A．グローバル企業は払うべき（価値が創造される）ところで税金を支払うべきとの観点から、国際課税原則を再構築〔実質性〕

（1）電子経済の発展への対応

電子経済に伴う問題への対応について、海外からの B2B 取引及び B2C 取引に対する消費課税のあり方等に関するガイドラインをそれぞれ策定した。

行動１ 電子経済の課税上の課題への対応 → 国境を越えた役務の提供に対する消費税の課税方式を見直し（平成27年度改正）

（2）各国制度の国際的一貫性の確立

各国間の税制の隙間を利用した多国籍企業による租税回避を防止するため、各国が協調して国内税制の国際的調和を図った。

行動２ ハイブリッド･ミスマッチの無効化 → 平成27年度改正で対応済
租税条約の拡充（含行動⑮）の中で対応

行動３ 外国子会社合算税制の強化 → 租税回避リスクを外国子会社の個々の活動内容により把握するよう見直し（平成29年度改正）

行動４ 利子控除制限 → 平成24年度に導入した過大支払利子税制について見直し（令和元年度改正）

行動５ 有害税制への対抗 → 既存の枠組みで対応

（3）国際基準の効果の回復

伝統的な国際基準（モデル租税条約・移転価格ガイドライン）が近年の多国籍企業のビジネスモデルに対応できていないことから、「価値創造の場」において適切に課税がなされるよう、国際基準の見直しを図った。

行動６ 条約濫用の防止 → 租税条約の拡充（含行動⑮）の中で対応

行動７ 人為的な PE 認定回避 → 租税回避の防止等のため PE の範囲を見直し（平成30年度改正） 租税条約の拡充（含行動⑮）の中で対応

行動８－10 移転価格税制と価値創造の一致 → 特に無形資産の取扱いについて見直し（令和元年度改正）

注 下線部分はミニマム・スタンダードとされ、全ての参加国・地域が必ず実施しなければならないとされている事項です。なお、その後実施状況のモニ

B．各国政府・グローバル企業の活動に関する透明性向上〔透明性〕

（4）透明性の向上

多国籍企業による租税回避を防止するため、国際的な協調のもと、税務当局が多国籍企業の活動やタックス・プランニングの実態を把握できるようにする制度の構築を図った。

行動５　ルーリング（企業と当局間の事前合意）に係る自発的情報交換

行動11　BEPS 関連のデータ収集・分析方法の確立

行動12　タックス・プランニングの義務的開示※　→　法改正の要否を含め検討

行動13　多国籍企業情報の報告制度
（移転価格税制に係る文書化）→ 平成28年度改正で対応済み

C．企業の不確実性の排除〔予見可能性〕

（5）法的安定性の向上

BEPS 対抗措置によって予期せぬ二重課税が生じる等の不確実性を排除し、予見可能性を確保するため、租税条約に関連する紛争を解決するための相互協議手続をより実効的なものとすることを図った。

行動14　より効果的な紛争解決メカニズムの構築　→　租税条約の拡充（含行動⑮）の中で対応

（6）BEPS への迅速な対応

BEPS 行動計画を通じて策定される各種勧告の実施のためには、各国の二国間租税条約の改正が必要なものがあるが、世界で無数にある二国間租税条約の改定には膨大な時間を要することから、BEPS 対抗措置を効率的に実現するための多数国間協定を 2016 年末までに策定する。

行動15　多数国間協定の開発　→　参加（平成31年１月に発効）

（資料出所：財務省）

タリングを受けることとされています。

2　その後の動き

BEPS プロジェクト行動計画で示された15の行動計画のうち、行動１「電子経済への対応」についてはその後も検討が続けられ、OECD/G20の「BEPS 包摂的枠組み（Inclusive Framework）」（2023年末現在は約140か国・地域が参加）において議論が進められ、2021年10月８日、２本の柱（Pillar Ⅰ、Ⅱ）による解決策に合意がなされました。

ちなみに、そこでは、これまでの議論の結果等をふまえ、それぞれの柱について次のような目標が示されています。

●第１の柱（市場国への新たな課税権の配分）

2023年前半に多国間条約の署名、2024年に多国間条約の発効が目標。

（※）　議論の進捗をふまえ、「2022年に多国間条約策定、2023年の実施」から再設定。条約の批准に加え、各国国内法の改正も必要。

●第２の柱（グローバル・ミニマム課税）

2022年に各国国内法改正、2023年（一部は2024年）の実施が目標。

このような流れをふまえ、わが国では令和５年度の税制改正で GloBE ルール（Global Anti-Base Erosion Rule）(注) をベースに次のような改正が行われました。

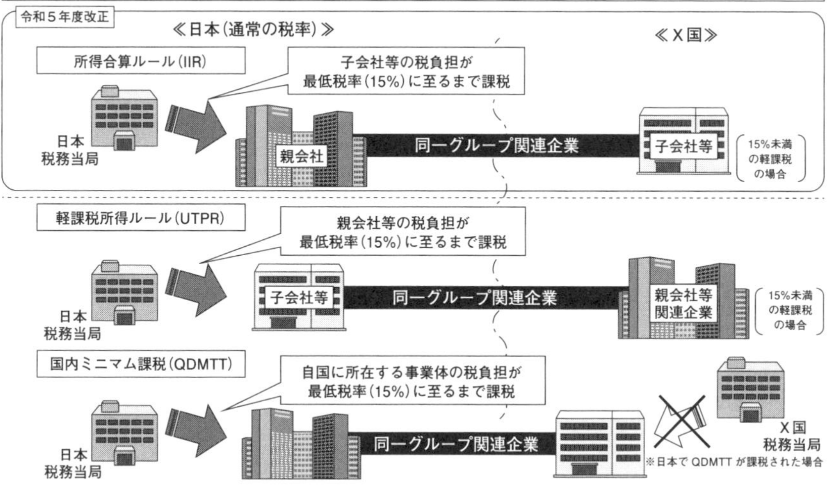

（資料出所：財務省）

注　ちなみにGloBEルールは、大略次のような内容のものとなっています。

◎　GloBE (*Gl*o*bal* *A*nti-*B*ase *E*rosion) ルール (グローバル・ミニマム課税) の概要

GloBEルールのポイント

・MNEグループが各国・地域において稼得する一定の所得に対し、最低税率まで課税するルール。
・国・地域別の実効税率(ETR)を計算し、これが最低税率(15%)に満たない国・地域における対象所得に対する租税負担(ETRを参照)が15%に達するまで課税を行う（「トップアップ課税」)。

GloBEルール適用プロセス

Step1：適用対象となるMNEグループ及び構成事業体(Constituent Entity)の特定

MNEグループがGloBEルールの適用対象かを判定し、グループを構成する事業体(構成事業体)とその所在地国を特定。

Step2：GloBE所得・損失(GloBE Income or Loss)の決定

財務諸表上の純損益からスタートし、一定の調整等を通じて各構成事業体のGloBE所得・損失を決定。

Step3：調整後対象租税(Adjusted Covered Taxes)の決定

財務諸表上の対象租税(Covered Taxes)を特定し、一定の調整等を通じて各構成事業体の調整後対象租税を決定。

Step4：実効税率(ETR)及びトップアップ税額(Top-up Tax)の計算

国・地域別のETRを計算し、最低税率(15%)を下回る国・地域について、各構成事業体のトップアップ税額を計算。

Step5：所得合算ルール(IIR)と軽課税所得ルール(UTPR)の適用

Step4のトップアップ税額の割当てを受けた国・地域において、IIR/UTPBによって課税。

（資料出所：「改正税法のすべて・令和５年増補版（大蔵財務協会)」26頁）

なお、「国際課税制度が大きな変革を迎える中、国内法制・租税条約の整備及び着実な執行など適時に十全な対応ができるよう、国税当局の体制強化」が行われていくものと思われます。

3　BEPSプロジェクト行動計画をふまえたわが国の対応

BEPSプロジェクト行動計画をふまえ、わが国は国内法の分野で次のような税制改正を行ってきました。

◎ BEPSプロジェクト行動計画をふまえたわが国のおもな税制改正一覧

平成27年度改正	（行動計画１） 電子商取引に係る国外事業者への消費税課税
	（行動計画２） 相手国で損金扱いとされている配当（例えばオーストラリアの優先配当）に対する受取配当益金不算入
平成28年度改正	（行動計画13） 多国籍企業に係る移転価格文書化の法制化（マスターファイル、ローカルファイル、国別ファイル）
平成29年度改正	（行動計画３） 外国子会社合算税制の強化（会社単位課税：エンティティ・アプローチから所得の中味に着目して課税するインカム・アプローチへの移行）
平成30年度改正	（行動計画７） 恒久的施設（PE）認定の人為的回避の防止（恒久的施設概念の拡大（特に支店 PE、代理人 PE））
令和元年度改正	（行動計画４） 利子等の損金算入を通じた税源浸食の制限 過大支払利子税制の見直し（純支払利子のうち調整所得金額の50％超損金不算入を20％超に縮減。併せて、非関連者への支払利子も規制対象に追加）
	（行動計画８） 評価困難な無形資産取引への対応 ・独立企業間価格の算定方法に DCF 法を追加 ・評価困難な無形資産取引に「所得相応性基準」概念を導入
	（行動計画３） 外国子会社合算税制の強化 ペーパー・カンパニーの範囲の見直し
令和５年度改正	・国際最低課税額に対する法人税（いわゆるグローバル・ミニマム課税制度）の創設 ・特定多国籍企業グループ等報告事項等の提供制度の創設
令和６年度改正	国境を越えたデジタルサービスに係るプラットフォーム（PF）課税の導入

(参考)

なお、行動計画12で示された租税回避スキームに係る「義務的開示制度」(Mandatory Disclosure Rule：MDR) は、わが国ではまだ導入されていませんが、米国、英国、カナダ、韓国等では、すでに導入済みとなっています。

◎　義務的開示制度の一例

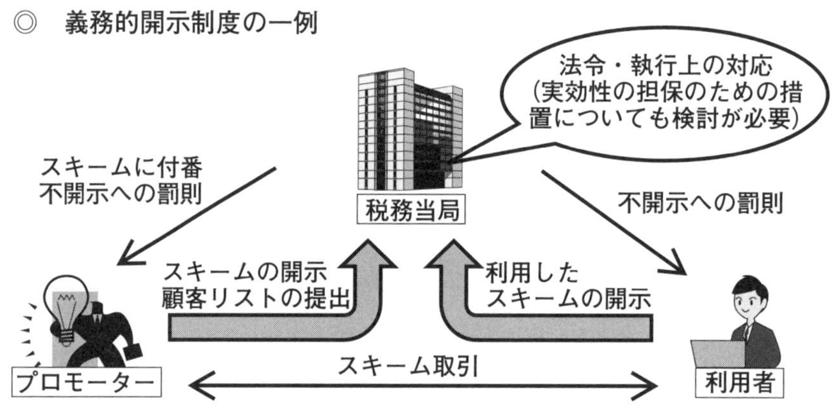

(資料出所：財務者)

2 外国子会社合算税制（CFC 税制又はタックス・ヘイブン対策税制）（措法66の6）

〔ポイント〕

1．外国子会社合算税制は、軽課税国等を利用した租税回避への対抗策として、わが国で最初に導入された国際的租税回避規制制度です。

2．具体的には、軽課税国への利益移転等を阻止するため、それらの国又は地域に所在する子会社等（外国関係会社）に生じた所得を、その持分割合に応じて居住者又は内国法人の所得に合算するという制度です。

3．ただし、正常な事業活動等を行っている子会社等の所得については、合算課税の対象にしないという措置が講じられています。

4．また、軽課税国所在の会社を親会社とすることによる国際的租税回避を阻止する目的で、コーポレート・インバージョン対策合算税制も設けられています。

※　なお、この制度については、国税庁が、平成29年度及び平成30年度改正をふまえたパンフレット「外国子会社合算税制に関するＱ＆Ａ」（平成30年８月、令和元年６月改訂）を出していますので、詳細について知りたい方はそちらも併せて参照してください。

1 導入の背景等

1978年（昭和53年）に創設されたこの制度は、導入当時はタックス・ヘイブン対策税制という名称が用いられていました。また、この制度のベースとなった米国の制度（Controlled Foreign Company）の名称にちなんでCFC税制と称されることもあります。

この制度は、わが国の居住者又は内国法人が軽課税国又は無税国（いわゆるタックス・ヘイブン国等）に実質的活動を伴わない子会社等（いわゆるペーパー・カンパニー）を設立し、これらの子会社等を外国企業との間の取引に介在させることにより、本来であればわが国で課税されるべき所得をそれらの子会社等に帰属させることにより、わが国における所得税又は法人税の負担を軽減又は先送りするような行為に対応するために設けられた制度です。

注　なお、この制度については、ほぼ毎年のように見直しがなされていますので注意してください。

2 制度の概要（措法40の4、66の6ほか）

この制度は、わが国の内国法人等が、実質的活動を伴わない軽課税国所在の外国子会社等を利用する等により、わが国の税負担を軽減・回避する行為に対処するため、外国子会社等がペーパー・カンパニー等である場合又は経済活動基準(注)のいずれかを満たさない場合には、その外国子会社等の所得に相当する金額について、内国法人等の所得とみなし、それを合算して課税（会社単位で合算課税）するという制度です（租法66の6①②）。

注　そこでいう経済活動基準とは、次の4つの基準をいいます。

① 事業基準（主たる事業が株式の保有等、一定の事業でないこと）
② 実体基準（本店所在地国に主たる事業に必要な事務所等を有すること）
③ 管理支配基準（本店所在地国において事業の管理、支配及び運営を自ら行っていること）
④ 次のいずれかの基準
(1) 所在地国基準（主として本店所在地国で主たる事業を行っていること）
※ 下記以外の業種に適用
(2) 非関連者基準（主として関連者以外の者と取引を行っていること）
※ 卸売業、銀行業、信託業、金融商品取引業、保険業、水運業、航空運送業、航空機貸付業の場合に適用

具体的には次のようなイメージです。

◎ 外国子会社合算税制（CFC 税制）の基本的仕組み

軽課税国・地域の子会社を利用しない場合	軽課税国・地域の子会社を利用した場合
日本企業がA国企業に無形資産の使用許諾を行い、その対価として日本企業が使用料20を計上	日本企業が軽課税国・地域に子会社を設立し、日本企業がそこに無形資産を移転し、その子会社がその移転を受けた無形資産をA国企業に使用させ、子会社が使用料20を計上

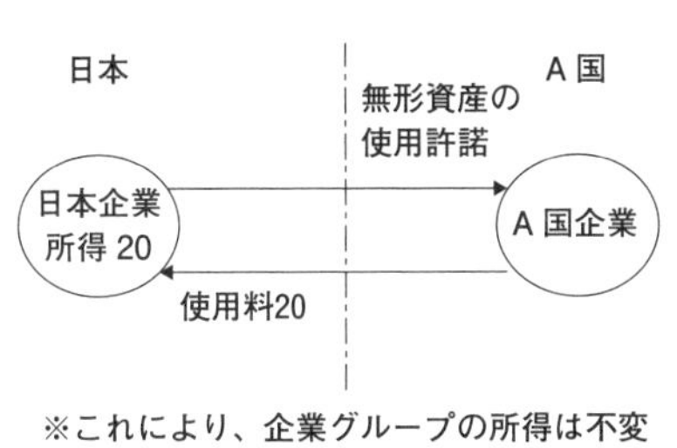

※これにより、企業グループの所得は不変でも日本での租税負担は20軽減できることになるため、何らかの対処が必要
⇒子会社で生じた所得を開発企業の所得に合算

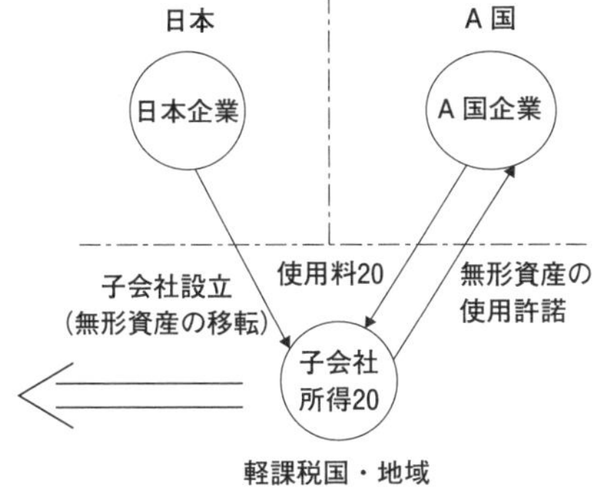

（資料出所：財務省、一部修正）

なお、外国子会社等が経済活動基準を全て満たす場合であっても、実質的活動のない事業から得られる所得（いわゆる受動的所得）については、

内国法人等の所得とみなし、それを合算して課税（受動的所得の合算課税）することとされています（いわゆる部分合算課税制度）（租法66の６⑥）。

注　そこでいう受動的所得とは、次のような所得です。配当、利子等、有価証券の貸付けの対価、有価証券の譲渡損益、デリバティブ取引損益、外国為替差損益、その他の金融所得、保険所得、固定資産の貸付けの対価、無形資産等の使用料、無形資産等の譲渡損益等（租法66の６⑥各号）。

ちなみに、令和６年度改正後における同税制の概要をイメージ図の形で示しますと、次頁のようになっています。

◎ 外国子会社合算税制（CFC税制）の概要（令和６年度改正後）

■ グローバル・ミニマム課税（「第２の柱」）のうち所得合算ルール（IIR）について、制度の明確化等の観点から見直しを行うことに伴い、企業の事務負担軽減等の観点から、令和５年度税制改正に引き続きCFC税制の簡素化を行う。

→CFC税制による全部合算課税の対象となるペーパーカンパニー等から除かれる外国関係会社の範囲（ペーパーカンパニー特例）を見直し（※）。

（※）ペーパーカンパニー特例の認められる外国関係会社として、①持株会社、②不動産保有及び③資源開発等プロジェクトに係る３類型が認められている（令和元年度改正により創設）。

【令和６年度改正事項（ペーパーカンパニー特例に係る「収入割合要件」の見直し）】

ペーパカンパニー特例の要件のうち「収入割合要件」について、外国関係会社の収入がゼロの場合には満たすことができなかった点を改正により見直し。

⇒ペーパーカンパニーに該当しないものとして取り扱われる外国関係会社の範囲が拡大することで、ペーパーカンパニーに係る租税負担割合の計算と、これに伴う情報収集等の作業がなくなり、企業の事務負担が軽減

（※）収入が零でも特例を満たすことになる外国関係会社について、租税回避リスクが疑われる事案が把握された場合は、当該リスク解消の観点から、将来の改正において必要な措置を講じる。

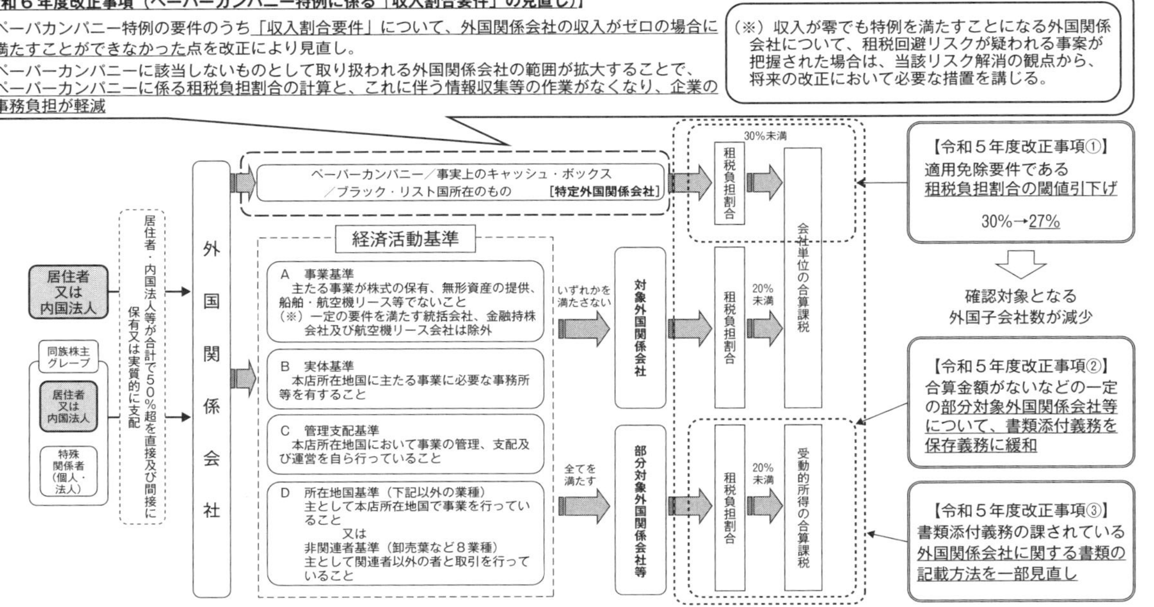

（資料出所：財務省、一部修正）

もっと知りたい人のために

外国子会社等（外国関係会社）の租税負担割合

Q CFC税制が適用になるのは、外国子会社等（外国関係会社）の租税負担割合が一定水準に達していない場合だということですが、その計算はどのようにして行うのでしょうか。

ポイント 次の算式により計算。

A CFC税制により合算課税を受けるのは、外国子会社等（外国関係会社）の租税負担割合が20％未満（ペーパー・カンパニー等にあっては30％未満、令和５年度の改正で27％未満に）の場合とされていますが、その負担割合は次の計算式によることとされています。

（租税負担割合の計算式）

$$\frac{\text{本店所在地国において課される外国法人税} + \text{第三国において課される外国法人税}}{\text{本店所在地国の法令に基づく所得} + \text{本店所在地国の法令で非課税とされる所得} + \text{損金算入支払配当} + \text{損金算入外国法人税} + \text{損金算入されない保険準備金等} - \text{益金算入還付外国法人税}}$$

ただし、納税者の事務負担に配慮し、外国子会社等の租税負担割合が一定（ペーパー・カンパニーや事実上のキャッシュ・ボックス（いわゆる特定外国関係会社）(注) 等にあっては30％（令和５年度の改正で27％）、それ以外の外国子会社等にあっては20％）以上の場合には、合算課税の適用が免除されることとなっています（措法66の６⑤一、⑪二）。

注　ペーパー・カンパニー、事実上のキャッシュ・ボックス（いわゆる特定外国関係会社）

ペーパー・カンパニーとは、事務所等の実体がなく、かつ、事業の管理支配を自ら行っていない外国関係会社です。具体的には、次の①及び②のいずれにも該当しない外国関係会社をいうこととされています（措法66の6②二イ）。
① その主たる事業を行うに必要と認められる事務所、店舗、工場その他の固定施設を有している外国関係会社
② 本店所在地国においてその事業の管理、支配及び運営を自ら行っている外国関係会社

また、事実上のキャッシュ・ボックスとは、「一定の受動的所得」※の割合が総資産の額の30%を超える外国関係会社とされています。

ただし、総資産の額に対する一定の資産（有価証券、貸付金、無形資産等）の割合が50%を超えるものに限られています。

※ 一定の受動的所得の範囲（事業会社の場合）

受取配当等	○
受取利子等	○
有価証券貸付対価	○
有価証券譲渡損益	○
デリバティブ取引損益	○
外国為替差損益	○
その他の金融所得	○
保険所得	×
固定資産貸付対価	○
無形資産等使用料	○
無形資産等譲渡損益	○
異常所得	×

（資料出所：国税庁）

もっと知りたい人のために

会社単位合算課税と部分合算課税が競合していた場合の取扱い

Q 会社単位で合算課税されるものと受動的所得について合算課税されるものが競合していた場合、どちらから先に課税になるのでしょうか。

ポイント 会社単位。

A 会社単位で合算課税の対象となる場合と、受動的所得が課税さ

れる場合とが競合する場合には、まず会社単位での課税が行われることになります（措法66の6②六）。

それは、そもそもわが国のこの制度が会社単位での合算課税をベースとしてスタートし、その後受動的所得に対する合算課税が追加されたという歴史的経緯によるものでもあるためです。

もっと知りたい人のために

外国関係会社、特定外国関係会社、対象外国関係会社、部分対象外国関係会社

Q この制度では、外国関係会社、特定外国関係会社、対象外国関係会社、部分対象外国関係会社という似たような名前の会社がでてきますが、それらはどのようなものなのでしょうか。

ポイント 回答例を参照してください。

A **1．外国関係会社**

「外国関係会社」とは、次の①～③のいずれかに該当する外国法人です（措法40の4②一、66の6②一）。

①	居住者・内国法人・特殊関係非居住者（居住者又は内国法人と特殊の関係にある非居住者をいいます。）・②に掲げる外国法人（居住者等株主等）の外国法人に係る右の(イ)～(ハ)に掲げる割合のいずれかが50％超の場合の外国法人	(イ) 居住者等株主等の外国法人に係る直接保有株式等保有割合及び居住者等株主等の外国法人に係る間接保有株式等保有割合を合計した割合
		(ロ) 居住者等株主等の外国法人に係る直接保有議決権保有割合及び居住者等株主等の外国法人に係る間接保有議決権保有割合を合計した割合
		(ハ) 居住者等株主等の外国法人に係る直接保有請求権保有割合及び居住者等株主等の外国法人に係る間接保有請求権保有割合を合計した割合

②	居住者又は内国法人との間に実質的支配関係がある外国法人
③	一定の特定外国金融機関

2．特定外国関係会社（措法40の4①②二、66の6①②二）

「特定外国関係会社」とは、外国関係会社のうち、イ．ペーパー・カンパニー、ロ．事実上のキャッシュ・ボックス又はブラック・リスト国所在に該当する会社をいいます。

これらに該当する会社は、租税負担割合が27％未満の場合、会社単位で合算課税の対象になります。

3．対象外国関係会社（措法40の4①②三、66の6①②三）

「対象外国関係会社」とは、外国関係会社のうち経済活動基準のいずれかを満たさない会社（ただし、特定外国関係会社に該当するものを除く。）をいいます。

この区分に該当する会社は、その所在地国での租税負担割合が20％未満の場合、会社単位で合算課税の対象になります。

4．部分対象外国関係会社（措法40の4①②六、66の6①②六）

「部分対象外国関係会社」とは、外国関係会社のうち、経済活動基準の全てを満たす会社（ただし、特定外国関係会社に該当するものを除く。）です。

これに該当する会社には一般事業を営む子会社と外国金融子会社がありますが、いずれについても、会社単位の合算ではなく、一定の受動的所得のみが合算課税の対象となります。

ただし、後述（165頁）するように、部分適用対象金額等に係る合算課税の適用免除規定が設けられています（措法40の4⑩、66の6⑩）。

もっと知りたい人のために

現地で連結納税をしている場合

Q　外国関係会社が現地で連結納税をしている場合、租税負担割合はどのように計算することになるのでしょうか。

ポイント　イメージ図を参照してください。

A　外国関係会社の租税負担割合の計算はそれぞれの会社ごとに行うというのが原則ですが、現地法令で連結納税を選択している場合の扱いが明確にされていませんでした。そこで令和元年度の改正で次のような整備が図られています。

◎ 現地で連結納税等を行う外国関係会社に係る租税負担割合の計算方法の整備

≪租税負担割合の計算式≫

【税法令がある国に本店等を有する外国関係会社の場合】

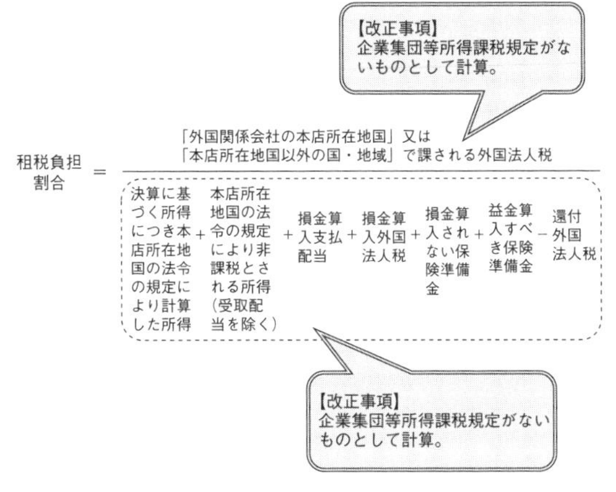

【無税国に本店等を有する外国関係会社（S2社）の場合】

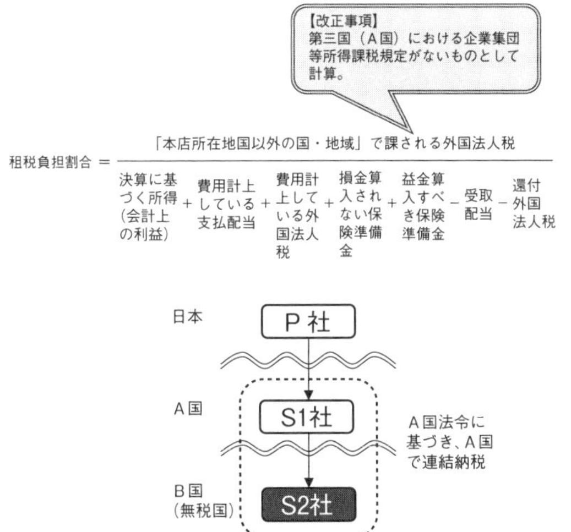

3　具体的な計算例

(1)　特定外国関係会社の場合（措法40の4②、66の6②）

例えば、わが国の内国法人である親会社が、軽課税国所在でわが国において合算課税の対象となる特定外国関係会社の株式を直接、間接に80%所有していたとします。そして、特定外国関係会社等の所得が現地法令ベースで700あり、うち130は現地所在の他の子会社からの受取配当、70は他の特定外国関係会社からの配当だったとした場合の合算金額は次のような形で計算されます。

◎　外国子会社合算税制の合算金額計算のイメージ図（オーナーが法人の場合）

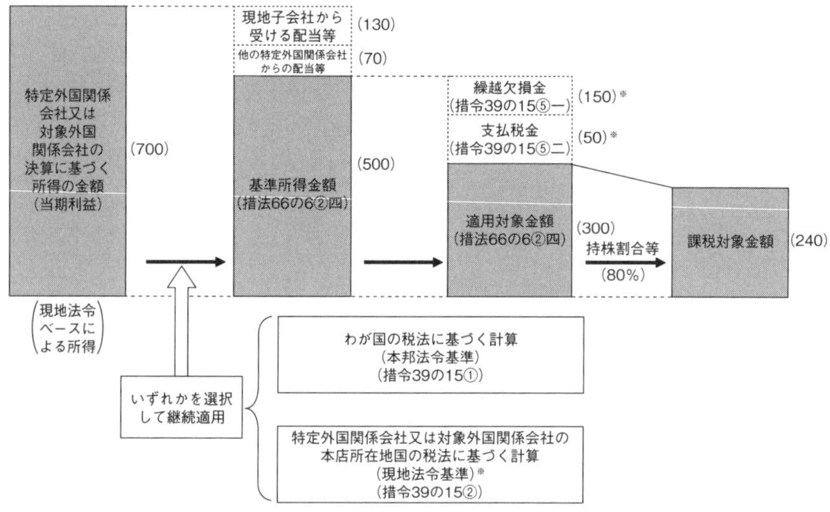

※　上記の計算は、企業集団等所得課税規定の適用がないものとしています。

（資料出所：「令和元年版 改正税法のすべて（大蔵財務協会）」640頁）

◎ 個人である居住者がオーナーである外国関係会社単位の合算課税における課税対象金額の計算(イメージ)

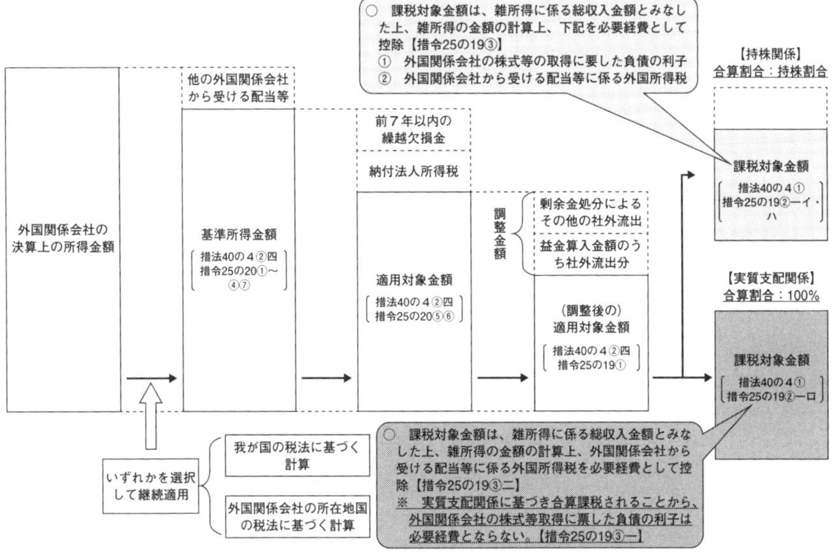

(資料出所：「平成29年版 改正税法のすべて（大蔵財務協会）」731頁)

(2) 部分対象外国関係会社の場合（措法40の4②六、66の6②六）

それに対し、受動的部分のみが合算課税の対象となる部分対象外国関係会社の課税対象金額の計算は、次によることとされています（措法66の6②六）。

◎　部分課税対象金額の計算（令和元年度改正後）

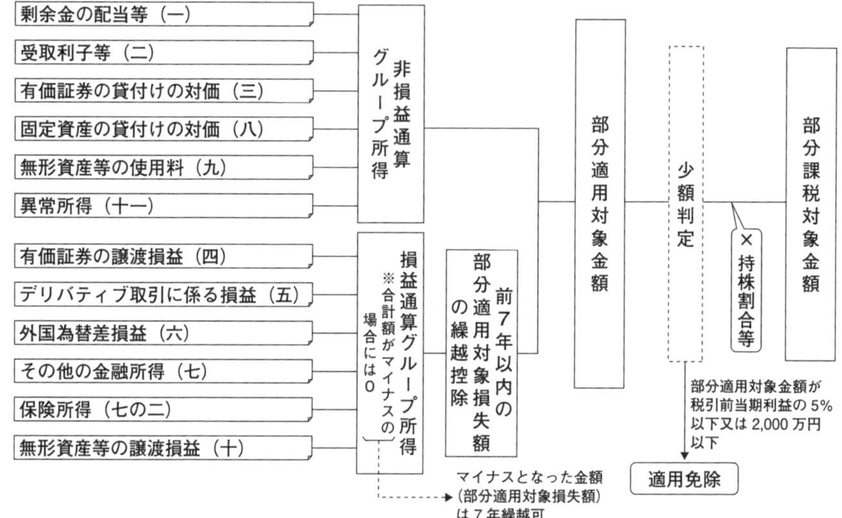

（資料出所：「令和元年版 改正税法のすべて（大蔵財務協会）」643頁）

◎　課税対象金額の計算例

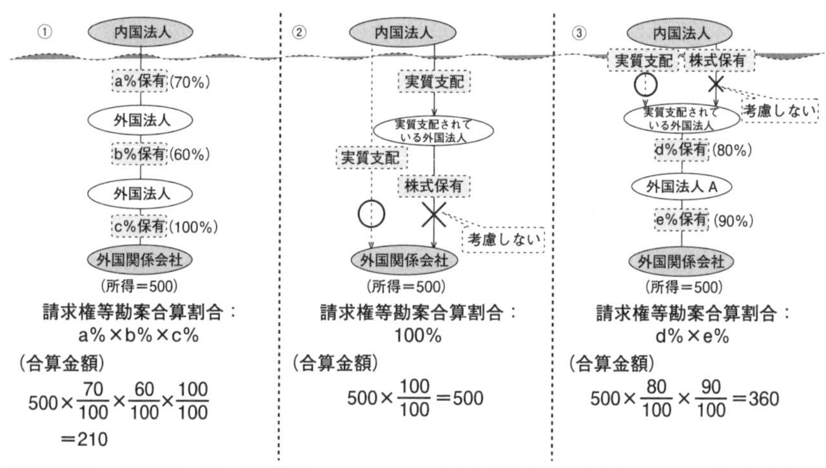

（資料出所：「平成29年版 改正税法のすべて（大蔵財務協会）」688頁のイメージ図をもとに計算）

もっと知りたい人のために

部分適用対象金額等に係る合算課税の適用免除要件

Q　部分適用対象金額等に係る合算課税には適用免除規定が設けられているとのことですが、具体的にどのような要件充足が求められているのでしょうか。

ポイント　回答例を参照してください。

A　部分適用対象金額等に係る合算課税の適用免除とされているのは、次のいずれかの要件を充足している場合です（措法66の6⑩）。

①　各事業年度の租税負担割合が20％以上であること（措法66の6⑩一）。

②　少額免除基準

イ．各事業年度における部分適用対象金額又は金融子会社等部分適用対象金額が2,000万円以下であること（措法66の6⑩二）。

ロ．各事業年度の決算に基づく所得の金額に相当する金額のうちにその各事業年度における部分適用対象金額又は金融子会社等部分適用対象金額の占める割合が5％以下であること（措法66の6⑩三）。

もっと知りたい人のために

特定外国関係会社又は対象外国関係会社に欠損金がある場合の内国法人との損益通算可否

Q　特定外国関係会社又は対象外国関係会社が欠損の場合、その欠損金を親会社である内国法人の所得と通算できるのでしょうか。また、複数の特定外国子会社等を有している場合、そのうちのいくつかに生じた欠損を他の特定外国子会社の所得と通算することはどうなるのでしょうか。

ポイント　いずれについても不可。

A　外国子会社合算税制（タックス・ヘイブン対策税制）は、居住者又は内国法人が軽課税国にペーパー・カンパニー等を設立し、そこに利益を留保させることにより所得税又は法人税の負担軽減を図る行為を防止するために設けられた税制です。

したがって、例えばそれらの子会社等に欠損が生じたとしても、それを居住者又は内国法人の所得と通算することは認められません（高松高裁、平成16年12月７日判決、訟務月報52巻２号667頁）。

また、複数の子会社等がある場合において、それらのうちのいくつかに生じた欠損金を他の子会社等の所得と通算することも認められません（措通66の６―11）。

もっと知りたい人のために

移転価格税制と競合した場合の調整

Q　本税制と移転価格税制が競合して適用対象となったときは、どのように扱われることになるのでしょうか。

ポイント　移転価格税制を優先適用。

A　同じ取引について外国子会社合算税制と移転価格税制の双方が適用可能となったときは、まず最初に移転価格税制を適用することとされています（措令39の15①一かっこ書及び②かっこ書）。

もっと知りたい人のために

合算所得に係る二重課税の排除

Q　内国法人の所得に合算される課税対象金額に対し現地国で課税

されていた場合、二重課税となってしまいます。このような場合、外国税額控除が認められるのでしょうか。

また、もし合算課税を受けるのが個人だったらどうなるのでしょうか。

ポイント 内国法人…認められる。

個人…認められない（損金算入）。

A 1．合算課税を受けるのが内国法人である場合、控除対象外国法人税の額とみなされる金額を内国法人が納付したものとみなして外国税額控除の計算をすることになります（措法66の7④）。

ちなみに、控除対象外国法人税の額とみなされる金額は次の算式により計算することになります（措令39の18①）。

《算式》

$$\text{特定外国子会社等の所得に課された外国法人税の額（200）} \times \frac{\text{内国法人に係る課税対象金額}}{\text{課税事業年度に係る適用対象金額（1,000）} + \text{適用対象金額の計算上控除される剰余金の配当等の額（200）}}$$

2．それに対し、合算課税を受けるのが個人の場合には、支払った外国法人税は個人の外国税額控除の対象とならず、損金算入となります。

（3） 合算課税済金額から配当がなされた場合における二重課税排除措置（措法40の5、66の8）

なお、二重課税排除のための措置として、居住者又は内国法人が合算課税済みの所得について外国関係会社から配当等を受けた場合には、居住者の場合にあっては配当所得の金額からの控除（措法40の5①）が、内国法人の場合にあっては受取配当益金不算入規定等（合算課税済分まで）が設けられています（措法66の８①）。

（４） 納税義務者（措法40の４①、66の６①）

本税制に基づき合算された所得について納税義務を負うこととなる者は、合算課税の対策となる外国関係会社の株式の50％超を直接及び間接に保有し、又は実質的に支配している居住者又は内国法人のうち次のいずれかに該当する者です。

イ　直接及び間接の保有割合が10％以上である居住者・内国法人株主

ロ　直接及び間接の保有割合が10％以上である同族株主グループに属する居住者・内国法人株主

ハ　実質支配関係がある居住者・内国法人等

（参考） 納税義務者の範囲に関するイメージ

①　内国法人の外国関係会社に係る直接・間接の持分割合が10％以上である場合における内国法人【措法40の４①一、66の６①一】
②　外国関係会社との間に実質支配関係がある内国法人【措法40の４①二、66の６①二】
③　内国法人との間に実質支配関係がある外国関係会社の他の外国関係会社に係る直接・間接の持分割合が10％以上である場合におけるその内国法人（①に掲げる内国法人を除く。）【措法40の４①三、66の６①三】
④　外国関係会社に係る直接・間接の持分割合が10％以上である一の同族株主グループに属する内国法人【措法40の４①四、66の６①四】

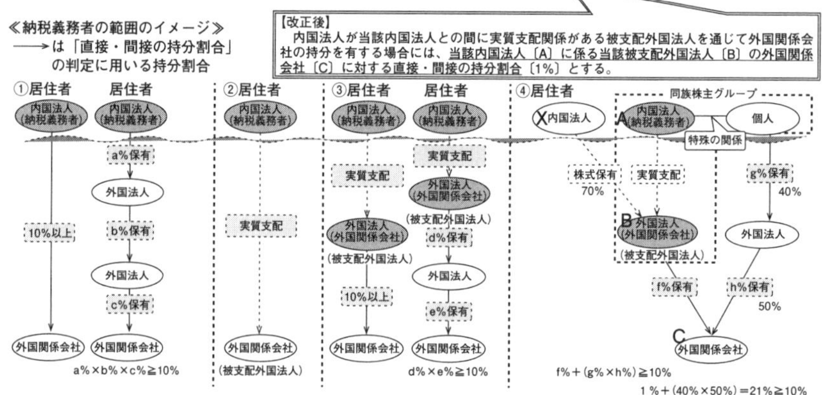

（資料出所：「令和元年版 改正税法のすべて（大蔵財務協会）」609頁より抜すい、一部修正）

（5） 申告、納税

合算課税を受けることとなる者に係る申告、納税は、通常の所得税、法人税の場合と同様です。

すなわち、合算課税を受ける者が居住者の場合にあっては翌年の３月15日まで（所法120①、通法17、35）、法人の場合にあっては各事業年度終了の日から２か月以内となっています（法法74①、通法17、35）。

※ なお、申告に際しては、外国関係会社（租税負担割合20％未満の外国関係会社及び租税負担割合が27％未満の特定外国関係会社で合算課税の対象になる外国関係会社）に係るP/L、B/Sその他の書類を確定申告書に添付することが必要とされています（措法40の４⑪、66の６⑪、措規18の20㊱、22の11⑳）。

（参考） CFC税制に関する判例、裁決例

１．外国子会社合算税制と租税条約との関係

○ 外国子会社合算税制が日星条約に該当しないとされた事例

個人につき（最高裁：平成21年12月４日判決、判例法規2008号34頁）

法人につき（最高裁一小：平成21年10月29日判決、平21（行ヒ）91）

２．租税回避の意図との関係

○ 租税回避の意図の存在はCFC税制適用の要件ではない

（東京地裁：令和３年７月20日判決、平29（行ウ）426）

３．外国子会社に生じた損失と親会社所得との通算

○ 本税制の趣旨からして外国子会社が親法人とは別法人として独自の活動を行っていることから、たとえ同子会社に損失が生じたとしても、その欠損金を親会社の損金の額に算入することは認められない

（最高裁二小：平成19年９月28日判決、平17（行ヒ）89、民集61巻６号

2486頁）
（同旨判決・高松高裁：平成16年12月７日、訟務月報52巻２号667頁）
※　地裁判決（松山地裁：平成16年２月10日）では、損益通算が認められるとの判決。

４．来料加工

香港法人による中国法人を通じた来料加工取引が、CFC 税制上合算課税の対象になるとされた事例

（東京地裁：平成21年５月28日判決、裁判所ホームページ）

○　他方、合算課税の対象にはならないとされた事例もある。

（平成20年２月20日裁決、裁決事例集75集415頁）

○　租税特別措置法第66条の６第１項の規定による課税の特例は、租税回避行為に限定して適用されるべきであるということはできないとされた事例

（平成24年１月25日裁決、裁決事例集86集343頁）

○　特定外国子会社等の適用対象留保金額について、請求人が作成した損益計算書を基に計算することはできないとされた事例　（平成24年６月１日裁決、裁決事例集87集239頁）

4　コーポレート・インバージョン対策合算税制（措法40の７、66の９の２～５）

会社法の改正（平成18年）により、国境を越えた三角合併等が可能になりました。

その結果、この制度を利用することにより、内国法人を、その経済実態や株主構成を変えることなく、外国法人の子会社とすることが可能になりました。いわゆる法人の国外移籍（コーポレート・インバージョン）です。

しかし、このような手法を税法上、適格組織再編として認めた場合には、外国子会社合算税制が実質的に機能しなくなってしまいます。

そこで、米国の制度等も参考にしつつ、三角合併等のうち軽課税国に所在する外国親法人の株式を対価とするものについては、適格合併等に該当しないこととされました（措法68の２の３①）。

併せて、内国法人の株主が、組織再編により軽課税国に所在する外国法人を通じてその内国法人の株式の80％以上を間接保有することとなった場合には、その外国法人が各事業年度において有する適用対象金額のうち、その外国法人の株主である居住者又は内国法人の所得に合算して課税することとされました（措法40の７、66の９の２～66の９の５）。

(1) 制度の概要（措法40の７、66の９の２ほか）

この制度は、特殊関係株主等である居住者又は内国法人に係る外国関係法人の課税対象金額を当該居住者又は内国法人の所得に合算して課税するという制度です。

具体的には、次のようなイメージです。

◎　コーポレート・インバージョン対策合算税制の概要に関するイメージ図

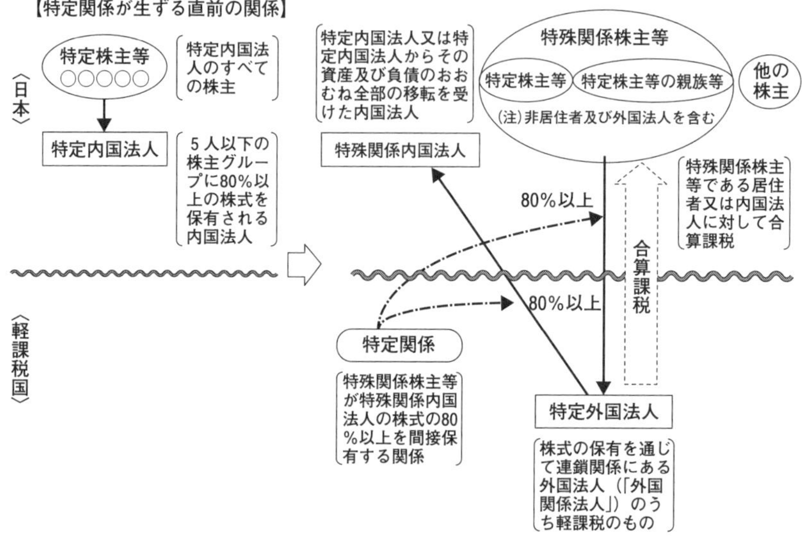

（資料出所：「平成19年版 改正税法のすべて（大蔵財務協会）」より抜すい、一部修正）

（２） 合算課税の方法等

ちなみに、特定外国法人の所得に対する合算課税の方法等は、基本的には外国子会社合算税制（タックス・ヘイブン対策税制）のそれと同じです。

したがって、これらの法人が特殊関係株主等に配当を支払った場合も、受取サイドでは益金不算入となるとともに支払サイドでの控除はできません（措法66の９の２①④、措令39の20の３①④）。

また、合算課税をする場合、特定外国法人レベルで課された外国法人税については、特殊関係株主等のレベルで外国税額控除の対象とすることが認められています（同前）。

(3) 申告、納税

特殊関係株主等である居住者又は内国法人は、通常の申告、納税期限にあわせ、合算した金額との合計額について申告、納税することが必要です。

※　なお、この税制についても、平成29年度、令和元年度、令和５年度及び令和６年度における外国子会社合算税制の改正に伴い、ほぼ同内容の改正がなされています。

3 移転価格税制（措法66の４）

〔ポイント〕

1．移転価格税制とは、国外に所在する関連者との間の取引において、その価格を操作することによる租税回避等に対応するための税制です。

2．具体的には、法人がその国外関連者との間で行う取引が独立企業間価格によっておらず、所得が国外に移転しているとみられる場合に、それらの取引が独立企業間価格で行われていたとして所得を再計算するという制度です。

3．独立企業間価格の算定方法にはいくつかありますが、納税者はそのうち最も適切と思われる算定方法を選ぶこととされています。

4．さらに、文書化義務、事前確認制度、除斥期間の特例など他の制度にはみられないユニークな規定が設けられています。

※　この問題についてさらに詳しく知りたい方は、国税庁パンフレット「移転価格事務運営要領の制定について（事務運営指針）（令和５年改正）」も併せて参照してください。

1 導入の背景

国外への所得移転は、軽課税国向けだけでなく、税負担割合がわが国と同一レベルの国やわが国よりも高税率の国に対しても行われる可能性があります。

それは、企業が個別企業単独ではなく、グループ全体の税負担のほうがより重要であると考えるようになってきているためです。

例えば、相手国の会社が赤字（例えば△150）だった場合には、たとえその国の税率がわが国よりも高かった（例えば40%）としても、わが国の所得（150）をそこに移転させることにより、日本、相手国のいずれについても所得がゼロとなりますので、企業グループ全体の税負担を減少させることが可能です。

このような手法を用いた所得の国外への移転は、米国では1970年代（昭和50年代）ごろから大きな問題として取り上げられるようになり、わが国の米国進出企業もこの税制を適用した課税を受けることになりました。

そこで、それらの課税への対応という意味もあって、米国の法令等(注)も参考にしつつ、1986年（昭和61年）の税制改正でこの制度が導入されることになりました。

注　ただし、米国の移転価格税制（内国歳入法第482条）では、国内取引も規制の対象にしていますが、わが国の制度では、国外取引のみに限定されています。

また、米国の制度では個人も対象とされていますが、わが国では法人のみを対象としています。

2 制度の概要

移転価格税制の基本的仕組みは、法人と国外関連者(注1)との間で行われた取引（いわゆる国外関連取引）の対価の額が、通常の価格（「独立企業間価格（ALP）」(注2)）でない価格で行われたことにより、当該法人の所得が国外に移転をしている場合、それらの取引が互いに独立の非関連者間で成立する価格、いわゆる「独立企業間価格」で行われたものとみなして、当該法人の所得の金額を計算するというものです（措法66の４）。

移転価格税制の仕組みを図で示すと、次のようになります。

◎　移転価格税制の基本的仕組み

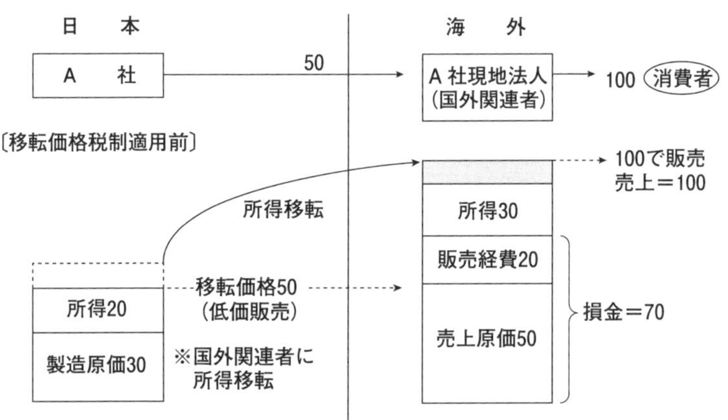

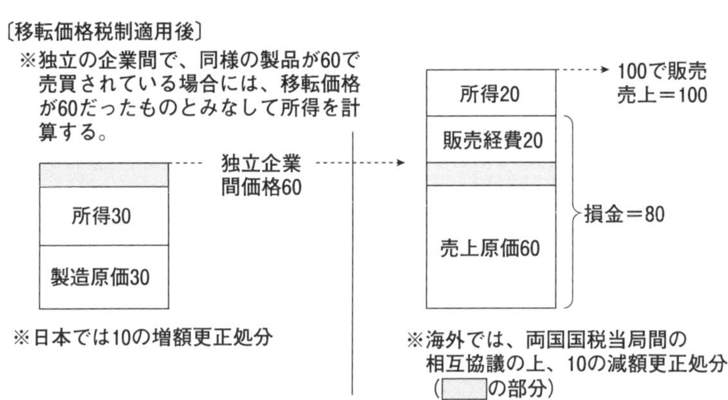

（資料出所：税制調査会提出資料、一部修正）

注　この事例では、Ａ社の所得が10だけ国外に流出しています。この取引が独立企業内取引価格で行われたものとみなして、これを是正します。その結果、Ａ社の所得は20→30に増加します。また、相互協議で合意が成立すると国外関連者の所得は30→20に減少します。

なお、移転価格税制において問題とされる取引には、上記の低価販売以外にも、次図のようないくつかの取引があります。

◎　移転価格税制上問題となる国外関連取引の種類

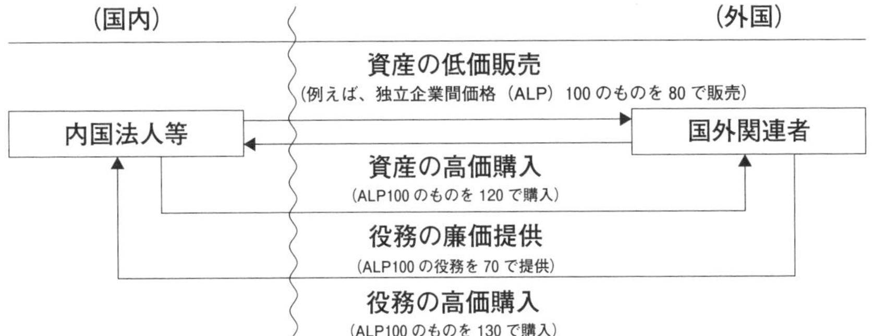

3　独立企業間価格(措法66の4②ほか)

「独立企業間価格」では、次のいずれかの方法のうち、国外関連取引の内容、国外関連当事者が果たす機能、その他の事情を勘案し、独立企業原則に一致した最も適切な方法により算定することとされています(措法66の4②、68の88②、措令39の12⑧、39の112⑦、国税庁「移転価格事務運営指針 別冊　移転価格税制の適用に当たっての参考事例集」)。

棚卸資産の売買取引	棚卸資産の売買取引以外の取引
【基本三法】 ① 独立価格比準法 （措法66の４②一イ） ② 再販売価格基準法 （同号ロ） ③ 原価基準法 （同号ハ）	【基本三法と同等の方法】 ① 独立価格比準法と同等の方法 （措法66の４②二イ） ② 再販売価格基準法と同等の方法 （同上ロ） ③ 原価基準法と同等の方法 （同上ハ）
【基本三法に準ずる方法】 ① 独立価格比準法に準ずる方法 （措法66の４②一ニ） ② 再販売価格基準法に準ずる方法 （同前） ③ 原価基準法に準ずる方法 （同前）	【基本三法に準ずる方法と同等の方法】 ① 独立価格比準法に準ずる方法と同等の方法 （措法66の４②二） ② 再販売価格基準法に準ずる方法と同等の方法 （同前） ③ 原価基準法に準ずる方法と同等の方法 （同前）
【その他政令で定める方法】（措令39の12⑧一） ① 利益分割法 ・比較利益分割法（同上イ） ・寄与度利益分割法（同上ロ） ・残余利益分割法（同上ハ） ② 取引単位営業利益法（同項二～五） ③ DCF 法（同項六） ④ ①～③までに準ずる方法（同項七）	【その他政令で定める方法と同等の方法】（措令39の12⑥） ① 利益分割法と同等の方法（措令39の12⑧二） ・比較利益分割法と同等の方法（措法66の４②ニ） ・寄与度利益分割法と同等の方法（同上） ・残余利益分割法と同等の方法（同上） ② 取引単位営業利益法と同等の方法（同項三～五） ③ DCF 法と同等の方法（同上） ④ 左欄の①～③の方法と同等の方法（同上）

（資料出所：国税庁「移転価格事務運営指針 別冊　移転価格税制の適用に当たっての参考事例集」６頁より抜すい、一部修正）

従前、【その他政令で定める方法】は、①～③までに掲げる方法【基本三法】を用いることができない場合にのみ用いることができることとされていました。しかし、平成23年度の税制改正で適用優先順位が廃止され、最も適切な算定方法を選択できるように改められました（措法66の４の②）。

（１） 令和元年度の改正

さらに、令和元年度の税制改正で、OECD 移転価格ガイドラインの改訂内容等をふまえ、次のような見直しが行われています。

① 独立企業間価格の算定方法の整備

独立企業間価格の算定方法として、ディスカウント・キャッシュ・フロー法（DCF 法）[注] が追加されました

注 DCF 法とは、評価困難な無形資産の譲渡又は使用において付される取引価格を、①それらの無形資産の有効期間、②それらの資産から得られる見込利益額等の合計額、及び③それらを現在の価格に引き戻して計算する割引率によって独立企業間価格を計算するという算定方法です（措令39の12⑧六）。
なお、現行の価格算定方法が法令上全て棚卸資産取引をベースに規定されているため、DCF 法についても棚卸資産取引をベースに規定されています。

② 評価困難な無形資産取引に係る価格調整措置の導入

・予測キャッシュ・フロー等の額を基礎として独立企業間価格を算定するものであること等の要件を満たす評価困難な無形資産取引について、予測と実際の結果が大きく相違（20％超）した場合には、税務当局が実際の結果を勘案して当初の価格を再評価できるようにする（いわゆる「所得相応性基準」概念の導入）（措法66の４⑧、措令

39の12⑯）（ただし、再評価後の価格が当初の価格の20％を超えて相違した場合のみ発動）。

・また、予測と結果が相違する原因となった事由が、取引時点で予測困難であったこと（災害等）、又は、取引時点においてその事由の発生可能性を適切に勘案して当初の価格を算定していたことを納税者が証明した場合等においては、上記の再評価は行われない（措法66の４⑨）。

③　その他

・移転価格税制上の無形資産の定義の明確化を図る（措法66の４⑦二、措令39の12⑬）。

※　移転価格税制上の無形資産：有形資産・金融資産（現預金、有価証券等）以外の資産で独立の事業者間で譲渡・貸付け等が行われるとした場合に対価の支払が行われるもの。

・移転価格税制に係る更正期間等を７年（改正前：６年）に延長する（措法66の４⑳、㉑）。

・比較対象取引に係る差異調整方法として統計的手法に基づく方法を認める（措令39の12⑥～⑧）。

※　上記の見直しは、令和２年４月１日以後に開始する事業年度分の法人税から適用されています。

ちなみに、このような見直しが行われることとなったのは、次のような問題に対処するためです。

◎　見直しが想定される局面

（資料出所：財務省）

もっと知りたい人のために

最適法の選定における留意点

Q　独立企業間価格の算定方法は、「最も適切な算定方法」によるとのことですが、最適な選定にあたってはどのような点に留意すべきですか。

ポイント　回答を参照してください。

A　「最も適切な方法」の選定にあたっては、租税特別措置法66条の４第２項に規定されているように、当該国外関連取引の内容及び当該国外関連取引の当事者が果たす機能その他の事情を勘案することとされています。

具体的には、少なくとも次の諸要素を勘案することが必要とされています（措通66の４(2)―１、66の４(3)―３）。

①　措通66の４(3)―３で規定されている事項

(イ)棚卸資産の種類、役務の内容等、(ロ)売手又は買手の果たす機能、(ハ)契約条件、(ニ)市場の状況、(ホ)売手又は買手の事業

戦略

② さらに、それらに加え、独立企業間価格の算定における各方法の長所及び短所や当事者の果たす機能等に対する独立企業間価格の算定方法の適合性、独立企業間価格の算定方法を適用するために必要な情報の入手可能性等についても勘案すべしとしています（措通66の4(2)―1）。

なお、いかなる理由でそのような算定方法を選択したのかについての立証責任は納税者側にありますので、その点も考慮の上、慎重な対処が必要です。

（参考） 主な算定方法の内容（令和元年度改正後）

① **独立価格比準法**（Comparable Uncontrolled Price Method：CUP法）

（措法66の4②一イ、二イ、措通66の4(2)―1(1)）

… 特殊の関係にない売手と買手が、国外関連取引に係る棚卸資産と同種の棚卸資産を当該国外関連取引と取引段階、取引数量その他が同様の状況の下で売買した取引の対価の額（当該同種の棚卸資産を当該国外関連取引と取引段階、取引数量その他に差異のある状況の下で売買した取引がある場合において、その差異により生じる対価の額の差を調整できるときは、その調整を行った後の対価の額を含む。）に相当する金額をもって当該国外関連取引の対価の額とする方法

◎　独立価格比準法のイメージ

(1) 内部比較対象取引がある場合

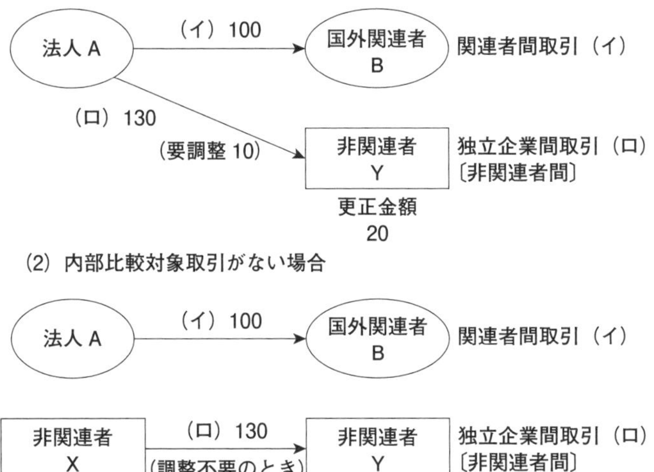

② **再販売価格基準法**（Resale Price Method：RP法）（措法66の4②一ロ、二、措令39の12⑥、措通66の4(2)—1(2)）

…　国外関連取引に係る棚卸資産と同種又は類似の棚卸資産の買手が特殊の関係のない者に対してその棚卸資産を販売した対価の額、いわゆる「再販売価格」から「通常の利潤の額」を控除して計算した金額をもって国外関連取引の対価の額とする方法

◎　再販売価格基準法のイメージ

内部比較対象取引がある場合（内部利益率比準法）

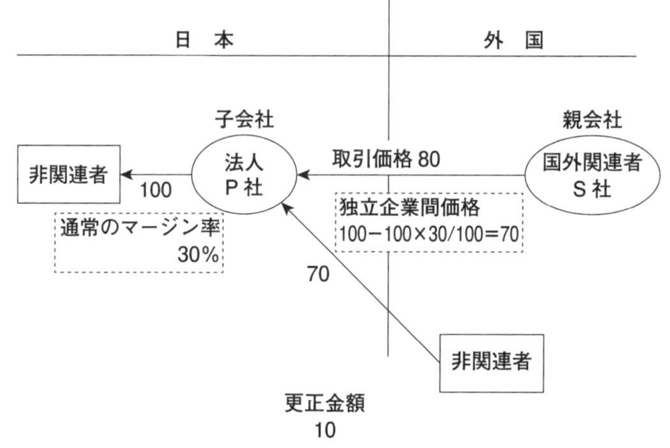

内部比較対象取引がない場合（外部利益率比準法）

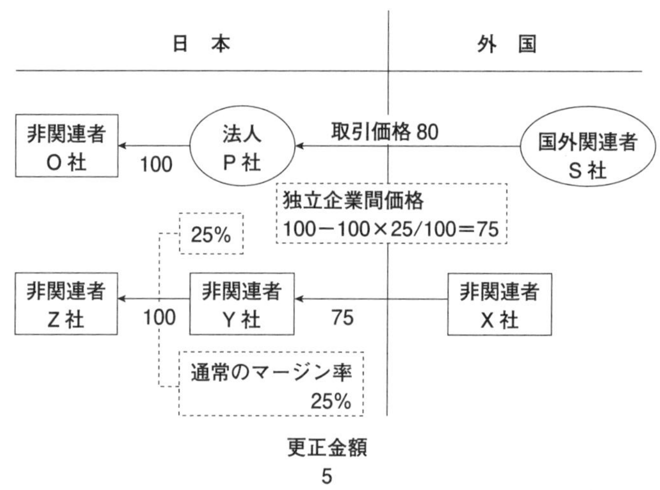

③　原価基準法（Cost Plus Method：CP 法）（措法66の 4 ②一ハ、二）

…　国外関連取引に係る棚卸資産の売手の購入、製造その他の行為による取得の原価の額に通常の利潤の額（当該原価の額に政令

で定める通常の利益率を乗じて計算した金額をいう。）を加算して計算した金額をもって当該国外関連取引の対価の額とする方法

◎　原価基準法のイメージ

内部比較対象取引が「ある」場合（内部利益比準法）

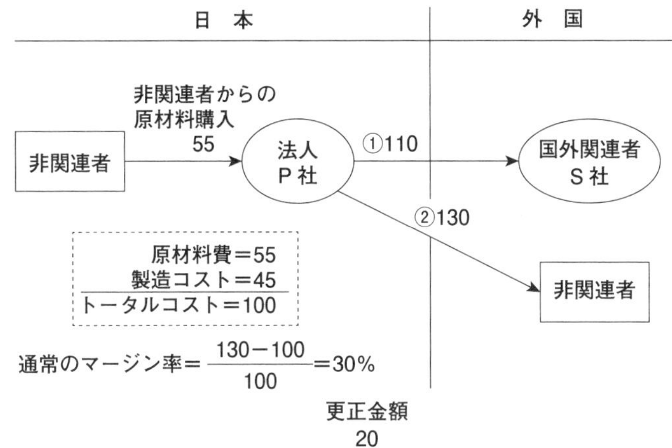

内部比較対象取引が存在しない場合（外部利益率比準法）

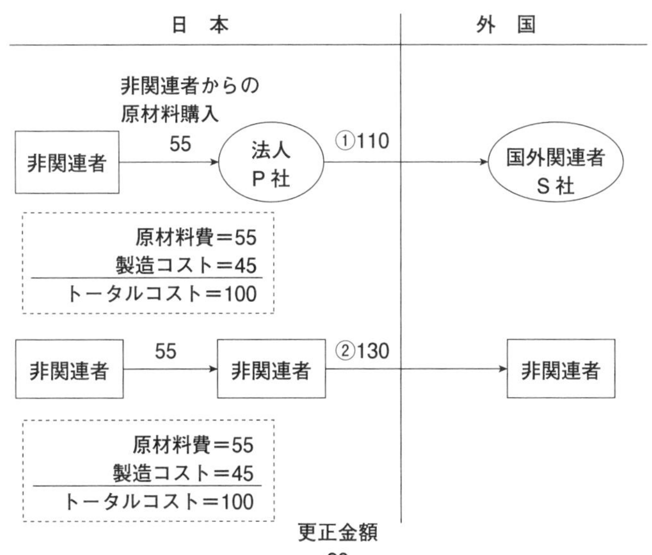

④　**利益分割法**（Profit Split Method：PS 法）（措令39の12⑧一）

…　法人又はその国外関連者による棚卸資産の購入、製造、販売その他の行為による営業利益の合計額（「合算利益」）について、当該所得の発生に寄与した程度を推測するに足りる要因に応じてその法人又は国外関連者に帰属するものとして計算した金額をもって国外関連取引の対価の額とする方法

なお、この方法は、さらに次の３つに細分されています（措令39の12⑧一イ～ハ）。

イ　**比較利益分割法**（Comparable Profit Split Method：CPSM）（措令39の12⑧一イ）

…　当該国外関連取引に係る比較対象取引に係る所得の配分に関する割合（それぞれの取引当事者の果たす機能その他において差異がある場合には、その差異により生ずる割合の差につき必要な調整を加えた後の割合）に応じて当該法人及び当該国外関連者に帰属するものとして計算する方法

ロ　**寄与度（貢献度）利益分割法**（Contribution Profit Split Method）（措令39の12⑧一ロ）

…　国外関連取引に係る棚卸資産の法人及び国外関連者による販売等に係る所得の発生に寄与した程度を測定するに足りるこれらの者が支出した費用の額、使用した固定資産の価額その他これらの者に係る要因に応じてこれらの者に帰属するものとして計算する方法

ハ　**残余利益分割法**（Residual Profit Split Method）（措令39の12⑧一ハ）

…　次の(1)及び(2)に掲げる金額につき法人と国外関連者ご

とに合計した金額がこれらの者に帰属するものとして計算する方法

(1) 国外関連取引に係る法人と国外関連者による販売等に係る分割対象利益が、比較対象取引に基づいて計算された利益率（比較対象取引と国外関連取引に係る棚卸資産の法人と国外関連者による販売等とが当事者の果たす機能その他において差異がある場合には、その差異につき必要な調整を加えた後の割合）に基づきその法人とその国外関連者に帰属するものとして計算した金額。

(2) 国外関連取引に係る法人と国外関連者による販売等に係る分割対象利益と①に掲げる金額の合計額との差額（「残余利益等」）が、その残余利益等の発生に寄与した程度を推測するに足りるこれらの者が支出した費用の額、使用した固定資産の価額その他これらの者に係る要因に応じてこれらの者に帰属するものとして計算した金額。

具体的には次のようなイメージです。

◎ 残余利益分割法の具体的イメージ

（前提条件）

① 全体利益が200あり、それを親子間で２：２で配分していたため、親会社の利益100、子会社の利益100となっていた。

② うち100相当部分は、重要な無形資産を有しない取引であり、その部分に係る非関連者間の利益配分状況は６：４であった。

第4編 国際的租税回避防止措置

③　重要な無形資産の開発費の負担割合は８：２であった。

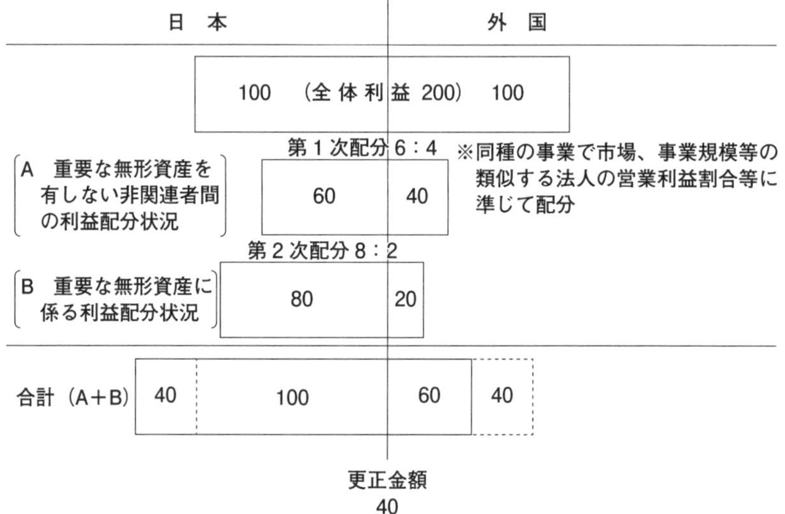

⑤　**取引単位営業利益法**（Transactional net margin method：TNMM）（措令39の12⑧一ニ）。

…　独立企業間価格の算定を営業利益（ネット・マージン）をベースとして行う計算方法

具体的には次のようなイメージです。

◎ 取引単位営業利益法（TNMM）のイメージ

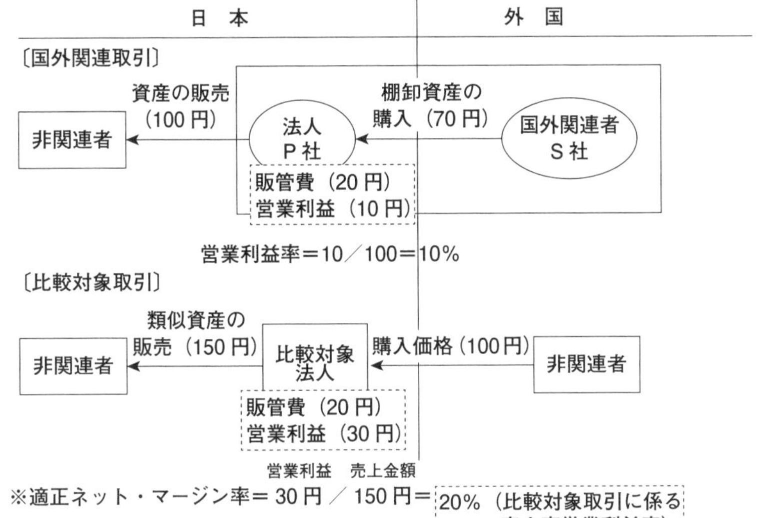

営業利益　売上金額
※適正ネット・マージン率＝ 30 円 ／ 150 円＝ 20%（比較対象取引に係る売上高営業利益率）

⇓

比較対象取引の営業利益率（ネット・マージン率）は 20%。したがって、この場合におけるP社の得るべきネット・マージンは 20 円（＝100×30/150）となるので、更正金額 10 円となる。

なお、具体的な算定方法は、その取引が国外関連者からの購入取引であるか国外関連者への販売であるかに応じて異なります。

⑥ ディスカウント・キャッシュ・フロー法（DCF 法）（措令39の12⑧六）

… ディスカウント・キャッシュ・フロー法（DCF 法）とは、評価困難な無形資産取引（いわゆる特定無形資産）について、当該無形資産の有効期間、それらの資産から得られる利益額等の合計額を適正な割引率で現在価格に割り戻して計算する方法です。

具体的には、次のようなイメージになります。

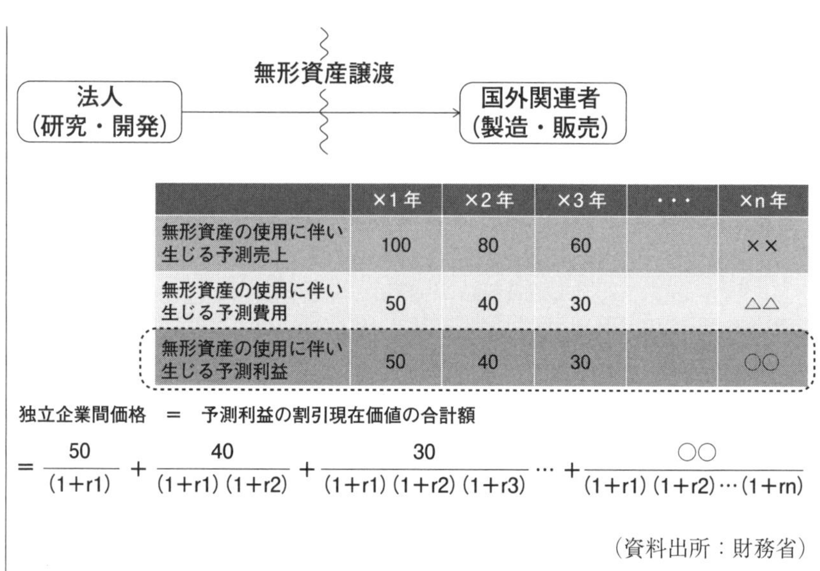

	×1年	×2年	×3年	・・・	×n年
無形資産の使用に伴い生じる予測売上	100	80	60		××
無形資産の使用に伴い生じる予測費用	50	40	30		△△
無形資産の使用に伴い生じる予測利益	50	40	30		○○

独立企業間価格　＝　予測利益の割引現在価値の合計額

$$= \frac{50}{(1+r1)} + \frac{40}{(1+r1)(1+r2)} + \frac{30}{(1+r1)(1+r2)(1+r3)} \cdots + \frac{○○}{(1+r1)(1+r2)\cdots(1+rn)}$$

（資料出所：財務省）

※　なお、この評価方法により計算された予測利益と結果が大幅に相違（20%超）した場合には、税務署長は最適な方法により独立企業間価格を再計算することができることとされています（措法66の４⑧）。

いわゆる「所得相応性基準」という考え方です。

（参考）　移転価格税制に関する判例、裁決例等

１．独立企業内価格

○　国外関連者から支払われたエクアドル産バナナの輸入価格が独立企業間価格を超えているとする課税庁による更正処分が認められた事例

（東京地裁：平成24年４月27日判決、平21（行ウ）581）

（同旨判決・東京高裁：平成25年３月28日判決、平24（行コ）229、最高裁ホームページ）

○　国外関連者に対する販売促進等の役務提供取引について、「再

販売価格基準法に準ずる方法」により更正した課税庁の処分が比較対象取引との間に機能及びリスクの差異があるとして取り消された事例

（東京高裁：平成20年10月30日判決、平20（行コ）20、最高裁ホームページ）

⇓

この判決をふまえ、平成23年の改正で基本法優先から最適法に改められました。

○　無形資産取引（ロイヤルティ取引）に基本三法と同等の方法は適用できず、課税庁による残余利益分割法に基づく処分が、相当とされた事例　（平成22年6月28日裁決、裁決事例集79集434頁）

○　自動車の製造及び販売業者がマナウス自由貿易地域（マナウスフリーゾーン）で自動二輪車の製造及び販売事業を営んでいる国外関係者から支払を受けた対価の額につき、残余利益分割法を適用した課税庁による独立企業間価格の算定が違法であるとされた事例

（東京高裁：平成27年5月13日判決、平26（行コ）347、最高裁ホームページ）

（原審・東京地裁：平23（行ウ）164、最高裁ホームページ）

○　国外関連者から幼児向け英語学習教材を輸入販売している者に対してなされた移転価格課税が、本件取引と比較対象取引との間に使用キャラクターの知名度、顧客に対する訴求力、支払方法等について差があるのに適切な調整がなされていないとして取り消された事例（いわゆる幼児向けディズニーランドキャラク

ター事件）

（東京地裁：平成29年４月11日判決、平21（行ウ）472、最高裁ホームページ）

○　Ｔ／Ｐ税制における無形資産取引に係る残余利益の分割要素は、不要な無形資産に限定されていないとされた判例→納税者（日本ガイシ）勝訴　（東京高裁：令和４年３月10日判決）

（参考１）独立企業間価格の算定方法の選定の流れ（比較可能性分析の例）

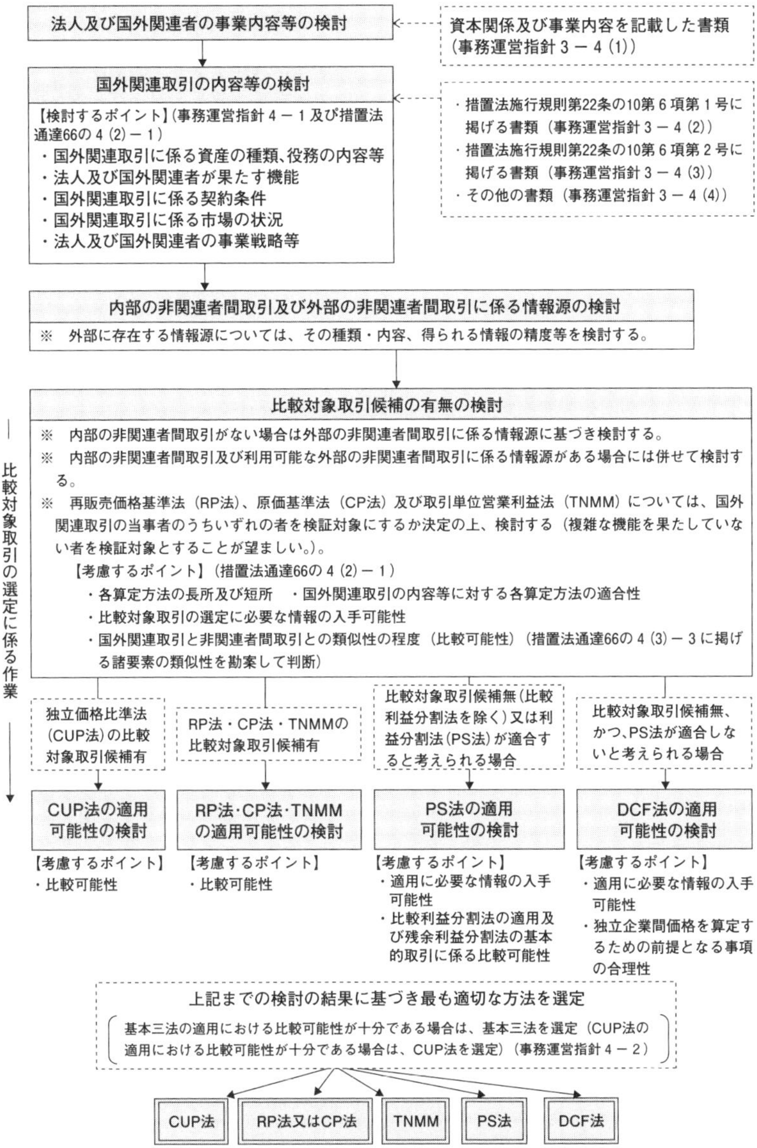

法人及び国外関連者の事業内容等の検討

← 資本関係及び事業内容を記載した書類（事務運営指針３－４(1)）

↓

国外関連取引の内容等の検討

【検討するポイント】（事務運営指針４－１及び措置法通達66の４(2)－１）
・国外関連取引に係る資産の種類、役務の内容等
・法人及び国外関連者が果たす機能
・国外関連取引に係る契約条件
・国外関連取引に係る市場の状況
・法人及び国外関連者の事業戦略等

← ・措置法施行規則第22条の10第６項第１号に掲げる書類（事務運営指針３－４(2)）
・措置法施行規則第22条の10第６項第２号に掲げる書類（事務運営指針３－４(3)）
・その他の書類（事務運営指針３－４(4)）

↓

内部の非関連者間取引及び外部の非関連者間取引に係る情報源の検討

※　外部に存在する情報源については、その種類・内容、得られる情報の精度等を検討する。

↓

（比較対象取引の選定に係る作業）

比較対象取引候補の有無の検討

※　内部の非関連者間取引がない場合は外部の非関連者間取引に係る情報源に基づき検討する。
※　内部の非関連者間取引及び利用可能な外部の非関連者間取引に係る情報源がある場合には併せて検討する。
※　再販売価格基準法（RP法）、原価基準法（CP法）及び取引単位営業利益法（TNMM）については、国外関連取引の当事者のうちいずれの者を検証対象にするか決定の上、検討する（複雑な機能を果たしていない者を検証対象とすることが望ましい。）。
　【考慮するポイント】（措置法通達66の４(2)－１）
　・各算定方法の長所及び短所　・国外関連取引の内容等に対する各算定方法の適合性
　・比較対象取引の選定に必要な情報の入手可能性
　・国外関連取引と非関連者間取引との類似性の程度（比較可能性）（措置法通達66の４(3)－３に掲げる諸要素の類似性を勘案して判断）

独立価格比準法（CUP法）の比較対象取引候補有	RP法・CP法・TNMMの比較対象取引候補有	比較対象取引候補無（比較利益分割法を除く）又は利益分割法（PS法）が適合すると考えられる場合	比較対象取引候補無、かつ、PS法が適合しないと考えられる場合
↓	↓	↓	↓
CUP法の適用可能性の検討	**RP法･CP法･TNMMの適用可能性の検討**	**PS法の適用可能性の検討**	**DCF法の適用可能性の検討**
【考慮するポイント】 ・比較可能性	【考慮するポイント】 ・比較可能性	【考慮するポイント】 ・適用に必要な情報の入手可能性 ・比較利益分割法の適用及び残余利益分割法の基本的取引に係る比較可能性	【考慮するポイント】 ・適用に必要な情報の入手可能性 ・独立企業間価格を算定するための前提となる事項の合理性

上記までの検討の結果に基づき最も適切な方法を選定

（基本三法の適用における比較可能性が十分である場合は、基本三法を選定（CUP法の適用における比較可能性が十分である場合は、CUP法を選定）（事務運営指針４－２））

↓

CUP法　｜　RP法又はCP法　｜　TNMM　｜　PS法　｜　DCF法

（資料出所：国税庁「移転価格事務運営指針　別冊　移転価格税制の適用に当たっての参考事例集」４頁）

（参考２）比較対象取引の選定基準

比較対象取引候補の選定に用いる資料（例示）

- 法人又は国外関連者の取引資料（内部情報）
- 企業情報データベース（外部情報）
- 同業者団体等からの業界情報（外部情報）
- その他の情報（外部情報）
- 措置法第66条の４第17項及び第18項に基づき同業者に対して行った質問・検査から得られる情報（外部情報）

比較対象取引 ← 比較対象取引候補 ←

・非関連者間取引か
・適切な取引単位の価格データ又は利益率算定のためのデータを入手できるか
・選定しようとする算定方法が国外関連取引の内容等に適合する方法であり、その適用のために利用できる情報か

（比較可能性の検討要素の例）

棚卸資産の種類、役務の内容等	・国外関連取引に係る棚卸資産の物理的特徴や役務の性質等が同種又は類似か等
売手又は買手の果たす機能 　売手又は買手の負担するリスク 　売手又は買手の使用する無形資産	・売手又は買手の行う研究開発、マーケティング、アフターサービス等の機能に相違があるか等 （売手又は買手が負担するリスクや、取引において使用する無形資産の内容も考慮する）
契約条件	・貿易条件、決済条件、返品条件、契約更改条件等の相違があるか等
市場の状況 　取引段階、取引規模、取引時期 　政府の政策の影響	・取引の行われる市場は類似しているか （小売か卸売か、一次卸か二次卸か、取引規模や取引時期の相違があるか、価格や利益率等に影響を与える政府の政策（価格規制等）があるか等も考慮する）
売手又は買手の事業戦略	・売手や買手の市場開拓・浸透政策等の事業戦略や市場参入時期に相違があるか等
その他特殊状況	・比較対象とすることが合理的と認められない特殊な状況（倒産状況等）があるか等

（資料出所：国税庁「移転価格事務運営指針　別冊　移転価格税制の適用に当たっての参考事例集」13頁）

もっと知りたい人のために

費用分担契約（コスト・シェアリング契約）

Q　最近「費用分担契約」という言葉を聞くことがありますが、それはどのような内容のものなのでしょうか。

ポイント　無形資産開発等において複数の者の合意により開発費用を分担する契約。

A　1.「費用分担契約」はCost Sharing契約又はCost Contribution Arrangementとも称される契約です。具体的には、特定の無形資産開発等のため複数の者がその研究開発等のために要する費用を分担する契約です。

2. 研究開発費が多額にのぼる場合、複数の者で開発費を負担した方が一社当たりの負担額が少なくて済むことなどから、近年この種の契約の利用が増加傾向にあります。

3. しかし、この契約はやり方次第によっては関連者内での所得の移転が可能です。

　そのため、移転価格事務運営指針（3―15～19）では、同契約に係る調査の留意事項等について明らかにし、納税者に注意を呼びかけています。

4　文書化（措法66の4⑥ほか）

税源浸食と利益移転（BEPS）プロジェクトの提言をふまえ、多国籍企業グループによる所得の海外移転に対して適正な課税を実現するため、2016年（平成28年度）の税制改正で、次の3つの文書の作成、保存、提供等が義務化されました（措法66の4⑥）(注)。

なお、これらの文書は７年間（欠損金額が生じた事業年度に係るものについては10年間）の保存が必要です（措法66の４⑥）。

注　これらの文書について、国税職員から要請があったにもかかわらず60日以内に提示・提出がない場合には、推定課税の対象となります（措法66の４⑪⑫）。

① 「ローカルファイル」(Local File)：関連者間取引における独立企業間価格を算定するための詳細な情報

② 「マスターファイル（事業概況報告事項）」(Master File)：グループの活動の全体像に関する情報

③ 「国別報告書（国別報告事項：(Country by Country Report) いわゆるcbc レポート)」：国別の活動状況に関する情報

ちなみに、文書化制度の概要を図で示すと、次のようになっています。

◎　多国籍企業情報の報告制度イメージ図

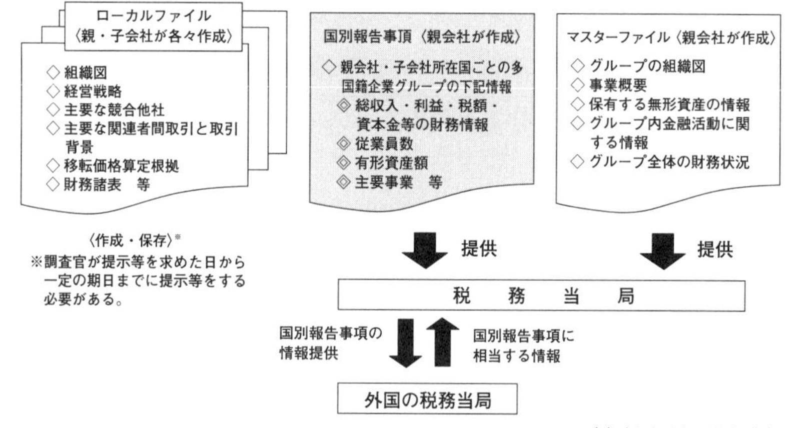

（資料出所：財務省）

※　なお、移転価格税制に係る文書化についてさらに詳細に知りたい方は、国税庁パンフレット（「移転価格税制に係る文書化制度に関する

改正のあらまし」平成28年６月）を参照してください。

もっと知りたい人のために

国別報告事項の様式

Q　国別報告事項は所定の様式により作成することとされているようですが、どのようなものなのでしょうか。

ポイント　以下の表参照。

A　国別報告書は次のような様式で作成するとされています。

表１　居住地国等ごとの収入金額、納付税額等の配分及び事業活動の概要

多国籍企業グループ名： 対象事業年度　　： 使用通貨　　　　：											
居住地国等	収入金額			税引前当期利益（損失）	納付税額	発生税額	資本金又は出資金	利益剰余金	従業員数	有形資産額（現金及び現金同等物除く）
	非関連者	関連者	合計							

表２　居住地国等ごとに集約した多国籍企業グループの構成会社等一覧

多国籍企業グループ名： 対象事業年度：															
居住地国等	居住地国等に所在する構成会社等	居住地国等が構成会社等の所在地と異なる場合の居住地国等	主要な事業活動												
			研究開発	知的財産の保有又は管理	購買又は調達	製造又は生産	販売、マーケティング又は物流	管理、運営又はサポート・サービス	非関連者への役務提供	グループ内金融	規制金融サービス	保険	株式・その他の持分の保有	休眠会社	その他
	1.														
	2.														
	3.														
	1.														
	2.														
	3.														

（資料出所：国税庁、一部修正）

もっと知りたい人のために

ローカルファイルに係る同時文書化が免除される者

Q 国外関連取引を行った者は、その国外関連取引に係る独立企業間価格を算出するために必要と認められる書類を確定申告期限までに作成しなければならないとされているようですが、中小企業であっても、その義務は免除されないのでしょうか。

ポイント 一の国外関連取引が50億円未満であり、かつ、無形資産等の取引が３億円未満の者は免除。

A １．法人がその事業年度に国外関連取引を行った場合には、その国外関連取引に係る独立企業間価格を算定するために必要と認められる書類を、その事業年度の確定申告書の提出期限までに作成・取得し、７年間（欠損金が生じた事業年度にあっては10年間）保存しなければならないこととされています（措法66の４⑥、措規22の10②）。

ただし、その法人が次の２つの要件に該当する場合には、申告期限までの作成・保存等が免除されます（措法66の４⑦）。

国外関連取引の内容	受払対価の額の合計額
一の国外関連者との間で行った国外関連取引	50億円未満
一の国外関連者との間で行った無形資産の譲渡・貸付け又は類似取引	３億円未満

２．ただ、その場合であっても、当該職員から要請があったときは60日以内に提出が必要とされ（措法66の４⑭）、提出がない場合には推定課税を受ける（措法66の４⑱）ことになります。

5 相互協議（各国との間の租税条約）と対応的調整

内国法人が国外関連者との取引について移転価格課税を受けたにもかかわらず、これを放置しておくと、企業グループとしては国際的な二重課税を被る結果となってしまいます。そこで、国外関連者の所在地国がわが国との間で租税条約を締結している国である場合には、租税条約に基づく権限ある当局間の相互協議により救済を求めることができることとしています。

※ ちなみに令和４事務年度（令和４年７月１日～令和５年６月30日）における相互協議発生件数は301件となっています。

なお、相互協議で権限ある当局が合意に達したときは、相手国でそれに見合う所得の減額（対応的調整）がなされることになります（実特法７）。

図で示すと、次のようなイメージになります。

◎ 対応的調整に関するイメージ図（相手国課税の場合）

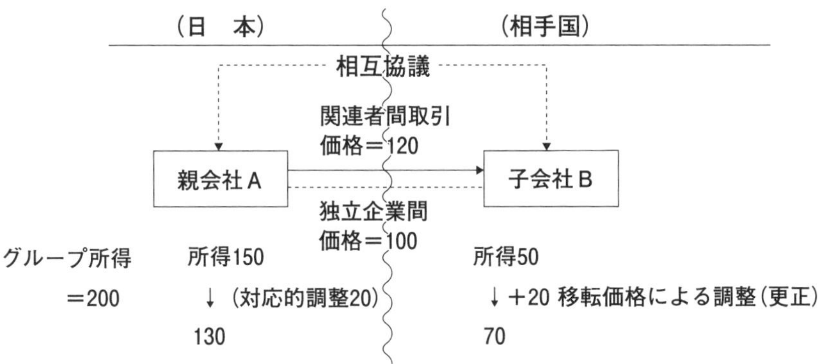

第４編 国際的租税回避防止措置

（参考）　対応的調整に関する判例

> ○　国内法に対応的調整に関する規定がなかったとしても、後日、国内法で手当てがなされ、その後に相互協議の合意が成立したときに過去にさかのぼって対応的調整をなし得る
>
> （東京高裁：平成８年３月28日判決、平７（行コ)39、最高裁ホームページ）
>
> ※　国内法である租税条約実施特例法に「対応的調整」に関する規定が設けられたのは昭和61年４月（同法７条）ですが、本件対応的調整は昭和54年３月時点にさかのぼってなされていました。

6　事前確認制度（移転価格事務運営要領）

なお、納税者の予測可能性を確保する観点から、納税者と課税当局が独立企業間価格の算定方法等について事前に合意する「事前確認制度」も利用されるようになってきています。

※　令和４事務年度における相互協議発生件数301件のうち243件は事前確認に関するものとなっています。

ちなみに、「事前確認（Advance Pricing Agreement：一般的にAPAと略称）」制度とは、納税者が自己の行う国外関連者との間の取引に係る価格の算定方法等について、あらかじめ税務当局に申出をし、税務当局がその合理性を検討し、確認をするという制度です（移転価格事務運営指針第６章）。

そして、納税者が確認された内容に基づいて申告を行っている限り、移転価格課税はなされません。

もっと知りたい人のために

現地で更正を受けた場合

Q　現地で課税を受けたこと等に伴い、それに従った対価の額で取

引をしていれば、わが国で問題とされることはないのでしょうか。

ポイント　そうはなりません（相互協議で合意した場合を除きます）。

A　1．移転価格税制は、わが国の法令であることから、納税者は国外関連者との取引においてそこで規定される適正な対価の額で計算することが求められています（措法66の4①）。

したがって、相手国で移転価格課税を受け、それを理由にわが国で対価の額を変更し、その結果、その価格がわが国の税法で規定する独立企業間価格に従っていなかったため、わが国の所得が減少していた場合には、更正の対象となりますので注意してください。

2．このような事態を解消するため設けられているのが、権限ある当局間で行われる相互協議制度です。相互協議で合意が成立した場合に行われる対価の額の変更は、わが国においても正当な変更として認められます。

もっと知りたい人のために

事前確認の有効期間

Q　事前確認は一度確認を受ければ、ずっと有効になるのでしょうか。

ポイント　3～5年まで有効。

A　事前確認の対象となる事業年度は、原則として3～5事業年度とされています（事務運営指針6－7）。したがって、その期間経過後は更新の手続が必要となります（事務運営指針6－20）。

なお、更新又は前提となる重要な事業上又は経済上の諸条件等について事情の変更等が生じたことにより改定の申出がなされたときは、新規申請に準じ審査等が行われることになります（事務運営指針6―20、22）。

もっと知りたい人のために

事前確認に適合させるための申告調整

Q 事前確認を得た法人が、事前確認の内容に適合した申告を行うために確定決算において調整を行うことはできるのでしょうか。

ポイント 可能です。

A 事前確認を得た法人が、事前確認の内容に適合した申告を行うために確定決算において行う必要な調整は、移転価格税制上適正な取引として扱われています（事務運営指針6―19(1)）。事前確認に係る価格の調整（いわゆる「補償調整」）を行う際、課税当局は次に掲げる区分に応じ、それぞれ次に掲げる処理を行うよう指導することとしています（事務運営指針6―19(2)）。

① 確認法人は確認事業年度に係る確定申告前に、確定決算が事前確認の内容に適合していないことにより、所得金額が過少となることが判明した場合には、申告調整により所得金額を修正する。

② 確認法人は確認事業年度に係る確定申告後に、確定申告が事前確認の内容に適合していないことにより、所得金額が過少となっていたことが判明した場合には、速やかに修正申告書を提出する。

③ 確認法人は、確認事業年度に係る確定申告前に、確定決算が相互協議の合意が成立した事前確認の内容に適合していないことにより、所得金額が過大となることが判明した場合には、補

償調整に係る相互協議の合意内容に従い、申告調整により所得金額を修正することができる。

④　確認法人は、確認事業年度に係る確定申告後に、確定申告が相互協議の合意が成立した事前確認の内容に適合していないことにより、所得金額が過大となっていたことが判明した場合には、補償調整に係る相互協議の合意内容に従い、国税通則法23条2項に基づき更正の請求を行うことができる。

もっと知りたい人のために

移転価格税制と外国子会社合算税制の競合

Q　外国にある子会社が軽課税国に所在しており、その子会社との取引が独立企業間価格で行われているとして移転価格税制の適用対象となった場合、どちらの法令が適用されるのでしょうか。

ポイント　双方の法令が適用になりますが、移転価格税制が優先適用されます。

A　1．外国子会社合算税制の適用対象となる外国子会社が移転価格税制の適用対象でもある場合には、双方の税制が適用になります。

2．その場合、最初に移転価格税制を適用した後に外国子会社合算税制が適用されます（措令39の15の①②）。

図で示すと、次のようになります。

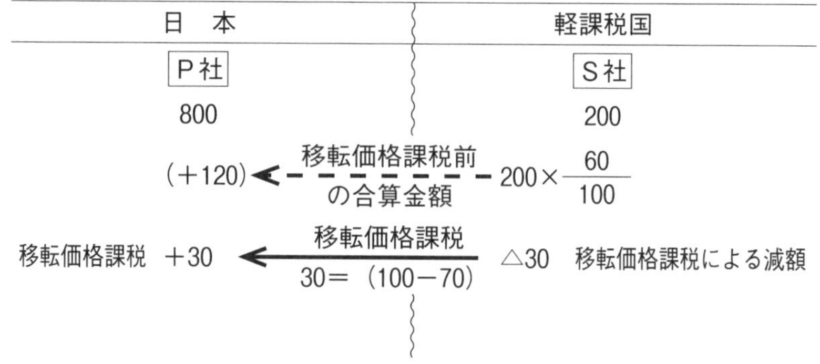

前提

・P社はS社の議決権株式を100所有していたとします。

・P社は非関連者への販売価格100のものを70でS社に販売していたとします。

・移転価格課税前のS社の所得は200、親会社の所得は800だったとします。

結果

イ　移転価格課税前のP社の所得

$$800+\left(200\times\frac{100}{100}\right)=1{,}000$$

ロ　移転価格課税（30）

それによりP社の単体所得830（＝800＋30）、S社の所得170（＝200－30）

ハ　移転価格課税後のP社の合算所得全額

$$830+\left(170\times\frac{100}{100}\right)=1{,}000$$

※　この事例では、結果的に合算金額が同じになりますが、例えば子会社の持株比率が60だとすると、移転価格課税により、

イ　$800+\left(200\times\frac{60}{100}\right)=920$

ロ　Ｐ社830とＳ社170

ハ　Ｐ社が$830+\left(170\times\frac{60}{100}\right)=932$

となり、Ｐ社の所得金額が12だけ増加することになります。

それは、移転価格課税では、子会社（Ｓ社）の所得税の100％が親会社（Ｐ社）の所得に組み込まれるのに対し、外国子会社合算税制では親会社である内国法人の出資持分相当額しか合算対象にならないためです。換言すれば、それだけ移転価格税制のほうが当局にとって強力な武器になるということです。

7　納税義務者と更正に係る期間制限の特例（措法66の４①ほか）

（１）　納税義務者（措法66の４①）

本税制の適用を受ける者（納税義務者）は、内国法人です（措法66の４①）。

なお、文書化の義務を負う者についても同様です（措法66の４①㉕、措規22の10①）。

（２）　更正に係る期間制限の特例（措法66の４㉖～㉘）－令和元年度改正

評価困難な無形資産を利用した取引について、独立企業内価格が適正なものであったか否かが判明するのは後年度になります。そのため、令和元年度の税制改正で、更正に係る除斥期間が（それまでの６年ではなく）７年に延長されています（措法66の４㉖～㉘）。

過少資本税制（国外支配株主等に係る負債の利子等の課税の特例）

〔ポイント〕

1．過少資本税制とは、借入金利子が損金算入になることを利用し、海外の関連者等から出資金でなく借入金の形で資金調達をすることにより、利益を国外に移転させようとする試みに対抗するために導入された制度です。

2．具体的には、自己資本の３倍を超える借入金を有する法人が支払う利子のうち、３倍超部分に対応する利子について損金算入を否定するという制度です。

1　制度の概要（措法66の５）

わが国に進出してきている外国企業（外資系内国法人、又は外国法人の支店）が所要資金を調達する場合、外国の親会社等からの出資を極力少なめにし、その分海外の関係会社からの借入を多くすることにより、わが国における税負担を人為的に減らすことが可能です。いわゆる過少資本を利用した所得移転です。

そこで、日本に進出してきている企業グループによる租税回避行為に対処するため、1992年（平成４年度）の税制改正で、法人の国外支配株主等に対する平均負債残高がその法人の資本持分の３倍に相当する金額を超える部分に対応する負債の利子の額を損金の額に算入しないという制度が導入されました（措法66の５）。

具体的には、次の①②の算式により計算された比率がともに「３」を超える場合には、その超える部分に対応する国外支配株主等及び資金供与者等に支払う負債の利子の額が損金不算入となります。

① $\dfrac{\text{国外支配株主等及び資金供与者等に対する（有利子の）平均負債残高}}{\text{国外支配株主等の資本持分}}$

② $\dfrac{\text{（有利子の）平均負債残高}}{\text{自己資本の額}}$

なお、これと同じ制度は、米国、英国、フランス、ドイツ等でもすでに導入されています。

ちなみに、過少資本税制の概要をイメージ図の形で示すと、次のようになります。

◎　過少資本税制のイメージ

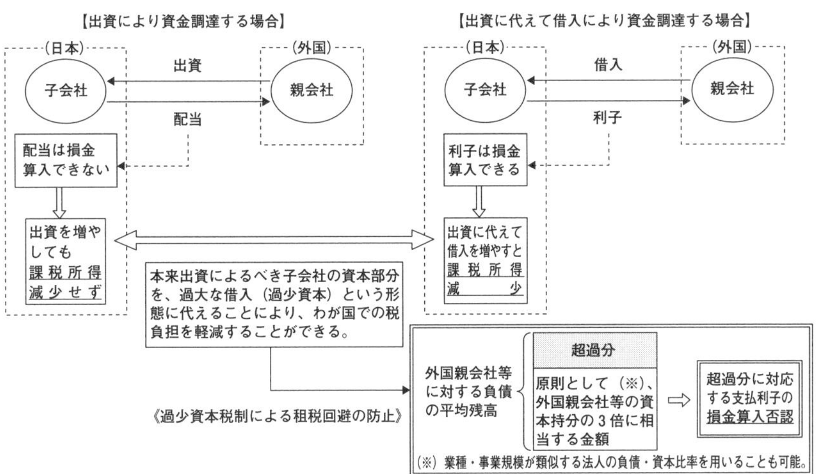

（資料出所：財務省ホームページ、一部修正）

2　具体的計算例

例えば、借り手である子会社（内国法人）の資本金が100、外国にある親会社からの借入金の平均負債残高が400、それに係る支払利子が12だったとします。

その場合、支払利子のうち子会社の自己資本の3倍（300）を超える部分に係る利子相当分の3 $\left(=12-\frac{300}{400}\times 12\right)$ については、損金不算入となります。

もっと知りたい人のために

国外支配株主等に該当するか否かの判断時期

Q　国外支配株主等に該当するか否かの判断はいつ行うこととなりますか（借入の実行時・利子の支払時）。

ポイント　利子等の支払時

A　国外支配株主等に該当するか否かの判断時期を借入れの実行時か利子の支払時になるかが争われた事案において、東京高裁は、利子等の支払時になるとの判断を示しています（東京高裁：令和3年7月7日判決、令和2年（行コ）195号）。

5 過大支払利子税制…平成24年導入、令和元年一部見直し

〔ポイント〕

1．過大支払利子税制も、借入金に対して支払われる利子が損金になることを利用することによる、租税回避に対抗するための税制です（ただし、この制度では非関連者からの借入れも規制の対象となります。）。
2．具体的には、調整所得金額（EBITDA）の20%を超える純支払利子（第三者への支払を含みます。）について損金算入を認めないという制度です。
3．デミニマス・ルールにより、少額部分については適用除外とされています。
4．また、損金不算入とされた部分については7年間の繰越しが認められています。

わが国の法人税法では、企業の所得の計算上、支払利子は損金算入が認められています（法法22）。この点を利用して、関連者間の借入を恣意的に行うことにより、グループ全体の費用収益には影響させずに、本邦企業において過大な支払利子を損金に計上することで、わが国での税負担を圧縮しようとする国際的な租税回避行為が可能です。

このような事態に対処するため、主要先進国では、一方で租税条約において利子の源泉地国免税を進めるとともに、他方で次のような形で支払利子の損金算入制限措置を強化してきています。

◎　(参考)主要国における利子控除制限制度の概要

項目＼国名	日本	アメリカ	イギリス	ドイツ	フランス
通称(導入年)	過大支払利子税制(2012年)(2019年改正)	利子控除制限制度(2018年)	利子控除制限制度(2017年)	利子控除制限制度(2008年)	利子控除制限制度(2019年)
基本的な仕組み	法人の純支払利子のうち、調整所得の一定割合の額を超える部分は、損金不算入	調整所得の一定割合を超える純支払利子は、損金不算入	調整所得の一定割合を超える純支払利子は、損金不算入	調整所得の一定割合を超える純支払利子は、損金不算入	調整所得の30%一定割合等を超える関連者等への純支払利子は、損金不算入
損金不算入の対象となる利子の支払先	限定なし	限定なし	限定なし	限定なし	
調整所得の定義	課税所得に、純支払利子、償却費、受取配当益金不算入額等を加算	課税所得に、純支払利子、償却費等を加算 ただし、2022年1月1日以降開始する課税年度は償却費等を加算しない(EBIT相当額)	課税所得に、純支払利子、償却費等を加算	課税所得に、純支払利子、償却費等を加算	課税所得に、純支払利子、償却費等を加算
損金不算入額	関連者及び非関連者純支払利子等の額のうち調整所得金額の20%を超える部分の金額	純支払利子の額のうち調整所得の30%を超える部分の金額	純支払利子の額のうち調整所得の30%を超える部分の金額	純支払利子の額のうち調整所得の30%を超える部分の金額	関連者等への支払利子が調整所得の25%超であり、かつ、出資/負債比率等にかかる基準等を超える場合に、これらの基準を超える支払利子

EUは、調整所得金額の30%までに限り純支払利子を損金算入できる旨の利子控除制限ルールを含む租税回避防止指令を採択。これにより、EU加盟国は2018年12月31日（遅くとも2024年1月1日）までに、同ルールを立法・公布しなければならないこととされています。

（資料出所：財務省、一部修正）

1　制度の概要（措法66の５の２）

そこで、平成24年度（2012年）の税制改正で、内国法人が所得金額に比して過大な利子を国外の関連者等に支払うことを通じた租税回避を防止するため、関連者等への純支払利子等の額のうち調整所得金額（EBITDA）の一定割合（当時は50％。令和元年度の改正で20％）を超える部分の金額につき当期の損金の額に算入しないこととする制度（いわゆる「過大支払利子税制」）が導入されました。

2　具体的計算例

例えば、借入金（非関連者からのものを含む）に係る純支払利子が100、調整所得金額が300だったとしますと、純支払利子100のうち過大支払利子税制による当期の損金不算入部分は40（$=100-300\times\frac{20}{100}$）となります（注）。

注　ただし、損金不算入とされた部分については、７年間の繰越しが認められています（措法66の５の３）。

3　その後の見直し

（1）　令和元年度

BEPS プロジェクトでは、行動計画４において、純支払利子に係る損金不算入可能な額を調整所得金額の10％～30％以内（わが国では50％以内）にするとともに、対象となる借入金の範囲についても関連者からのものだけでなく、非関連者からの分も含めるべきであるとしています。

BEPS プロジェクトにおけるこのような議論をふまえ、わが国でも、令和元年度（2019年）の税制改正で、次のような見直しがなされています。

◎　過大支払利子税制に係る令和元年度の改正内容と改正イメージ

改正内容

改正前	改正後
①対象とする利子 ➢ 関連者への純支払利子のみ（受領者において日本の課税に含まれる利子等は対象外）	➢ 第三者（非関連者）を含む純支払利子等 ただし、利子等の受領者において日本の課税所得に含まれるもの（国内金融機関向けの利子等）を除く
②調整所得 ➢ 国内外の受取配当益金不算入額を加算	➢ 国内外の受取配当益金不算入額を加算しない
③基準値 ➢ 50%	➢ 20%
④適用除外基準 ➢ 関連者純支払利子の額が1,000万円以下 ➢ 関連者への支払い等の額が総支払利子の額の50%以下	➢ 純支払利子等の額が2,000万円以下 ➢ 国内企業グループ（持株割合50%超）の合算純支払利子等の額が合算調整所得の20%以下

改正イメージ

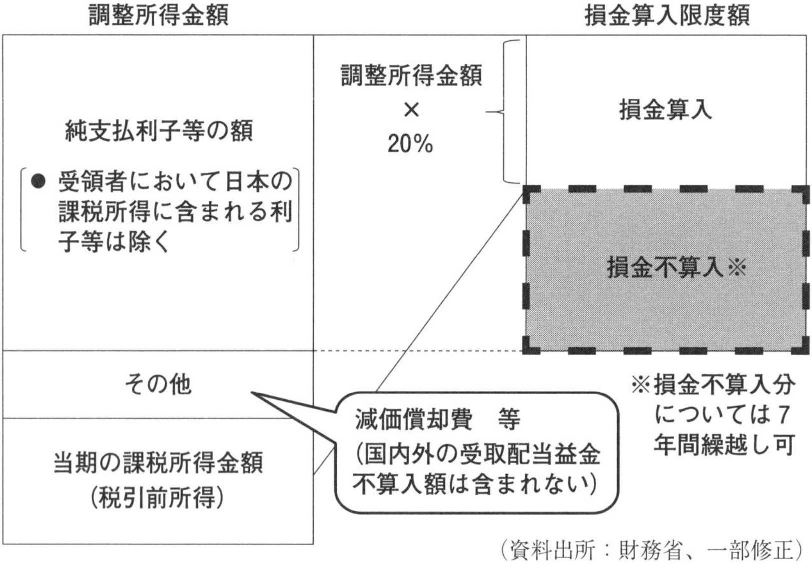

調整所得金額
純支払利子等の額
（● 受領者において日本の課税所得に含まれる利子等は除く）
その他
当期の課税所得金額（税引前所得）

調整所得金額×20%

損金算入限度額
損金算入
損金不算入※

減価償却費　等（国内外の受取配当益金不算入額は含まれない）

※損金不算入分については7年間繰越し可

（資料出所：財務省、一部修正）

（2） 令和４年度

また、令和４年度の改正で、対象純支払利子等に係る課税の特例（いわゆる「過大支払利子税制」）について、外国法人の法人税の課税対象とされる次に掲げる国内源泉所得に係る所得の金額についても適用することとされました。

① 恒久的施設を有する外国法人に係る恒久的施設帰属所得以外の国内源泉所得

② 恒久的施設を有しない外国法人に係る国内源泉所得

もっと知りたい人のために

過大支払利子税制に基づく課税が他の制度と競合した場合の調整

Q 本税制（過大支払利子税制）と他の税制が競合している場合等においては、どのような形で調整がなされるのでしょうか。

ポイント
・過少資本税制を優先適用
・CFC 税制の合算対象金額を控除
・受取配当益金不算入の負債利子から控除

A 1．過大支払利子税制と他の税制が同時適用になったときは、次により調整を行うこととされています（措法66の５の２、措令39の13の２）。

区　分		取扱い
過少資本税制	→	本制度による損金不算入額が過少資本税制（措法66の５）による損金不算入額以下となるときは、本制度の適用はありません（措法66の５の２⑦、措令39の13の２⑰）。

外国子会社合算税制	→	本制度による損金不算入額から外国子会社合算税制（措法66の６等）による合算所得に相当する金額を控除する等の調整を行うものとされています（措法66の５の２⑧、措令39の13の２⑱等）。
受取配当等の益金不算入制度	→	本制度の適用がある場合には、受取配当等の益金不算入制度（法法23）における負債利子控除の計算上、本制度により損金不算入とされた金額を受取配当等の益金不算入制度における負債利子の額から控除します（措法66の５の２⑫、措令39の13の２㉓）。

2．なお、本税制の適用対象であるか否かにかかわりなく、独立企業間価格を超える金利支払がなされているときは、移転価格税制の適用対象となります。

6 その他

1 適格合併等の範囲に関する特例及び特定の合併等が行われた場合の株主等への課税の特例（措法68の２の３、68の３等）…平成19年度改正

この規制は、特定軽課税国を利用した国際間の租税回避に対応するための措置として、平成19年度の税制改正で盛り込まれたものです。

具体的には、完全支配関係がある法人間取引が、合併、分割又は株式交換による譲渡損益調整資産等の移転である場合において、当該取引が特定軽課税外国法人に該当する親法人の株式を対価とするものである等の一定の要件に該当するものであるときは、譲渡損益の調整制度（法法61の２⑯、61の13、62の９）を適用しない等とする措置です（措法68の２の３、68の３ほか）。

2 子会社からの配当及び子会社株式の譲渡を組み合わせた国際的な租税回避への対応（法法61の２⑯、法令119の３）…令和２年度改正

法人が外国子会社株式等を取得した後、子会社から配当を非課税で受け取るとともに、配当により時価が下落した子会社株式を譲渡すること等により、譲渡損失を創出させる国際的な租税回避を防止するため、令和２年度の改正で次のような見直しが行われています。

◎　子会社からの配当と子会社株式の譲渡を利用した租税回避のイメージ

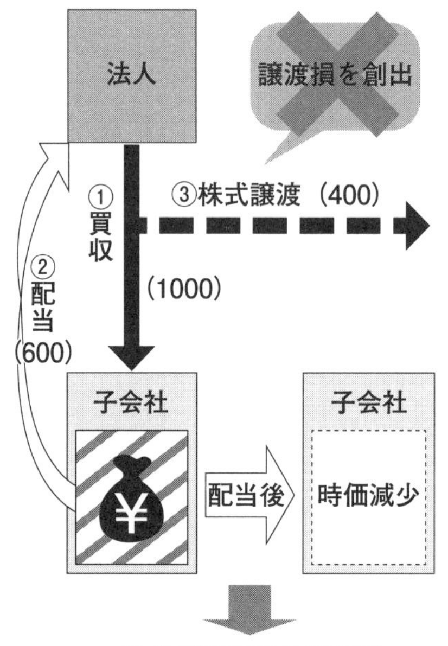

株式帳簿価格を引下げ
（1000－600＝400）

①　外国法人を 1000 で買収し、完全子会社とする

②　当該子会社から 600 の配当を受ける（95% 益金不算入）

③　子会社株式を 400 で譲渡することにより 600 の売却損を計上

（資料出所：財務省パンフレットより抜すい、一部修正）

【見直しの概要】

法人が⑴ 一定の支配関係にある外国子会社等から⑵ 一定の配当額を受ける場合、株式等の帳簿価額から、その配当額のうち益金不算入相当額(注) を減額する。

⑴　一定の支配関係にある外国子会社等（対象となる子会社）

→法人（及びその関連者）が株式等の50％超を保有する子会社のうち、子会社が内国普通法人であり、かつ、設立から支配関係発生までの間において株式等の90％以上を内国普通法人等が保有しているものを除くもの

(2) 一定の配当額（対象となる配当）

→１事業年度の配当の合計額が株式の帳簿価額の10％を超える場合の配当の合計額

注 ただし、その合計額が①支配関係発生後の利益剰余金の純増額に満たない場合、または、②2,000万円を超えない場合は規制の対象から除かれています。また、③配当の合計額のうち、支配関係発生から10年経過後に受ける配当額も規制の対象から除かれています。

3 国境を越えたデジタルサービスに係るプラットフォーム課税の導入…令和６年度改正

内外のイコールフッティングや課税の公平性を確保する観点から、既に世界の多くの国で導入されている制度である「プラットフォーム課税」が日本においても令和６年度の税制改正で導入されました。

本制度の対象となったプラットフォーム事業者は、プラットフォームを介して国外事業者が行うデジタルサービス（消費者向けの電気通信利用役務の提供）について、プラットフォーム事業者自身が提供したものとみなされ、そのデジタルサービスに係る消費税について、国外事業者に代わり納税義務が課されることとなります。

その上で、本制度が執行管轄権の及ばない国外事業者に対する適正な課税を念頭に置いたものであることや、税務当局の目の行き届く国内事業者に与える影響等を考慮し、本制度の対象を国外事業者が国内向けに行うデジタルサービスに限ることとされます（リバースチャージの対象となる事業者向け電気通信利用役務の提供は対象外）。

また、本制度の対象となるプラットフォーム事業者には高い税務コンプライアンスや事務処理能力が求められること等を考慮し、国外事業者が自身のプラットフォームを介して行うデジタルサービスの取引高が50

億円を超えるプラットフォーム事業者を対象とします。

注　この改正は令和7年4月1日から施行されます。

◎　プラットフォーム課税のイメージ図

対象を国外事業者によるデジタルサービスの取引高が50億円超のPFに限定
→本基準により、**国外事業者が行うデジタルサービスの大宗が対象になると見込まれる**とともに、高い税務コンプライアンスにより、**適正な課税の確保が見込まれる**

①プラットフォームがアプリ配信したものとみなす

国外事業者

プラットフォーム

消費者

③販売代金

②販売代金＋税

④申告

税務署

対象を国外事業者に限定
→**国内事業者への影響なし**

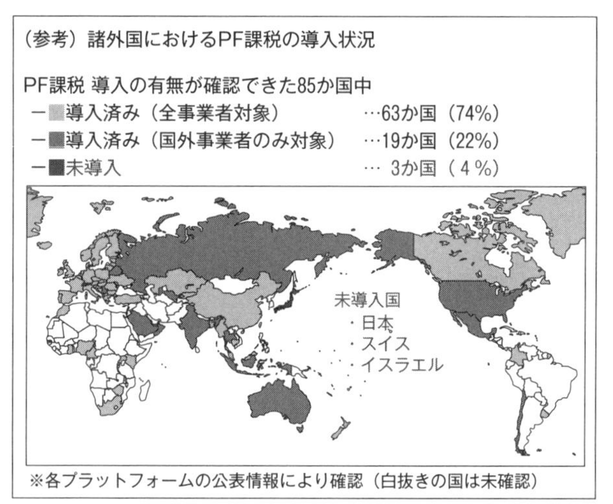

（資料出所：財務省）

第５編　国際相続・贈与に伴う税務及び国際取引に係る消費税

1 相続税・贈与税

〔ポイント〕

1．海外赴任や海外移住の増加に伴い、国際相続・贈与が大幅に増加しています。
2．しかし、法人税や所得税などと異なり、国際間の相続・贈与には特異な規定等が数多く設けられています。
3．しかも、近年この分野の改正が頻繁に行われるようになっています。

所得税、法人税が個人又は法人の所得に対して課される税であるのに対し、相続税及び贈与税は相続又は贈与によって取得した財産に対して課される税であるという点で所得税、法人税と大きく異なります。

また、わが国の相続税では、相続により遺産を取得した者に対して課税するという方式（いわゆる「遺産取得課税方式」、実際にはそれを一部修正した法定相続分課税方式）が採用されています。その点で、被相続人が残した遺産に着目して課税するというアメリカやイギリスなどの方式（いわゆる「遺産課税方式」）と異なっています。

ちなみに、相続税の課税方式には、次のようなものがあるといわれています。

◎ （参考）相続税の課税方式の類型

課税方式	遺産課税方式	遺産取得課税方式	現行制度（法定相続分課税方式）
概要	遺産全体を課税物件として、例えば、遺言執行者を納税義務者として課税する方式 贈与については、贈与者課税	相続等により遺産を取得した者を納税義務者として、その者が取得した遺産を課税物件として課税する方式	遺産取得課税方式を基本として、相続税の総額を法定相続人の数と法定相続分によって算出し、それを各人の取得財産額に応じ按分して課税する方式
採用国	アメリカ、イギリス	ドイツ、フランス（昭25～32 日本）	日本（昭33～　）
考え方	被相続人の一生を通じた税負担の清算を行い、被相続人が生存中に蓄積した富の一部を死亡に当たって社会に還元するという考え方	偶然の理由による富の増加に担税力を見出して相続人に課税することにより、富の集中の抑制を図るという考え方	①　累進税率の緩和を企図した仮装分割への対応 ②　農業や中小企業の資産等分割が困難な資産の相続への配慮 といった観点から、実際の遺産分割の状況により負担に大幅な差異が生じることを防止するという考え方
特色	遺産分割の仕方によって遺産全体に対する税負担に差異が生じない。 （個々の相続人に対し、その取得した財産の額に応じて累進税率が適用されず、各々の担税力に応じた課税という点で限界がある。）	個々の相続人に対し、その取得した財産の額に応じた累進税率を適用することができ、各々の担税力に応じた課税をすることができる。 （遺産分割の仕方によって遺産全体に対する税負担に差異が生じる。）	それぞれの方式の長所を採り入れている。但し、 ①　自己が取得した財産だけでなく、他の相続人が取得したすべての財産を把握しなければ正確な税額の計算・申告ができない。（したがって、一人の相続人の申告漏れにより他の共同相続人にも追徴税額が発生する。） ②　相続により取得した財産の額が同額であっても法定相続人の数によって税額が異なる。 ③　居住や事業の継続に配慮した課税価格の減額措置により、居住等の継続に無関係な他の共同相続人の税負担まで緩和される。

注　カナダやオーストラリアでは被相続人の有していた資産について譲渡があったとみなして課税する「みなし譲渡益課税方式」が採用されています。

（資料出所：財務省資料より抜すい、一部修正）

1　納税義務者（相法１の３ほか）

相続税法では、相続税及び贈与税という異なった税目が相続税法という一つの法律で規定されています。それは、贈与税が相続税の補完税として位置づけられているためです。

そこで、以下では相続税と贈与税に分けてみていくこととします。

（1）　相続税の納税義務者

相続税の納税義務者は、原則として相続若しくは遺贈により財産を取得した個人です（相法１の３）。

それらの個人は、その居住形態等に応じ、次の５種類に分類されます。

①　居住無制限納税義務者（相法１の３①一）

相続又は遺贈（贈与した者の死亡により効力を生ずる贈与を含みます。以下同じです。）により財産を取得した次に掲げる者であって、当該財産を取得した時において相続税法の施行地に住所を有するもの。

(イ)　一時居住者でない個人

(ロ)　一時居住者である個人（当該相続又は遺贈に係る被相続人（遺贈をした者を含みます。以下同じです。）が一時居住被相続人又は非居住被相続人である場合は除かれます。）

注　被相続人が米国に相続人と共有形態（ジョイント・テナンシー）で所有している不動産は相続税の課税対象となります（国税庁質疑応答事例、相法１の３の一、９、19①）。

②　非居住無制限納税義務者（相法１の３①二）

相続又は遺贈により財産を取得した次に掲げる者であって、当該財産を取得した時において相続税法の施行地に住所を有しないものをいいます。

(イ)　日本国籍を有する個人であって次に掲げるもの

a　当該相続又は遺贈に係る相続の開始前10年以内のいずれかの時において相続税法の施行地に住所を有していたことがあるもの。

b　当該相続又は遺贈に係る相続の開始前10年以内のいずれかの時においても相続税法の施行地に住所を有していたことがないもの（当該相続又は遺贈に係る被相続人が一時居住被相続人又は非居住被相続人である場合を除きます。）。

(ロ)　日本国籍を有しない個人（当該相続又は遺贈に係る被相続人が一時居住被相続人又は非居住被相続人である場合を除きます。）

③　**居住制限納税義務者**（相法１の３①一、三）

相続又は遺贈により相続税法の施行地にある財産を取得した個人で、当該財産を取得した時において相続税法の施行地に住所を有するもの（上記①に該当する者を除きます。）。

※　具体的には、国内に住所を有する居住期間10年以下の「一時居住被相続人」から相続又は遺贈により財産を取得した一時居住者又は国内に住所を有してはいないものの相続開始前10年以内に国内に住所を有していた被相続人から相続又は遺贈により財産を取得した一時居住者がこれに該当します。

なお、令和３年度の改正で、「一時居住被相続人」という規定が「外国人被相続人」に変更されるとともに、居住期間10年以下の課税は撤廃されています。

④　**非居住制限納税義務者**（相法１の３①四）

相続又は遺贈により相続税法の施行地にある財産を取得した個人で、当該財産を取得した時において相続税法の施行地に住所を有しないもの（上記②に掲げる者を除きます。）。

⑤　特定納税義務者（相法1の3①五）

特定納税義務者とは、相続又は遺贈により財産を取得しなかった個人で、被相続人から相続時精算課税の適用を受ける財産を贈与により取得した者をいい、その相続時精算課税の適用を受けた財産について納税義務があります（相法1の3①五、21の16①）。

注　相続税法でいう「居住」、「非居住」は、基本的には所得税法でいう「居住」、「非居住」と同じ概念です。

⑥　その他の納税義務者

そのほか例外的な納税義務者として人格のない社団等や持分の定めのない法人等も納税義務者とされています。

⑦　まとめ

これらの関係を図で示すと、次のようになります。

◎　相続税の納税義務者

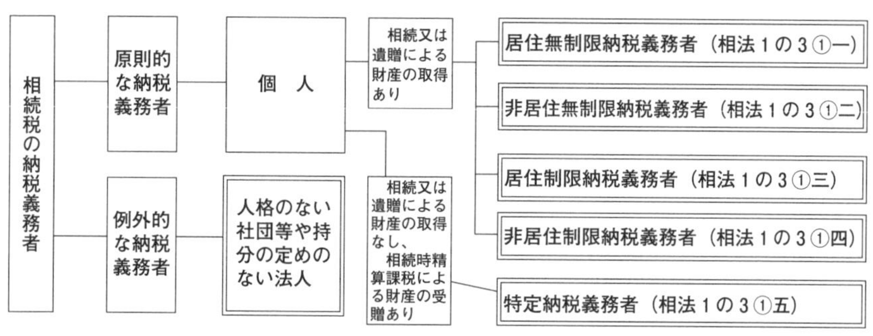

（資料出所：国税庁税務大学校講本「相続税法」（令和5年度版）6ページ）

(２) 贈与税の納税義務者（相法１の４ほか）

贈与税の納税義務者は、贈与により財産を取得した個人です（相法１の４①）。その納税義務は、贈与により財産を取得した時に成立します。

贈与税の納税義務者は、財産取得の時の住所、日本国籍の有無などにより、居住無制限納税義務者、非居住無制限納税義務者、居住制限納税義務者又は非居住制限納税義務者に区分され、その区分に基づき贈与税の課税財産の範囲が異なります（相法１の４、２の２）。

注　代表者もしくは管理者の定めのある人格のない社団もしくは財団又は持分の定めのない法人に対する贈与は、これらを個人とみなして贈与税が課税される場合があります（相法66①④）。なお、納税義務者の区分や個人とみなされる納税義務者の取扱いは、相続税の場合とおおむね同様です。

ちなみに、納税義務者の判定は次により行うこととされています。

◎　**納税義務者の判定**（特定納税義務者を除く）

課税時期：令和３年４月１日～（改正法附則11）

<table>
<tr><th colspan="2" rowspan="3">相続人・受遺者
受贈者
被相続人
贈与者</th><th colspan="2">日本国内に住所あり</th><th colspan="3">日本国内に住所なし</th></tr>
<tr><th rowspan="2"></th><th rowspan="2">一時
居住者
※1</th><th colspan="2">日本国籍あり</th><th rowspan="2">日本国籍
なし</th></tr>
<tr><th>相続開始前
10年以内に
住所あり</th><th>相続開始前
10年以内に
住所なし</th></tr>
<tr><td colspan="2">日本国内に住所あり</td><td colspan="2" rowspan="5">居住無制限納税義務者</td><td colspan="3" rowspan="5">非居住無制限納税義務者</td></tr>
<tr><td></td><td>外国人被相続人※2
外国人贈与者※2</td></tr>
<tr><td rowspan="3">日本国内に住所なし</td><td>相続開始前
10年以内に住所あり</td></tr>
<tr><td>非居住被相続人※3
非居住贈与者※3</td></tr>
<tr><td>相続開始前
10年以内に住所なし</td></tr>
</table>

（表中の区分）
- 「外国人被相続人・外国人贈与者」の行：一時居住者の欄は「居住制限納税義務者」、日本国籍あり・相続開始前10年以内に住所なしの欄及び日本国籍なしの欄は「非居住制限納税義務者」
- 「非居住被相続人・非居住贈与者」及び「相続開始前10年以内に住所なし」の行：一時居住者の欄は「居住制限納税義務者」、日本国籍あり・相続開始前10年以内に住所なしの欄及び日本国籍なしの欄は「非居住制限納税義務者」

※１　「一時居住者」とは出入国管理及び難民認定法別表第１の在留資格で滞在している者で、相続の開始前15年以内において日本国内に住所を有していた期間の合計が10年以下の者です。

※２　これに該当するのは、出入国管理及び難民認定法別表第１の在留資格で滞在している者です。

※３　これに該当するのは、日本国内に住所を有していた期間、日本国籍を有していない者です。

（資料出所：税務大学校講本「相続税法」令和５年度版９頁より抜すい、一部修正）

2　財産の所在地（相法10ほか）

相続税及び贈与税の①居住無制限納税義務者（相法１の３①一、１の４①一）及び②非居住無制限納税義務者（相法１の３①二、１の４①二）には、取得財産の全部について相続税又は贈与税が課税されます（相法２①、２の２①）ので、納税義務の判定上その取得財産の所在を問題とする必要はありません。それに対し、③居住制限納税義務者（相法1の3①三、1の4①三）及び④非居住制限納税義務者（相法1の3①四、1の4①四）には、その取得財産のうち相続税法の施行地にあるものに対してのみ相続税又は贈与税が課税されることとなっています[(注)]（相法2②、2の2②）。そのため、財産の所在がどこであるかの判定は、納税義務者の有無及びその範囲を判定する上で重要です。

注　なお、納税義務者のうち、相続時精算課税の適用を受けた「特定納税義務者」は、同課税の適用を受けた財産について納税義務を負うこととされています（相法1の3①五、21の16①）。

◎　**財産の所在地の判定**（相法10）

財産の種類	財産の所在地
動産又は不動産	動産(現金を含みます。)又は不動産の所在地(ただし、船舶又は航空機は、それらの登録をした機関の所在地)
金融機関に対する預貯金等	受入をした営業所又は事業所の所在地
保険金	保険契約に係る保険会社の本店又は主たる事務所の所在地
退職手当金等	支払った者の住所又は本店若しくは主たる事務所の所在地
貸付金債権	債務者の住所又は本店若しくは主たる事務所の所在地
社債、株式又は出資	社債・株式の発行法人又は出資のされている法人の本店又は主たる事務所の所在地
国債又は地方債	相続税法の施行地
外国又は外国の地方公共団体の発行する公債	その公債等の発行地（外国）
その他の財産	その財産の権利者であった被相続人の住所地

（資料出所：国税庁税務大学校講本「相続税法」（令和5年度版）11ページより抜すい、一部修正）

もっと知りたい人のために

海外勤務中に死亡した者に日本から支払われる死亡退職金と相続税

Q　海外勤務中に交通事故等で死亡した者に対し、日本から支払われる死亡退職金は、税務上どのように取り扱われるのでしょうか。

ポイント　所得税は課されないが、相続税は課されます。

A　海外勤務中に死亡した者に支払われる死亡退職金については、居住者の場合と同じく所得税の対象にはなりませんが、死亡退職金（退職手当金等）の財産の所在地は日本ですので（相法10①六）、わが国で相続税が課されることとなります。

相続税法では、財産の所在地について「退職手当金、功労金その他これらに準ずる給与については、当該給与を支払った者の住所又は本店若しくは主たる事務所の所在」と規定されています。

イメージ図で示すと、次のようになります。

◎　海外勤務者が死亡した場合の納税義務

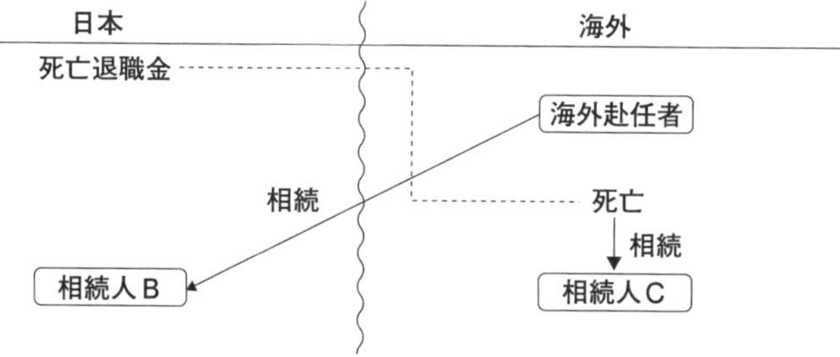

注　死亡退職金の財産の所在地は日本ですので、相続人がどこに住んでいようと全て日本で相続税の課税対象になります。すなわち、この事例では、相続人Bだけでなく海外に居住しているCも相続税の納税義務が生じることになります。

もっと知りたい人のために

日本国籍を有しない者が受ける贈与と配偶者控除

Q 日本国籍を有しない者が配偶者である居住者から贈与を受けた場合、配偶者控除が受けられますか

ポイント 一定の書類の添付があれば受けられます。

A 1．日本国籍を有しない者の婚姻について、「法の適用に関する通則法」では、婚姻成立の形式要件として婚姻挙行地の法によるほか、当事者の一方の本国法によることができるとされています（ただし、日本国において婚姻をする場合で、当事者の一方が日本人であるときは、日本の方式による必要があります。）。

2．したがって、当事者の婚姻地及び婚姻前の国籍により、戸籍謄（抄）本に代わるものとして、次のものの添付がある場合には、贈与税の配偶者控除を適用して差し支えありません。

(1) 当事者の一方が日本人である場合で、その婚姻が日本国内で行われた場合

婚姻届の受理証明書又は婚姻届出書に基づく記載事項証明書

(2) 当事者の双方が外国人である場合で、その婚姻が日本国内で行われ、かつ、地方公共団体の戸籍係に婚姻届をしている場合

婚姻届の受理証明書又は婚姻届出書に基づく記載事項証明書

(3) (1)及び(2)以外の場合

当事者の本国の戸籍謄本等公の機関においてその婚姻期間を証明する書類

3．なお、国交等がないために(3)の書類が得られない場合には、外国人登録済証明書など婚姻の事実、婚姻期間が確認できるもの。

（相法21⑥、相規９、法の適用に関する通則法第24条）

もっと知りたい人のために

相続税・贈与税における国際的二重課税の排除

Q　「居住無制限納税義務者」及び「非居住無制限納税義務者」にあっては、国内所在財産のみでなく、日本国外に所在する財産についても相続税や贈与税が課税されるとのことですが、そうしますと結果的に国際的二重課税を生じることになってしまいます。相続税法でも、国際的二重課税の救済が認められるでしょうか。

ポイント　税額控除が認められます。

A　１．居住無制限納税義務者及び非居住無制限納税義務者にあっては、相続又は贈与により取得した国内所在財産のみではなく、国外所在財産についても課税対象とされています（相法1の３、１の４、２、２の２）。

２．そのため、国外財産について、相手国で相続税又は贈与税又はこれらに類する税が課された場合には、納税者は同じ財産について国内でも課税されるため、そのままでは国際的二重課税を被ってしまいます。

３．そこで、相続又は贈与により取得した財産のうち国外所有財産について当該財産の所在地国で相続税又は贈与税又はこれらに相当する税が課されたときには、相続税額又は贈与税額から外国で課された税額相当分の税額控除を認めることにより、国際的二重課税を排除することとしています（相法20の２、21の８）。

※　なお、贈与税に係る外国税額控除については国税庁ホームページ質疑応答事例「贈与税に係る外国税額控除」も併せて参照してください。

もっと知りたい人のために

外国でみなし譲渡所得税が課された場合における外国税額控除

Q　例えばカナダでは、相続税に代えて死亡時に被相続人が所有していた財産を全て相続人等に譲渡したものとみなして譲渡所得課税がなされるとのことですが、このような場合においても、相続人がわが国の居住者だった場合、外国税額控除が認められるのでしょうか。

ポイント　外国税額控除は認められません。

A　１．相続税・贈与税において外国税額控除が認められるのは、国外所在財産に対し、その所在地国で「相続税・贈与税又はこれらに相当する税」が課された場合に限られます（相法20の２、21の８）。

２．しかし、カナダで課される税はあくまで所得税であり税目が異なります。したがって、カナダで課された所得税について、わが国で相続税・贈与税から外国税額控除として控除を受けることは認められません（注）。

注　同様のことは、個人である居住者が軽課税国に法人を有し合算課税を受けた場合、外国で課されているのは法人税であることから、外国税額控除を受けられないというケースでも生じてきます。

なお、米国でもわが国と同様の事態が生じていました。そこで米国では相手国との間で租税条約を締結することで解決が図られています。

もっと知りたい人のために

国外財産の相続に係る延納・物納

Q　現在海外勤務中ですが、先般日本に居住している父親が亡くなり、財産を相続することになりました。

相続税を一度に納めることが困難ですので、延納又は物納を申請しようと考えています。相続した財産の中に国外財産も含まれていますので、それらについても延納・物納の申請をしたいと考えていますが、可能でしょうか。

ポイント　不可能です。

A　残念ですが、不可能です。

延納する場合には、担保提供が必要とされています（相法38④）が、担保として提供できる財産は延納が不可能となった場合、その履行が可能な財産に限定されています（相法39、相令15、16、相規20）。また、物納については、「この法律の施行地にあるもの」と明記されています（相法41②）。したがって、国外財産を延納の担保にしたり、物納の対象財産にすることはできません。

3　申告、納付（相法27、28ほか）

相続人の全て又は財産の贈与を受けた者が外国に居住している場合において、相続税又は贈与税の申告をする必要があるときは、「納税管理人」及び「納税地」を定めてその所轄税務署長に提出します[注]。

注　その場合には「納税管理人届出書」を提出する必要があります（相法1の4、2の2、28、62、通法117、相基通1の3・1の4共—3、6）。

詳細については、国税庁タックスアンサー No.4138「相続人が外国に居住しているとき」、No.4432「受贈者が外国に居住しているとき」を参照してください。

なお、贈与税については更正、決定等について特例が設けられており、確定申告期限から6年間できることとされています（相法36①）ので注意してください。

4 租税条約との関係

相続税・贈与税に関し、わが国が租税条約を締結しているのは、米国との間のみです。

しかもそこでは、双方居住者の振分けや軽減税率の適用など所得に関する条約で設けられている規定は存在していません。

その結果、日米租税条約で問題となってくるのは、第3条「財産の所在地」に関する規定ぐらいです。しかし、そこでもわが国の国内法と異なった規定ぶりにはなっていません。

したがって、相続税・贈与税については、租税条約による国内法の変更は基本的にないと考えて差し支えありません（注）。

注　ただし、相続税・贈与税の分野では、その前提となる民法等の規定が国によって異なっていることから、遺言、遺留分の減殺請求、法定相続分などについてわが国と異なっていることがあります。

したがって、被相続人や相続人等が日本人でない場合には、「法の適用に関する通則法（平成18年法律第78号）」第5節・親族と第6節・相続（第36条（相続）及び第37条（遺言））についても併せて参照することが必要です。

2 国際取引に係る消費税

〔ポイント〕

1. 消費税の課税対象には、国内取引だけでなく輸入取引も含まれています。
2. また、輸出については国際競争力維持の観点から輸出免税制度が設けられています。
3. 輸出業者は仕入段階までに課されている消費税について、還付を受けることができます。
4. 近年における、電子商取引の普及に伴い、国際間の電子商取引に対しても消費税が課されることとされています。

他の税法（所得税や法人税、相続税等）では、まず「納税義務者」について規定し、その後で「課税所得」や「課税財産」について規定する方法が採用されていますが、消費税法では最初に「課税の対象」について規定し、「納税義務者」については、その後で規定する方法が採用されています。

それは、消費税法では、国外取引などのように、そもそも消費税の課税の対象にならない取引（いわゆる「不課税取引」）や、社会政策的な見地等から消費税を課さないこととしている取引（いわゆる「非課税取引」）等があるためです。

1 課税対象（消法４）

消費税の課税対象は、「国内取引」と「輸入取引」です（消法４）。

(1) 課税対象となる取引

① 国内取引（消法4①）

消費税の課税対象となる「国内取引」とは、国内において事業者（消法2①四）が事業として対価を得て行う資産の譲渡等及び特定仕入れをいいます（消法4①）。

したがって、国外で行われる取引については、そもそも課税対象にはなりません。

また、事業者以外の者が行う取引は課税対象にはなりません。また、事業者の行う取引であっても、無償の取引や非課税取引は課税対象にはなりません（消法2①九）。

注 「特定仕入れ」とは、事業として他の者から受けた特定資産の譲渡等をいうこととされています（消法2①八の二、九の四、八の五、4①）。

ちなみに、「課税の対象」と「取引」との関係を図で示すと、次のようになります。

◎ （参考）「課税の対象」と「取引」との関係

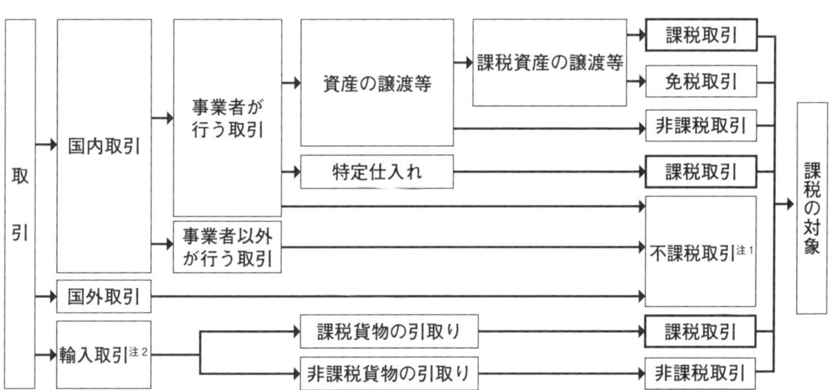

注 1　「不課税取引」とは、国内取引のうち事業者以外の者が行った取引、事業者が行う取引で資産の譲渡等及び特定仕入れ以外の取引や国外取引などです。

2　輸入取引については、事業者以外の者が行ったものであっても課税の対象となります。

（資料出所：国税庁税務大学校講本「消費税法」（令和５年度版）11頁、一部修正）

なお、どのような取引に消費税が課税されるかは、次のフローチャートに従って判定されることになります。

◎　課税となるかどうかの判定図（特定仕入れ及び輸入取引を除く）

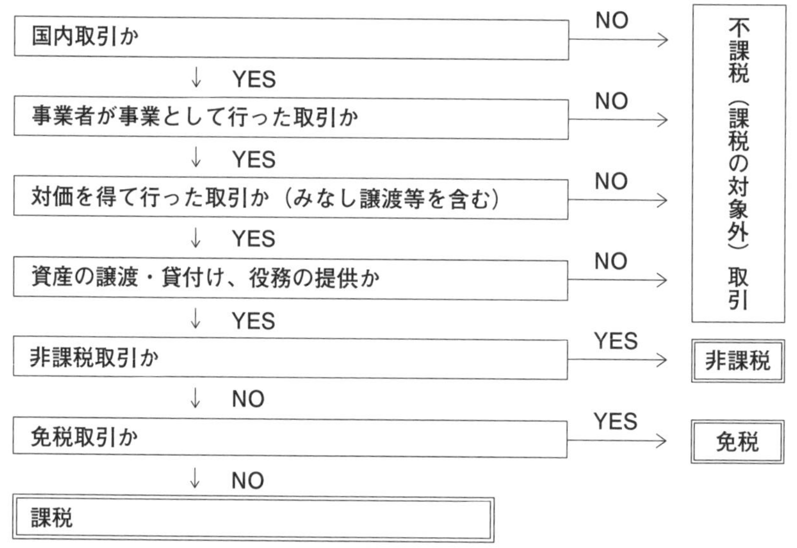

（資料出所：同前16頁）

②　非課税取引（消法６①②）

⑴　国内取引における非課税

消費税の課税対象となる取引のなかには、その性質からして課税の対象とすることになじまないものや、社会的・政策的な配慮から課税することがなじまないものがあります。そこで、消費税法ではこのような取引を非課税取引として消費税を課さないこととしています（消法６①、別表１。なお、国税庁タックスアンサーNo.6209「非課税と不課税の違い」も併せて参照してください。）。

⑵　輸入取引における非課税

国内取引における非課税取引とのバランスを図るため、保税地域から引き取られる外国貨物のうち、次の取引については非課税とされています（消法６②、別表ニ）。

①有価証券等　②郵便切手類　③印紙　④証紙　⑤物品切手等

⑥身体障害者用物品　⑦教科用図書

◎　主な非課税取引

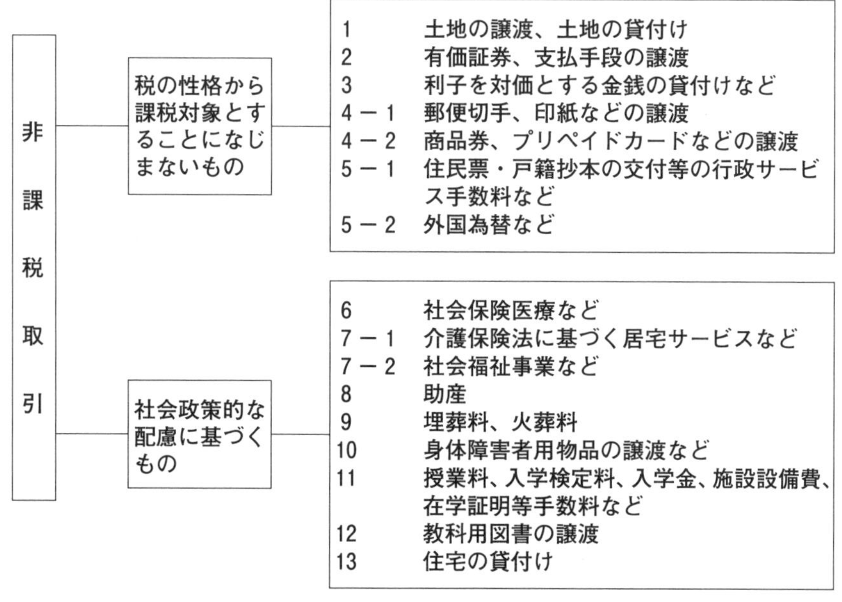

（資料出所：同前19頁）

（2）　輸入取引（消法4②）

わが国の消費税では、消費地で課税するいわゆる「消費地課税主義」が採用されています。その結果、輸入取引については、消費地であるわが国で消費税が課されます。そして、「輸入取引」とは、保税地域(注1)から引き取られる外国貨物(注2)をいいます（消法4②）。

注1　「保税地域」とは、外国貨物について、関税の賦課徴収を保留しておくことができる場所のことをいい、関税法（第29条）では、それを次の5種類に区分しています。
① 指定保税地域
② 保税蔵置場
③ 保税工場
④ 保税展示場

⑤　総合保税地域

2　「外国貨物」とは、次のいずれかに該当するものをいうこととされています（消法２①十、関税法２①三）。

①　外国から国内に到着した貨物で、輸入が許可される前のもの

②　輸入の許可を受けた貨物

また、保税地域から引き取られる「外国貨物」のうち、消費税を課さないこととされているもの以外のものを「課税貨物」といいます。（消法２①十一）。

ちなみに、保税地域から引き取られる外国貨物であっても、次のものについては非課税とされています。

①　有価証券等

②　郵便切手類

③　印紙

④　証紙

⑤　物品切手等

⑥　身体障害者用物品

⑦　教科用図書

（３）　課税対象とならない取引

①　不課税取引

国外で行う取引（国外取引）、個人事業者が行う生活資産の譲渡など、事業者が事業として行う取引ではない取引、対価のない取引、資産の譲渡及び貸付け並びに役務の提供のいずれにも該当しない取引（詳細については、国税庁タックス・アンサーNo.6157「課税の対象とならないもの（不課税）の具体例」を参照してください。）は、課税の対象とならない取引とされています（いわゆる不課税取引です。）。

ちなみに、「不課税取引」に区分される取引は、次のような取引です。

◎　主な不課税取引

不課税取引	給与収入のみの者の自家用車の売却	事業者が事業として行うものではないので、課税されない。
	寄附金、祝金、見舞金、補助金など	一般に対価として授受されるものではないので、原則として課税されない。
	試供品、見本品の提供	無償で提供する限り、課税されない。
	保険金、共済金の受領	資産の譲渡及び貸付け並びに役務の提供のいずれにも該当しない。
	剰余金の配当、出資の分配金など	株主や出資者としての地位に基づいて支払われるものであり課税されない。
	資産の廃棄、盗難、滅失	資産の譲渡及び貸付け並びに役務の提供のいずれにも該当しない。
	損害賠償金	心身又は資産に対して加えられた損害に対するものは課税されない。
	国外取引	国内において行われる取引ではないので、課税の対象とならない。

（資料出所：同前16頁）

2　納税義務者（消法５）

消費税の納税義務者は、課税の対象となる取引の区分に応じ、次の２種類に区分されます。

（１）　国内取引の場合（消法５①）

国内取引に係る消費税の納税義務者は、国内において事業として資産の譲渡等を行った事業者です（注）。

注　なお、平成27年度の税制改正で、電気通信回線（インターネット等）を介して国内の事業者・消費者に対して行われる電子書籍の配信等の役務の提供（「電気通信利用役務の提供」）については、国外から行われるものも、国内取引として消費税が課税されることとされています。

(2) 輸入取引の場合（消法５②）

輸入取引に係る消費税の納税義務者は、課税貨物を保税地域から引き取る者（「輸入者」）です。

なお、国内取引の場合と異なり、「輸入取引」については引取者が事業者であることや対価の支払等は要件とされていません。

したがって、輸入者が事業者の場合だけでなく、消費者個人による自己の用に供するための輸入や、無償による輸入も課税の対象となります。

※　例えば外国の記念金貨のように支払目的たる通貨としてでなく、自己の保有目的や販売目的で輸入されるような取引は輸入取引となります。金塊の輸入についても同様です（消法別表第一２号、消令９③）。
　また、納税する場所は税務署ではなく、税関となります。

3 輸出免税（消法７、８、30、消令17、消規５）

(1) 現行規定

消費税は、国内において消費される財貨やサービスに対して課される税です。

したがって、外国で消費される財貨や外国に向けて提供されるサービスについては、消費税が免除されます（消法７）し、外国人旅行者等が国外へ持ち帰る物品や海外旅行者が出国に際して携帯する物品のうち一定のものについても消費税が免除されています（消法８、消令18の２、消規６、７、７の２、消基通７－２－20、８－２－１）。

このような取引を消費税法では「免税取引」として仕入税額控除を認めるなど、別途の取扱いとしています。

ちなみに「免税取引」は、以下の３種類に区分されています。

① 「輸出免税」(注1)（消法７①）

② 「輸出物品販売場における輸出物品の譲渡に係る免税」(注2)（消法８①）

③ 消費税法以外の法律に基づく「その他の免税取引」(注3)（措法85①、86①、86の２①、所得臨特法７①等）

注 1 輸出免税（輸出に類似した取引を含みます。）
輸出免税の対象となる主な取引は、次のような取引です。
イ 国内からの輸出として行われる資産の譲渡又は貸付け（典型的な輸出）（消法７①一）
ロ 外国貨物の譲渡又は貸付け（消法７①二）
ハ 国内と国外の間の旅客や貨物の輸送又は通信（国際輸送、国際通信）（消法７①三）
ニ 国内と国外の間の郵便又は信書便（国際郵便）（消法17②五）

2 輸出物品販売場における輸出物品の譲渡に係る免税
輸出物品販売場（いわゆる免税店）を経営する事業者が、外国人旅行者などの非居住者に対して行う通常生活の用に供する物品を一定の方法で販売する場合（消法８①、消令18①⑦⑧）。

3 その他の免税取引（消費税法以外の法律に基づくもの）
具体的には次のような取引です。
イ 外航船舶等に積み込む物品の譲渡（措法85①）
ロ 外国公館等に対する課税資産の譲渡等（措法86①）
ハ 海軍販売所等に対する物品の譲渡（措法86の２①）
ニ 合衆国軍隊等に対する資産の譲渡等（所得臨特法７①等）
※ なお、非居住者に対する役務の提供も輸出免税の対象となります（消法７、消令17、消基通７―２―16、17)、詳細については、国税庁タックスアンサー No.6567「非居住者に対する役務の提供」を参照してください。

（２） 外国人旅行者向け免税制度の見直し（方向性）

外国人旅行者向け免税制度は、免税店の拡大と外国人旅行者の利便性の向上を図ることによって、インバウンド消費拡大の重要な政策ツールとなってきました。

他方で、免税品の横流し等の不正事例は後を絶たず、出国時に捕捉して即時徴収を行ってもその多くは滞納となっており、制度の不正利用は看過できない状況です。また、免税店にとっても税務リスクを抱えながら免税販売を行うことが業務負荷となっています。

こうした実態を踏まえ、早急に制度の抜本的な見直しを行う必要があります。具体的には、出国時に購入品の持ち出しが確認できた場合に免税販売が成立し、免税店が確認後に消費税相当額を返金する制度（下図参照）への見直しを検討することとされています。

検討にあたっては、旅行者の利便性向上や免税店の事務負担軽減、空港での混雑防止等にも十分留意することとし、令和７年度税制改正プロセスにおいて結論を得ることを目指すこととされています。

◎　外国人旅行者向け免税制度の抜本的見直し案

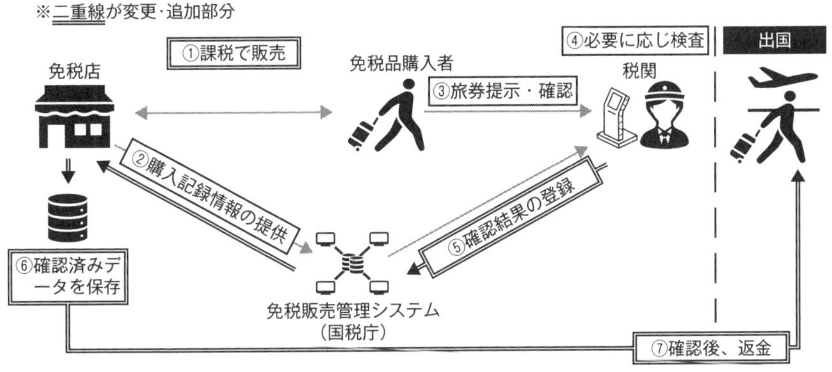

（資料出所：財務省）

もっと知りたい人のために

輸出取引の免税

Q　輸出取引免税の手続等はどのようになっているのでしょうか。

ポイント 輸出取引であること等の説明が必要。

A 1．事業者が国内で商品などを販売する場合には、原則として消費税がかかりますが、販売が輸出取引に当たる場合には、消費税が免除されます。これは、国内消費税である消費税は外国で消費されるものには課税しないという考えに基づくものです。

この場合の輸出取引とは、商品の輸出や国際輸送、国際電話、国際郵便などをいいます。

2．輸出免税を受けるためには、資産の譲渡等が輸出取引となることについて、その輸出取引等の区分に応じて一定の証明が必要です。

例えば、物品の輸出のうち輸出の許可を受けるものの場合には輸出許可書が、サービスの提供などの場合にはその契約書などで一定の事項（資産の譲渡等を行った①事業者の氏名又は名称及びその契約に係る住所等、②年月日、③資産又は役務の内容、④対価の額、⑤相手方の氏名又は名称及びその取引に係る住所等）が記載されたものが、輸出取引等の証明として必要です。

3．なお、課税仕入れに含まれる消費税及び地方消費税の額は申告の際に仕入税額の控除をすることができることとされています。

（国税庁タックスアンサー No.6551「輸出取引の免税」（消法7、30、消令17、消規5））

4 免税と非課税の違い

なお、輸出免税に代表される免税は非課税と類似していますが、次のような点で両者は異なっています。

◎ 免税と非課税の違い

区　分	免　税	非　課　税
条文の規定の仕方	消費税を免除する	消費税を課さない
その仕入れに係る仕入税額控除	できる	できない
適用要件	証明書保存等	ない
基準期間の課税売上高	含まれる	含まれない
課税売上割合	分子・分母ともに算入する	分母のみ算入する

5 申告、納付と納税地（消法47、50）

申告、納付は、輸入取引にあっては保税地域から引き取る時までに行うこととされています（消法47①、50①）。

それに対し、輸出取引については、国内取引と同じく、法人の場合にあっては課税期間の末日の翌日から２か月以内（消法45、49）、個人の場合にあっては翌年３月31日までとされています（措法86の４①）。

また、納税地は輸入取引にあっては課税貨物を引き取る保税地域の所在地とされています（消法26）。

（参考） 事業者向け電気通信利用役務の提供を受けた国内事業者の申告納税義務（いわゆるリバースチャージ方式の導入）

平成27年度の税制改正で、インターネット等を介して国内の事業者・消費者に対して行われる電子書籍の配信等の役務の提供については、国外から行われるものであっても国内取引として消費税が課されることになりました。

具体的には、次のようなイメージです。

事業者向け電気通信利用役務の提供に係る課税方式（リバースチャージ方式）

国外事業者が行う「事業者向け電気通信利用役務の提供」について、当該役務の提供を受けた国内事業者に申告納税義務を課す方式（対象取引例：広告の配信）

※ 「事業者向け電気通信利用役務の提供」とは、役務の性質又は当該役務の提供に係る取引条件などから、当該役務の提供を受ける者が通常事業者に限られるもの

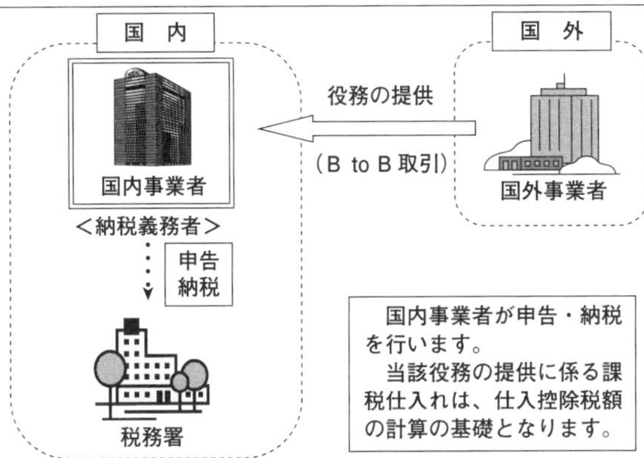

（参考）上記以外の電気通信利用役務の提供（国外事業者申告納税方式）

国外事業が行う「電気通信利用役務の提供」のうち、「事業者向け電気通信利用役務の提供」以外のものについて、国外事業者に申告納税義務を課す方式（いわゆる B to C 取引）
（対象取引例：電子書籍・音楽の配信）

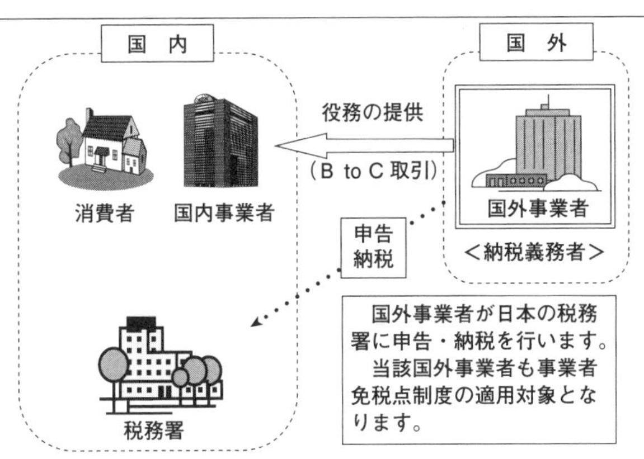

（資料出所：財務省パンフレット）

（参考）　消費税に関する判例、裁決例

1．輸入取引

○　外国法人から日本における独占販売権を得る対価として支払われた金員は、国外取引に該当するので、仕入税額控除の対象にはならないとされた事例

（平成３年12月21日裁決、裁決事例集62集423頁）

○　アメリカ合衆国の運送業者との契約に基づく引越貨物に係るキャリアー取引は、請求人が米軍又は米軍の公認調達機関に対して米軍の用に供するための役務の提供をなすものとは認められないため、消費税が免除されないとされた事例

（平成10年６月30日裁決、裁決事例集55集695頁）

○　輸出証明書はあるものの、請求人が輸出したのはダミーであり、実物は輸出されずに国内において引渡しが行われていたことから輸出免税は適用できないとした事例

（平成15年２月20日裁決、裁決事例集65集851頁）

○　国外向けに出航する船舶の外国人乗組員に対する中古車販売は、輸出の許可を受ける前に引渡しが完了していることなどから、輸出免税が適用される外国貨物の譲渡に該当しないとした事例

（平成21年６月22日裁決、裁決事例集77集508頁）

○　海外の旅行者向けの訪日旅行のうち当該旅行者が国内において飲食等のサービスを受ける対価に相当する部分の金額は輸出免税の対象とはならないとした事例

（平成25年11月27日裁決、裁決事例集93集355頁）

○　請求人が国際郵便により輸出した資産の譲渡については、消費税法第７条《輸出免税等》第２項に規定する証明がされていないため、輸出免税規定の適用はないとした事例

（平成30年６月５日裁決、裁決事例集111集293頁）

２．輸出免税

○　輸出物品販売場の許可を受けていた者が外国人に販売していたとしても、購入者がそれを「通常の生活の用に供する品」としてではなく「事業用又は販売用」として購入したことが明らかな場合、消費税法８条に規定する輸出免税の適用は受けられないとされた事例

（山口地裁：平成25年４月10日判決、平22（行ウ）５、最高裁ホームページ）

第６編　納税環境整備に関する規定

〔ポイント〕

1．国際化の進展に伴い、ヒト、モノ、カネが国境を越えて自由に動きまわるようになっています。他方、税制や税務行政は主権そのものですので、原則として国境を越えることができません。

2．そこで、税務当局では国外送金等調書の提出制度や、国外財産調書制度の創設などにより国内法を整備するとともに、租税条約ネットワークを利用した国際間の税務協力など納税環境整備にも力を入れています。

1 国外送金等調書提出制度（送金等法３、４）と国外証券移管等調書制度（実特法４の３）

〔ポイント〕

1．この制度は、申告水準向上を目的に国外への送金、国外からの受金等を把握するための施策です。

2．平成９年度の税制改正で創設（１回当たり200万円超）され、平成20年度の税制改正で提出限度額が200万円超から100万円超に引き下げられました。

3．有価証券の国外への移転、国外から国内への移転についても手当されています。

1 国外送金等調書提出制度…平成9年創設、平成20年に一部見直し

「国外送金等調書提出制度」とは、国外送金又は国外からの送金等の受領（以下、単に「国外送金等」といいます）をしようとする個人又は法人に、国外送金等をする際、氏名・名称及び住所等を記載した「告知書」を金融機関等に提出させ（送金等法3①前段）、告知書の提出を受けた金融機関等は、告知書に記載された事項を確認の上（同法3①後段、同法施行令5②）、国外送金等のうち1回当たり100万円を超えるものについて、その顧客の氏名・名称、住所、送金金額等の一定の事項を記載した調書（国外送金等調書）を当該送金等が行われた日の翌月末日までに所轄の税務署に提出しなければならない制度です（同法4、同法施行令8①）。

この制度は平成9年度の税制改正で創設されたものですが、当初の提出限度額は1回当たり200万円超となっていました（同令8①）。しかし、送金額を分散することによる規制逃れがみられたことなどから、平成20年度の税制改正で提出限度額の引下げ（1回当たり200万円超→1回当たり100万円超）がなされています（同前）。

2 国外証券移管等調書制度（実特法4の3）…平成27年創設

この制度は、国内から国外への証券口座の移管や、国外から国内への証券口座の移管情報を証券会社から提出してもらうという制度で、平成27年1月から実施されています（実特法4の3）。

これにより税務当局は、納税者の現預金を有価証券の形に代えて移管するという抜け道を塞ぐことが可能になりました。

ただし、国外送金等調書提出制度と同じく、この制度もフローに関する情報に限られているため、ストックの情報が別途必要になります。

もっと知りたい人のために

仮想通貨（暗号資産）の取扱い

Q 仮想通貨（暗号資産）で100万円超の送金をした場合、国外送金等調書提出制度の対象となるのでしょうか。

ポイント なりません。

A 国外送金等調書提出制度の対象となっているのは、金銭のみです（国外送金法２四、五）。暗号資産（Crypto Asset）は通貨（Currency）という名でも呼ばれてはいますが、金銭ではありませんので、現時点においては提出の対象外となります。

2 国外財産調書制度…平成24年創設、令和２年度一部見直し

〔ポイント〕

1．この制度は、個人富裕層による国外への財産移転を利用した租税回避の対抗策として、平成24年度の税制改正で創設された比較的新しい制度です。

2．具体的には、その年の年末時点で5,000万円を超える国外財産を所有している人たちに、それらの財産の内容を税務署に報告してもらおうという制度です。

※　この制度の詳細について知りたい方は、国税庁パンフレット「国外財産調書の提出制度（FAQ）（令和元年12月）」を参照してください。

（1） 制度の概要（送金等法５）

「国外財産調書制度」とは、前述した国外送金等調書提出制度と並んで個人富裕層による国外財産を利用した租税回避等への対処策として、平成24年度の税制改正で創設された制度です（送金等法５(注)）。

注　この制度は、国外送金等調書提出制度の弱点（フローに関する情報はあるが、ストックに関する情報がない）をカバーするという側面も有しています。

具体的には、居住者（非永住者を除く）で、その年の12月31日において、その者が有する国外財産の価額の合計額が5,000万円を超える者に対し、国外にある財産の種類、数量及び価額その他必要な事項を記載した「国外財産調書」を、その年の翌年の３月15日までに税務署長宛てに所定の

書式により提出を求める制度です（送金等法５①、同法施行規則12、国税庁「国外財産調書の提出制度」FAQ１）。

ただし、相続開始年の年分の国外財産調書については、その相続により取得した国外財産を除外して提出することができるようにされています（送金等法５②）。

ちなみに、国外財産調書制度をイメージ図の形で示すと、次のようになっています。

◎　国外財産調書制度のイメージ図

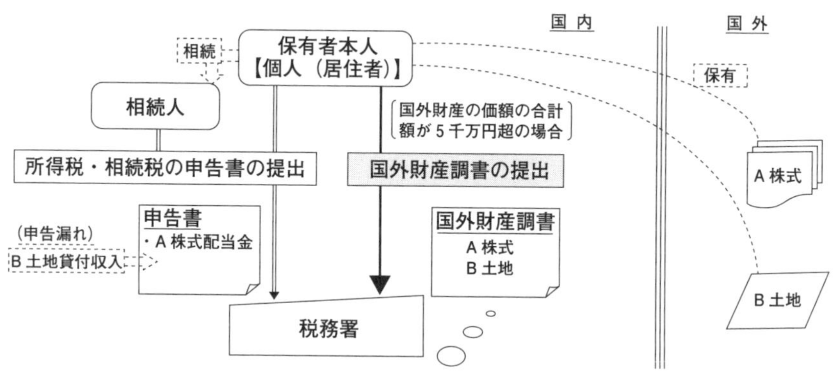

（資料出所：財務省パンフレット）

※　令和４年分（令和４年）においては1.2万件、金額にして5.7兆円余の国外財産調書が提出されています。

（２）　国外財産調書の提出担保策

この制度をより効果あらしめるため、その適正な提出の担保策等として、過少申告加算税の軽減、加重措置が講じられています（送金等法６①②）。

また、国外財産調書に偽りの記載をしたり、正当な理由がなく国外財産調書を提出しなかった者は、１年以下の懲役又は50万円以下の罰金に処すこととされています（同法10の②）。

（参考）　国外財産調書不提出に係る罰則が適用された事例

> 家具の輸入販売仲介業を営んでいた甲は、多額の売上代金（約2.15億円）が入金された国外預金を有していたにもかかわらず、それをタイ在住の友人（日本人）の口座に入金し、それを香港の甲名義預金に移し正当な理由なく国外財産調書を提出期限までに提出していなかったとして、国外財産調書不提出に係る罰則が適用された事例があります（国税庁「令和元年　査察の概要」より抜すい）。

第６編

納税環境整備に関する規定

（３）　令和２年度改正による一部見直し（規制強化）

令和２年度の改正で、たとえ国外財産調書を提出していた場合であっても、①税務調査時において納税者が指定された期限までに必要な資料を提示・提出しない場合には申告漏れに対する加算税を加重する（同法６③）とともに、②納税者が必要な資料を提示・提出せず、税務当局が外国の税務当局に対して情報交換要請を行った場合には、更正等の期間制限（原則５年）にかかわらず、当該情報交換要請がなされた日から３年間は更正等を可能とする措置が講じられています。

なお、この特例は、国外取引に関して相手国に情報交換要請がなされた場合も同様です。

もっと知りたい人のために

納税者に責任がない場合

Q　令和２年度の税制改正で、国外財産調書を提出していても加算税の加重等がなされることがあるようになったとのことですが、納税者に責任がない場合も加算税加重がなされるのでしょうか

ポイント　納税者に帰責事由がなければ加重なし。

A　納税者に帰責事由がないと認められる場合には、加算税の加重措置や期間制限の特例（延長）の適用は行わないこととされています。

（4） 価額の算定

国外財産の「価額」の算定は、その年の12月31日における「時価」又は時価に準ずる「見積価額」によることとされています（同法施行令10④）。また、「邦貨」への換算は、同日における外国為替の売買相場によることとされています（送金等令10⑤、国税庁「国外財産調書の提出制度」FAQ37）。

（5） 「財産債務調書」との関係

国外財産調書を提出する人が、財産債務調書（261頁参照）を提出する場合には、その財産債務調書には、国外財産調書に記載した国外財産に関する事項の記載は要しない（ただし、国外財産価額の記載は必要）こととされています。

もっと知りたい人のために

財産の所在地の判定

Q　財産が「国外にある」かどうかの判定はどのようにすればよいのでしょうか。

ポイント　基本的には、相続税法第10条第１項の規定により判断。

A　財産が「国外にある」かどうかの判定については、基本的には相続税法第10条第１項及び第２項の規定により行うこととされています（送金等法５②、同法施行令10①）。

ただし、社債、株式等の有価証券のうち一定のもの（預託金、保証金、抵当証券、組合契約に基づく出資等、信託に関する権利等）については、別途の基準により内外判定を行うこととされています（同法施行規則12③各号、国税庁「国外財産調書の提出制度」FAQ６、７）。

もっと知りたい人のために

主要国における同様の制度

Q　他の先進国でも国外財産調書制度と似たような制度があるのでしょうか。

ポイント　米国のFATCAなどがあります。

A　国外財産調書制度と似たような制度として米国の外国口座税務コンプライアンス法（FATCA）という外国金融口座に関する報告制度があります。

また、英国では、やや異なりますが、オフショア口座開示制度（Offshore Disclosure Facility）という類似した制度があります（HMRCのマスコミ発表によれば、この制度により4.5万件が開示になっているとのことです。）。

（参考）　国外財産調書制度に関する裁決例

○　この判例では、内国法人４社のほか香港等に設立された法人の代表取締役等をしていた個人が居住者であると判定され、その者が有していた国外財産の調書の提出がなかったとしてなされた課税庁による無申告加算税の加重賦課が相当として是認されています。

（令和３年３月26日裁決、裁決事例集122集３頁）

3 財産債務調書制度（送金等法６の２）…平成27年創設、令和２年度一部見直し

〔ポイント〕

1．所得金額2,000万円超で、かつ、その年の年末に有する資産の合計額が３億円以上の者が対象です（原則）。

2．平成27年度の税制改正で創設されました。

3．内容は、それ以前にあった「財産債務明細書」とほぼ同じです。

（1） 制度の概要（送金等法６の２、３）

平成27年度の改正で創設された「財産債務調書制度」の内容は、それまでにあった「財産債務明細書」とほぼ同じものとなっています。具体的には、次のような内容です。

イ 「財産債務調書制度」は、所得税・相続税の申告の適正性を確保する観点から、従前からあった「財産及び債務の明細書」を見直し、一定の基準を満たす者に対し、その保有する財産及び債務に係る調書の提出を求める制度として平成27年度の税制改正で導入されました（送金等法６の２）。

ロ 「財産債務調書」の提出義務者は、所得税の申告書の所得金額の合計が2,000万円を超え、かつ、その年の12月31日において有する資産の額の合計額が３億円（後述する国外転出時課税の対象となる有価証券については１億円）以上の者です。

ハ これらの調書を期限内に提出していたときは、記載がある資産の申告漏れがあった場合、加算税が５％軽減されます。他方、提出が

ない場合又は提出があっても重要なものの記載が不十分だったときは、加算税が５％加重されることとなっています。

※　この制度についてさらに知りたい方は、国税庁タックスアンサー No.7457「財産債務調書の提出義務」を参照してください。

(２)　暗号資産（仮想通貨）の取扱い

「国外財産調書制度」では、財産を有する者の住所地がどこにあるかによって国内にあるか否かを判定することとされています（国外送金等調書法５）。したがって、居住者が国外にある取引所に暗号資産（仮想通貨）を保有していても国外財産調書の対象にはなりません。しかし、「財産債務調書」の場合にあっては、財産の所在地は問わないこととされていますので、暗号資産（仮想通貨）を含めたところで調書の提出が必要となります。

(３)　令和２年度改正における一部見直し

相続等により取得した財産又は債務については、それら（暗号資産）を除外したところで相続開始時の財産債務調書を提出すればよいように改められました。

国外転出時課税制度（所法60の２、60の３、130、137の２、151の２、153の２、所令170ほか）…平成27年創設

〔ポイント〕

1．国外転出時課税制度は、多額の有価証券を有している人がキャピタルゲイン非課税とされている国に移住し、その後それらの有価証券を売却した場合、いずれの国においても課税されなくなってしまうという事態に対応するため、平成27年度の税制改正で創設された新しい制度です。

2．具体的には、１億円以上の有価証券等を有する人が国外移住等をする場合、それらの有価証券の譲渡があったとみなして課税するという制度です。

※　この制度についてさらに知りたい方は、国税庁パンフレット（「国外転出時課税制度のあらまし」及び「国外転出時課税制度（FAQ）」平成27年４月、令和５年６月最終改訂）を参照してください。

※　なお、出国時に税務署発行の「租税の完納証明（Tax Clearance)」を求める国もあるようですが、この点については今後の検討課題のひとつでしょう。

多数の含み益のある株式等を有する居住者が、香港やシンガポールなどのようにキャピタルゲインが非課税とされている国に移住し、その後それらの含み益のある株式等を譲渡した場合、次ページのイメージ図でも明らかなように、いずれの国でも課税されないこと（いわゆる国際的二重非課税状態）になってしまいます。

このような国際的な課税逃れに対応するため、平成27年度の税制改正で、国外転出時課税制度が設けられました。

具体的には、次のような内容になっています。

国外転出（国内に住所及び居所を有しないこととなることをいいます。以下同じです。）をする時点で、１億円以上の有価証券等、未決済信用取引等又は未決済デリバティブ取引（以下「対象資産」といいます。）を所有等（所有又は契約の締結をいいます。以下同じです。）している場合には、一定の居住者に対して、国外転出の時に、対象資産の譲渡又は決済（以下「譲渡等」といいます。）があったものとみなして、対象資産の含み益に対して所得税が課税されます。

※　詳細については国税庁タックスアンサー No.1478「国外転出をする場合の譲渡所得等の特例」を参照してください。

なお、居住地国移転によるキャピタルゲイン課税の回避例及び国外転出時課税制度をイメージ図の形で示すと、次のようになります。

◎　「居住地国移転」によるキャピタルゲイン課税の回避例

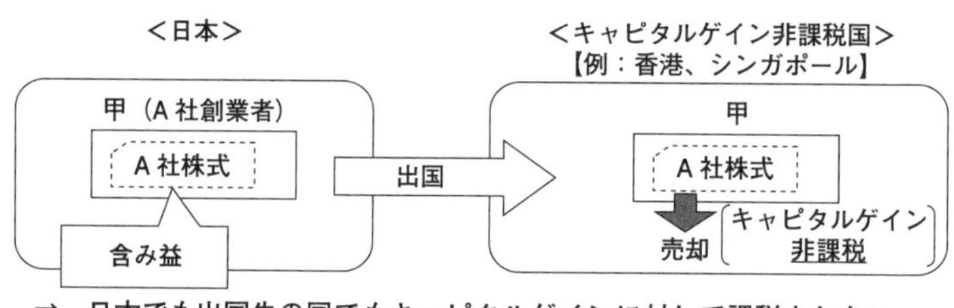

（資料出所：財務省）

◎ 国外転出時課税制度のイメージ図

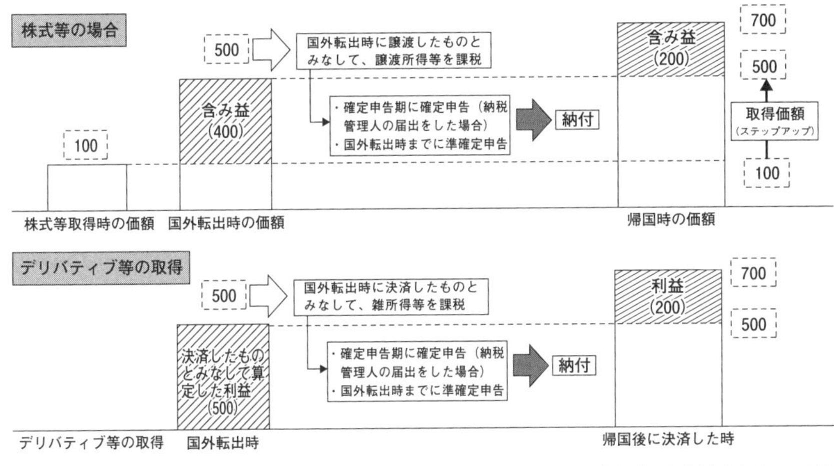

（資料出所：「平成27年版 改正税法のすべて（大蔵財務協会）」81頁）

ただ、出国者が実際に有価証券等を譲渡していないことから、譲渡代金を実際に手にしていないこと等にも配慮し、担保の提供を条件として次図のような条件で納税猶予を選択することができることとされています（所法137の2①）。

・納税猶予

（最長10年）

〔・適切な担保の提供
・納税猶予継続届出書の提出（毎年）〕が必要

※対象資産の譲渡等の事由が生じた場合は猶予期間が終了
…贈与・相続を含む。

納税猶予期間内に対象資産を売却せずに帰国した場合には、利子税を含め免除。

また、国内に住んでいる贈与者で、（贈与時の時価が）1億円以上の有価証券等を有するものが、国外に居住している子供等に有価証券等を1億円贈与した場合には、その贈与のときに、その時における当該有価証券等の価額により譲渡があったものとみなして譲渡益課税がなされます（所法66の3①）。また、居住者の死亡によりそれらの財産が海外に居住する子供等に移転した場合も、同様の扱いとなります（国外転出（相続･贈与）時課税）。

※　もっと詳しく知りたい方は、国税庁のタックスアンサー No.1467「贈与により非居住者に資産が移転した場合の譲渡所得等の特例」及び No.1468「相続又は遺贈により非居住者に資産が移転した場合の譲渡所得等の特例」を参照してください。

もっと知りたい人のために

出国後５年以内の帰国

Q　国外転出時に、みなし譲渡益課税を受けた者が国内に戻ったときはどうなるのでしょうか。

ポイント　５年以内に帰国したときは、譲渡がなかったものとすることが可能。

A　この特例（みなし譲渡益課税の特例）の適用を受けるべき者が、その国外転出の日から５年を経過する日までに帰国をした場合であって、当該国外転出時後引き続き有しているものについては、帰国の日から４か月以内に更正の請求等をすることにより課税の取消しを求めることができることとされています（所法60の２⑥、151の２、153の２）。

※　詳しくは、国税庁タックスアンサー No.1478「国外転出をする場合の譲渡所得等の特例」の「帰国した場合等の取扱い」を参照してください。

ちなみに、国外転出時課税の対象となるのは、次のような資産です。

◎　国外転出時課税の対象資産

国外転出時課税の対象資産	区分	内容
	有価証券等	・有価証券（株式、投資信託等） ・匿名組合契約の出資の持分
	未決済信用取引等	・未決済の信用取引 ・未決済の発行日取引
	未決済デリバティブ取引	・未決済のデリバティブ取引

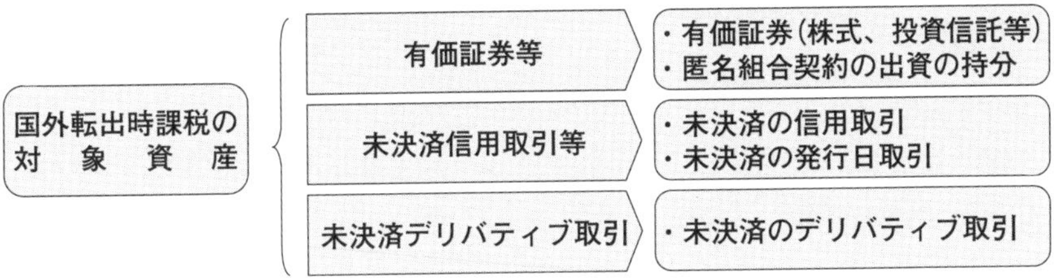

注 1　国外転出（贈与・相続）時課税においても対象資産は同じです。
2　対象資産については、含み益があるかどうかにかかわらず、全ての対象資産の価額の合計額が１億円以上となるかを判定します。
また、譲渡による所得が非課税となる国債、地方債等の公社債、NISA 口座内の有価証券や国外で所有等している対象資産についても、国外転出時課税制度の対象資産として１億円以上となるかの判定に含める必要があります。

（資料出所：国税庁パンフレット「国外転出時課税制度のあらまし」（平成 27 年５月））

納税管理人制度の拡充（通法117）…令和３年度改正

非居住者課税に重要な役割を果たしている納税管理人制度について、令和３年度の改正で、次の措置が講じられています。

①　納税者に対する納税管理人の届出をすべきことの求め

納税管理人を定めるべき納税者が納税管理人の届出をしなかったときは、所轄税務署長等は、その納税者に対し、納税管理人に処理させる必要があると認められる事項（以下「必要事項」という。）を明示して、60日を超えない範囲内においてその準備に通常要する日数を勘案して定める日（以下「指定日」という。）までに、納税管理人の届出をすべきことを求めることができることとする。

②　国内便宜者に対する納税者の納税管理人となることの求め

納税管理人を定めるべき納税者が納税管理人の届出をしなかったときは、所轄税務署長等は、必要事項の処理につき便宜を有する者（国内に住所又は居所を有する者に限る。以下「国内便宜者」という。）に対し、その納税者の納税管理人となることを求めることができることとする。

③　税務当局による特定納税管理人の指定

所轄税務署長等は、上記①の求めを受けた納税者が指定日までに納税管理人の届出をしなかったときは、上記②により納税管理人となることを求めた国内便宜者のうち一定の国内関連者を必要事項を処理させる納税管理人（以下「特定納税管理人」という。）として指定することができる。

具体的には、次のようなイメージです。

◎　改正後のイメージ

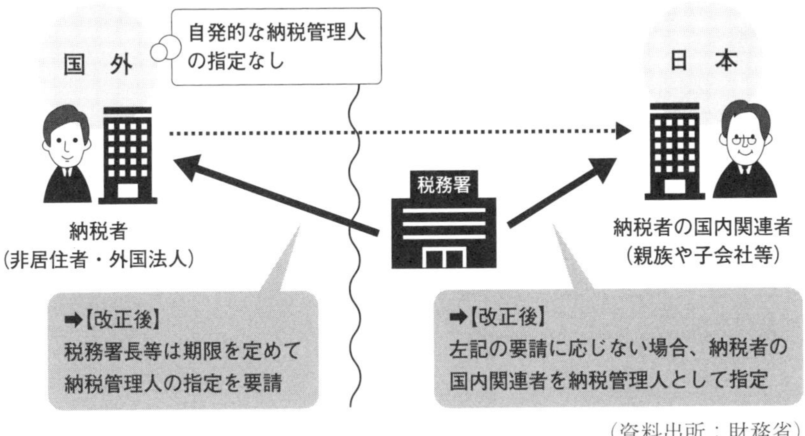

（資料出所：財務省）

国際的徴収回避行為への対応（令和３年度改正）

税務行政執行共助条約の発効（平成25年）以降、租税条約に基づき各国税務当局間で互いに相手国の租税債権を徴収していこうとする、いわゆる徴収共助の枠組みが構築され、そのネットワークは着実に拡大していますが、その一方で、徴収共助の要請が可能な国に財産を所有する滞納者が行う徴収回避行為等もみられます。それらの事態に適切に対応し、適正かつ公平な課税・徴収を実現する観点から、滞納処分免脱罪及び第二次納税義務の適用対象について令和３年度の改正で次のような見直しがなされています。

①　無償譲渡等の譲受人等の第二次納税義務の整備

徴収共助の要請をした場合に徴収をしてもなお徴収不足であると認められる場合において、その徴収不足が国税の法定納期限の１年前の日以後に滞納者が行った国外財産の無償譲渡等に基因するときは、その無償譲渡等の譲受人等は、第二次納税義務を負うこととする（徴法39）。

②　滞納処分免脱罪の適用対象の整備

滞納処分免脱罪の適用対象に、納税者等が徴収共助の要請による徴収を免れる目的で国外財産の隠蔽等の行為をした場合を加える（徴法187）。

注　上記の改正は、令和４年１月１日以後にした行為について適用されています。

7 国際間の税務協力（租税条約を中心に）

〔ポイント〕

1．国際間の税務協力の代表例は、租税条約に基づく情報交換です。

2．それらに加え、わが国は、最近では多国間税務行政執行共助条約、BEPS 防止措置実施条約（MLI）など多国間条約にも参加し、協力関係を強化しています。

3．さらに、国際間の税務協力をより効果あらしめるため、国内法についてもいくつかの面で手当がなされています。

◎ 国際的徴収回避行為への対応に関するイメージ

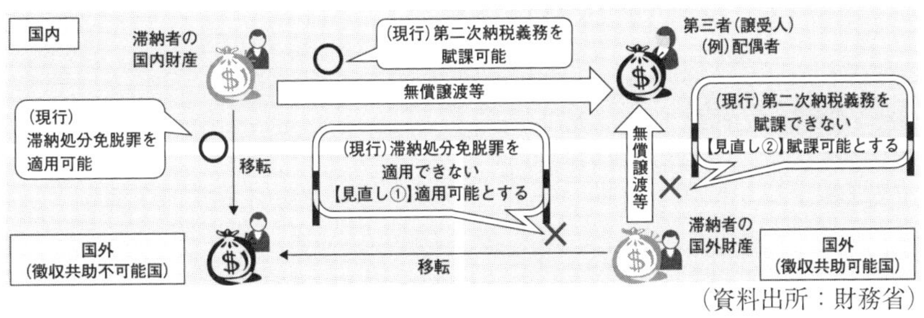

（資料出所：財務省）

国際的な租税回避を規制するためには、国際間の協力が不可欠です。その基礎となっているのが、租税条約です。

そもそも租税条約は、課税関係の安定（法的安定性の確保）、二重課税の除去、脱税及び租税回避等への対応を通じ、二国間の健全な投資・経済交流の促進に資するものとされています。

ちなみに、わが国をはじめ多くの国が参考としているのはOECDモデル租税条約ですが、そこには次のような内容が含まれています。

○　**課税関係の安定（法的安定性の確保）・二重課税の除去**

・源泉地国（所得が生ずる国）が課税できる所得の範囲の確定

－　事業利得に対しては、源泉地国に所在する支店等（恒久的施設）の活動により得た利得のみに課税

－　投資所得（配当、利子、使用料）に対しては、源泉地国での税率の上限（免税を含む）を設定

・居住地国における二重課税の除去方法

－　国外所得免除方式又は外国税額控除方式

・税務当局間の相互協議（仲裁を含む）による条約に適合しない課税の解消

○　**脱税及び租税回避等への対応**

・税務当局間の納税者情報（銀行口座情報を含む）の交換

・滞納租税に関する徴収の相互支援

1　情報交換

脱税及び租税回避等を防止するため、各国の当局は情報交換をはじめとする国際間協力に努めています。

わが国は、2024年３月１日現在、155か国（86条約）との間で二国間の租税条約を締結しています。また、それ以外に、多国間条約として「税務行政執行共助条約」と「BEPS防止措置実施条約（MLI）」にも参加するなどにより情報交換をはじめとする国際間協力に務めています。

なお、租税条約に基づく情報交換は、次の３つに区分されています。

(1) 要請に基づく情報交換

個別の納税者に対する調査において、国内で入手できる情報だけでは事実関係を十分に解明できない場合に、必要な情報の収集・提供を外国税務当局に要請するものです。

具体的には、次のようなイメージです。

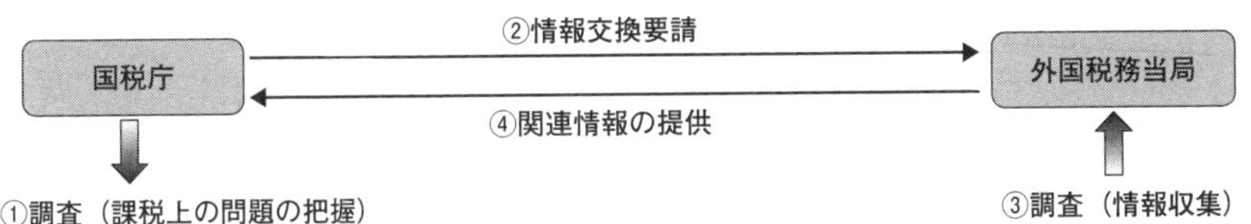

※　ちなみに、令和４事務年度（令和４年７月１日～令和５年６月30日）には、国税庁から641件の要請を行い、外国税務当局から252件の要請がなされています（令和６年１月の国税庁報道発表資料）。

(2) 自発的情報交換

国際協力等の観点から、自国の納税者に対する調査等の際に入手した情報で外国税務当局にとって有益と認められる情報を自発的に提供するものです。

具体的には、次のようなイメージです。

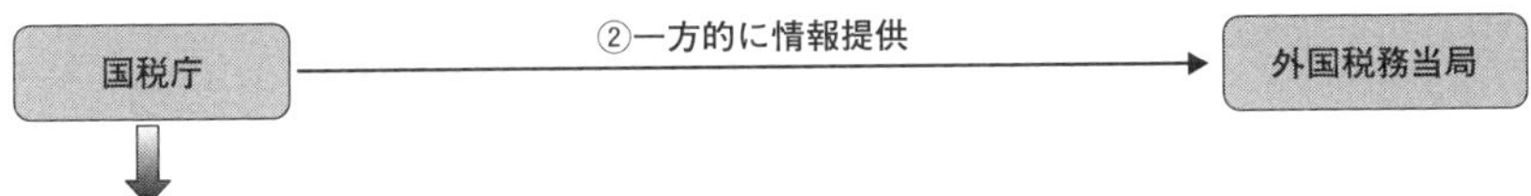

※　令和４事務年度にわが国から提供した情報は131件、相手国から提供された情報は812件となっています（同前資料）。

(3) 自動的情報交換（CRS 情報）

法定調書から把握した非居住者等への支払等（利子、配当、不動産賃貸料、無形資産の使用料、給与・報酬、株式の譲受対価等）についての情報を、支払国の税務当局から受領国の税務当局へ一括して送付するものです。

具体的には、次のようなイメージです。

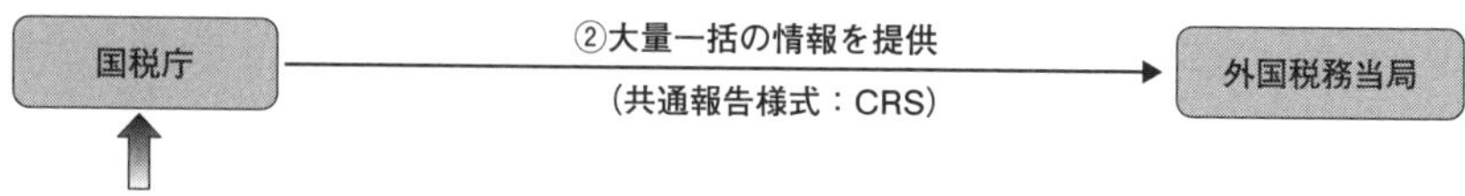

※　令和４事務年度にはわが国から約53万件（口座残高5.1兆円）を提供し、外国当局から約253万件（口座残高ベースで16.5兆円）の情報提供を受けています（同前資料）。

わが国でも、情報交換に積極的に取り組むとともに、以下にみるように国内法制面での整備も進められてきています。

2　国際間の税務協力をより一層推進するための国内法の整備

（１）租税条約に基づく情報収集制度（質問検査権）の創設（実特法９）…平成15年度改正

平成15年度の税制改正で、租税条約の規定に基づき、条約相手国から情報提供要請があった場合に、一定の場合を除き、当該情報提供のために税務当局が質問検査を行うことができることとする規定が設けられました（実特法９）。

（２）外国税務当局との情報交換に関する規定の創設（実特法８の２）…平成22年度改正

従前、わが国は、国会の承認を受けた租税条約の規定を根拠として外国政府との情報交換をしていました。

しかし、政府間での合意のみによる情報交換については、その根拠が明確ではありませんでした。

そこで、平成22年度の税制改正で、わが国の利益を害するものでないようなものについては、原則として情報交換に応じることができるように改められました。これにより、より迅速な情報交換ネットワークの拡大が可能になりました。

(3) 徴収共助に係る国内法の整備（実特法11）…平成24年度改正

税務行政執行共助条約(注) に署名（2011年）したこと等に対応するため、平成24年度の税制改正で、徴収共助に関する相手国からの要請に応じない事由（除外事由）、外国租税債権の優先権の否定、徴収共助実施手続の具体化など、徴収共助等に関する国内法の規定の整備がなされました（実特法11）。

注　税務行政執行共助条約とは、条約締結国の税務当局間で、①情報交換、②徴収共助、③文書送達共助に関して国際的な協力を行うための多国間条約です。

◎　徴収共助のイメージ

徴収共助とは、租税債権の徴収において執行管轄権という制約がある中で、各国の税務当局が互いに条約相手国の租税債権を徴収していこうとする枠組みです。

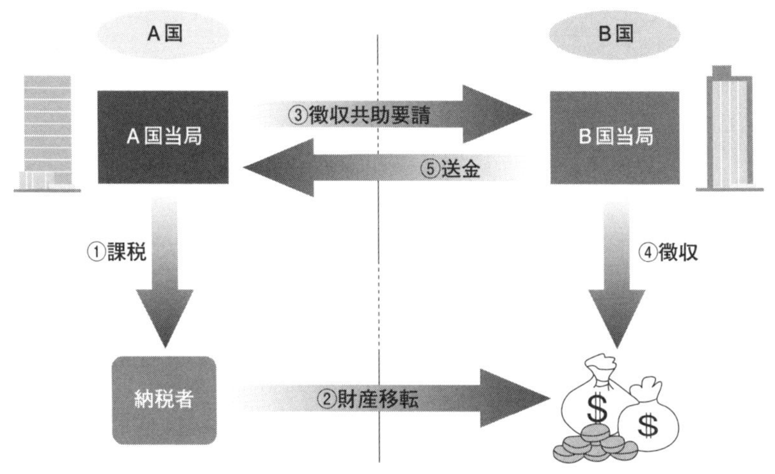

（資料出所：財務省）

（4） 非居住者に係る金融口座情報の自動的交換のための報告制度の整備（実特法10の5、実特令6の6）…平成27年度創設、令和2年度及び令和4年度一部見直し

わが国が締結している租税条約では、全てにおいて情報交換規定が設けられています。また、米国では、2008年のUBS事件を受け、2010年に「外国口座税務コンプライアンス法（FATCA)」を成立させています。

これにより、OECDでも税務当局間で自動的情報交換に対する関心が高まり、2014年1月に「共通報告基準（Common Reporting Standard：CRS)」が承認され、2018年（一部の国は2017年）からスタートしています。

ちなみに、国税庁の発表によれば、2018年に行われた第1回の情報交換で、世界各国（64か国・地域）から55万件を超える日本人居住者の金融口座情報（口座数8.9万件）の提供を受けたとのことです（平成30年10月「CRS情報の自動的情報交換の開始について」より）。

このような流れをふまえ、わが国でも平成27年度の税制改正で、非居住者に係る金融口座情報の自動的情報支援のための報告制度の整備が図られています[注]。

注　詳細については、国税庁パンフレット「非居住者に係る金融口座情報の自動的交換のための報告制度（FAQ）（令和5年6月最終改訂）」を参照してください。

注　ちなみに、令和6年（2024年）1月1日現在でCRSに従った自動的情報交換の報告対象国・地域は110か国となっています。また、台湾との間でも、同様の見直しがなされています。なお、これに参加していない米国との間では、FATCAに加え、必要に応じ個別の情報交換が行われています。

○　その後の見直し

令和2年度の税制改正で、この報告制度を共通報告基準（CRS）により忠実に従ったものとするとともに、金融機関の負担を軽減する観点から、報告制度の対象となる者の範囲やその居住地国の特定方法等について見直しがなされています。

また、令和4年度の改正で報告金融機関等の範囲及び報告事項の提供方法等について見直しがなされています。

この制度について財務省では､次のようなイメージで表現しています。

◎　日本から外国への情報提供のイメージ

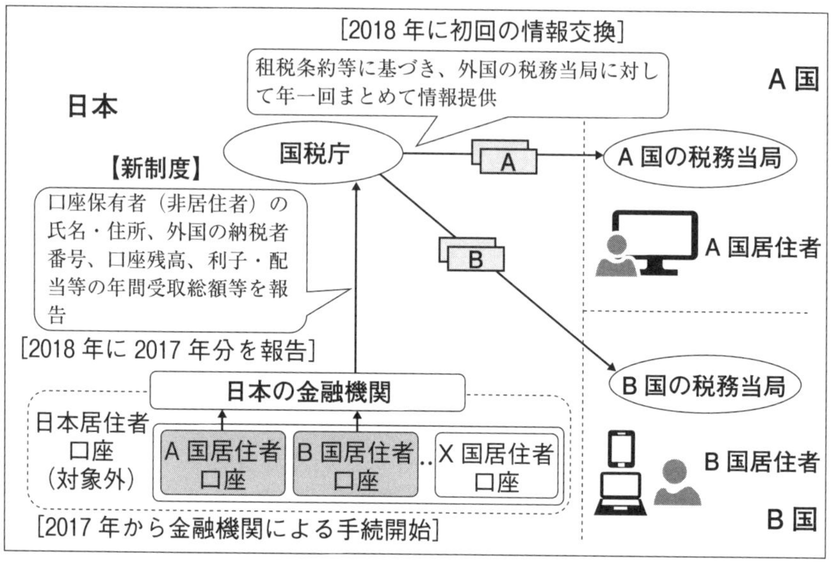

◎　外国から日本への情報提供のイメージ

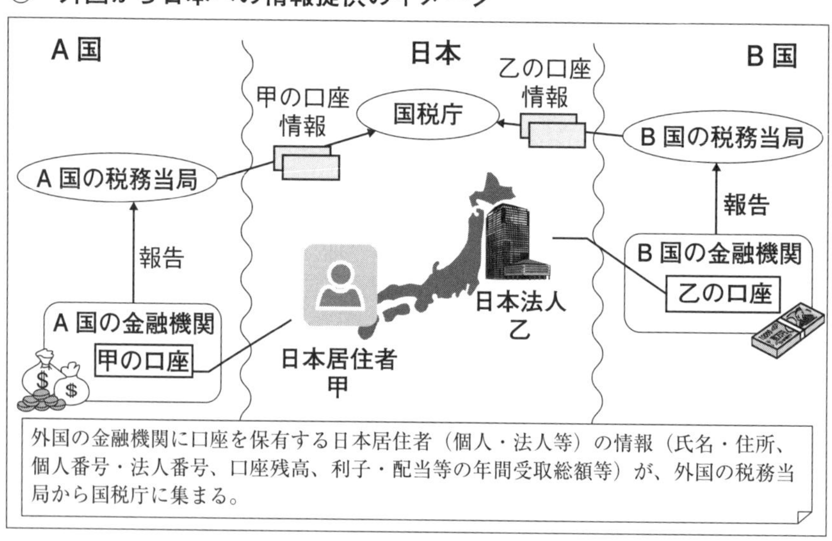

外国の金融機関に口座を保有する日本居住者（個人・法人等）の情報（氏名・住所、個人番号・法人番号、口座残高、利子・配当等の年間受取総額等）が、外国の税務当局から国税庁に集まる。

（資料出所：財務省）

(5) 国税犯則調査手続の見直しに伴う租税条約等実施特例法の整備（実特法10の2、3、10の3の2、3ほか）…平成29年度改正

租税条約等の相手国等から犯則事件の調査に必要な情報の提供要請があった場合における租税条約等の相手国等への情報提供のための調査手続について、平成29年度の税制改正で、国税犯則調査手続の見直しに伴い、租税条約等実施特例法10条の2ほか同法のいくつかの条項において、所要の整備が行われています。

(6) 租税条約等に基づく情報交換の実施に係る国内法の整備…平成30年度改正

① 租税条約等における提供済情報の外国当局による利用範囲の明確化及び要件・手続の整備（実特法8の2、実特規16の12⑧）

租税条約等に基づき提供された情報について情報提供国の権限のある当局の許可等を要件として情報受領国による租税犯罪以外の犯罪の刑事手続での利用を許容するとの租税条約等の規定に対応するなどの観点から、平成30年度の税制改正で、わが国が租税条約等に基づき提供した情報の相手国等の当局による利用範囲を明確化するとともに、その利用に係る同意の要件・手続の整備が行われました（実特法8の2）。

② 非居住者に係る金融口座情報の自動的交換のための報告制度の改正（実特規16の12⑧別表）…平成30年度改正

非居住者に係る金融口座情報の自動的交換のための報告制度における「報告対象国」として、平成30年度の税制改正で、英国、フランス、ドイツ、スイス、オランダなど83か国・地域が定められました。

(7) 罰則の見直しと脱税犯に対する罰則強化（実特法13）

…平成22年度改正

脱税犯（ほ脱犯・不正還付犯）に係る懲役刑の上限が10年（改正前5年）に、脱税犯に係る罰金刑の上限（定額部分）が1,000万円（改正前500万円）に引き上げられるとともに（所法238、法法159）、所得税の脱税犯の対象に、非居住者の給与等につき源泉徴収を受けない場合の申告に係るものが追加されました（所法238）。

それに伴い、租税条約等実施特例法関係でも、秩序犯（検査忌避犯・虚偽帳簿書類提示犯）に係る罰金刑の上限が50万円（改正前20万円）に引き上げられています（実特法13①）。

(8) 国外取引等の課税に係る更正決定等の期間制限の見直し

…令和2年度改正

更正決定等の期間制限は、原則5年とされています（通法70①）。

しかし、国際取引の場合にあっては、取引相手先が海外であること等から情報入手に時間がかかることがあります。

そのため、例えば移転価格税制に係る更正・決定等については7年間に延長されています。

同様の観点から、令和2年度の改正で、租税条約等の相手国等に対して情報提供要請に係る書面が発せられた日から3年間は行うことができることとされました（通法71①四）。併せて、特例の適用がある場合の更正決定等により納付すべき国税の消滅時効の起算点をその更正決定等があった日とする手当もなされています（通法72①）。

8 その他の動き

(1) BEPSプロジェクト行動8～10(移転価格)

現在、各国が取り組んでいる最大の課題は、「BEPSプロジェクト」行動計画1で述べられている「経済の電子化(Digital Economy)」にいかに対応していくかという問題と、行動計画8～10で述べられている移転価格税制と価値創造の一致の関係です。

このうち、経済の電子化への対応では、GAFA(Google社、Amazon社、Facebook社(現Meta社)、Apple社)に代表されるインターネット企業の急速な発展(いわゆるデジタルエコノミー化)に応じ、各国間の課税権をいかに確保するかについての議論がなされています。

注 なお、マスコミ報道によれば、GAFAのうちアマゾン社は、日本政府に法人税150億円を納付したとのことです。

また、それと並行して議論がなされている行動計画8～10の無形資産の取扱いについても、取引に占める無形資産について、範囲等をめぐって、デジタル課税問題等とも関連させつつOECD等の場で議論がなされています。

もっと知りたい人のために

経済の電子化に伴う課税上の課題解決策

Q BEPSプロジェクト参加国の間では、経済の電子化に伴う課税上の課題に対する解決に向けた作業が行われているとのことですが、具体的にどのようなことが議論されているのでしょうか。

ポイント 2つの柱を議論。

A 2つの柱からなる解決策についてされています。

1つ目の柱（Pillar Ⅰ）
国際課税原則について、経済の電子化に対応した見直しを行う。
具体的には次の3点。
・ユーザーの参加（英国案）
・マーケティング上の無形資産（米国案）
・重要な経済的存在（インドなど途上国案）

2つ目の柱（Pillar Ⅱ）
軽課税国への利益移転に対応する措置の導入
…ミニマム・タックス導入の可否に関する検討
なお、そこでは源泉税の減免などを認めないこととするSubject to tax ruleや軽課税国所在の支店所得について課税するSwitch over ruleの採用の可否などについても議論されています。

（2） 国際金融都市に向けた税制上の措置…令和3年度改正

わが国の国際金融センターとしての地位の確立に向けて、海外から事業者や人材、資金を呼び込む観点から、諸課題の解決を図る一環として令和3年度の改正で以下のような税制上の措置が講じられています。

① 法人課税

投資運用業を主業とする非上場の非同族会社等の役員に対する業績連動給与については、投資家等のステークホルダーの監視下に置かれているという特殊性に鑑み、その算定方式や算定の根拠となる業績等を金融庁ホームページ等に公表すること等を要件として、損金算入を可能とする。

② 相続税

高度外国人材の日本での就労等を促進する観点から、就労等のために日本に居住する外国人に係る相続等については、その居住期間にかかわらず、国外に居住する外国人や日本に短期的に滞在する外国人が相続人等として取得する国外財産を相続税等の課税対象としないこととする。

③ 個人所得課税

ファンド・マネージャーが、出資持分を有するファンド（株式譲渡等を事業内容とする組合）からその出資割合を超えて受け取る組合利益の分配（キャリード・インタレスト）について、分配割合が経済的合理性を有するなど一定の場合には、役務提供の対価として総合課税の対象となるのではなく、株式譲渡益等として分離課税の対象となることの明確化等を行う。その際、ファンド・マネージャーによる申告の利便性・適正性を確保するため、金融庁において所要の対応を講ずる。

これらの関係をまとめると、次のようなイメージになります。

◎　国際金融都市に向けた税制措置

	現状	対応策
法人税 〔運用会社に課税〕	30% 役員の業績連動給与 上場会社：損金算入可能 **非上場会社：損金算入不可**	**投資運用業を主業**とする非上場の非同族会社等について、業績連動給与の算定方法等を金融庁ウェブサイトへ掲載する等の場合には、**損金算入を認める。**
相続税 〔ファンドマネージャー等の相続人に課税〕	0～55% **10年超居住…全世界財産** 10年以下居住…国内財産のみ	勤労等のために日本に居住する外国人について、居住期間にかかわらず、**国外財産を相続税の課税対象外**とする。
所得税 〔ファンドマネージャー個人に課税〕	0～55% ファンドマネージャーの運用成果に応じ出資持分を超えてファンドから分配される利益 →　**金融所得にあたるかが不明確。**	利益の配分に経済的合理性がある場合等においては、総合課税（累進税率、最高55%）の対象ではなく、「株式譲渡益等」として**分離課税**（一律20%）の対象となることを**明確化**する。

（その他）

外国投資家が海外ファンド等を通じて日本のファンドに投資する場合、その海外ファンド等の持分が25%以上であっても、投資家単位で25%未満の場合等には、日本での申告を免除する。

（資料出所：金融庁、一部修正）

（３）　国外からの納付方法の拡充…令和３年度改正

国外に住所又は居所を有する納税者が行う国税の納付について、国外の金融機関を通じて国税収納官吏の国内預金口座に送金する方法により行うことができることとされました。この場合において、その国外の金融機関を通じて送金した日に国税の納付があったものとみなして、延滞税、利子税等に関する規定を適用するほか、納付に必要な情報の提供手続等について所要の措置が講じられています。

(4) クロスボーダー取引に係る利子等の課税の特例等における課税適用申告書等の電子提出の特例…令和3年度改正

非居住者又は外国法人が有する振替国債等の利子、民間国外債等の利子及び外国金融機関等が行う店頭デリバティブ取引の証拠金の利子、債券現先取引等に係る利子等については、申告を要件に課税しないこととされていますが、令和3年度の改正でこれらの申告を電子申告で行うことができるように改められました。

(5) 条約届出書等の電子提出特例…令和3年度改正

租税条約に規定されている投資所得等に係る減免規定の特例を受けるためには、条約届出書の提出が必要とされていますが、これについても、令和3年度の改正で電子提出が認められるようになりました。

【参　考　資　料】

(1)　非居住者に対する課税に関するタックスアンサー一覧

分類コード	内容
2012	居住者・非居住者の判定（複数の滞在地がある人の場合）
2517	海外に転勤する人の年末調整と転勤後の源泉徴収
2872	非居住者に対する課税のしくみ（平成28年分以前）
2873	非居住者等に対する課税のしくみ（平成29年分以降）
2875	居住者と非居住者の区分
2877	国内源泉所得の範囲（平成28年分以前）
2878	国内源泉所得の範囲（平成29年分以降）
2879	非居住者等から土地等を購入したとき
2880	非居住者等に不動産の賃借料を支払ったとき
2881	恒久的施設（PE）（平成28年分以前）
2882	恒久的施設（PE）（平成29年から平成30年分）
2883	恒久的施設（PE）（令和元年分以後）
2884	非居住者等に対する源泉徴収・源泉徴収の税率
2885	非居住者等に対する源泉徴収のしくみ
2888	租税条約に関する届出書の提出（源泉徴収関係）
2889	租税条約に関する源泉徴収税額の還付請求
2890	外国居住者等所得相互免除法による課税の特例の概要（台湾関係）
2891	BEPS 防止措置実施条約の概要
1920	海外勤務と所得税額の精算
1923	海外勤務と納税管理人の選任
1926	海外勤務中に不動産所得などがある場合
1929	海外で勤務する法人の役員などに対する給与の支払と税務
1932	海外勤務中に不動産を売却した場合
1936	海外勤務中に株式を譲渡した場合
1937	居住者が海外で株式等を売却した場合の課税関係等
2517	海外に転勤する人の年末調整と転勤後の源泉徴収
2010	納税義務者となる個人
2012	居住者・非居住者の判定（複数の滞在地がある人の場合）
1467	贈与により非居住者に資産が移転した場合の譲渡所得等の特例

1468	相続又は遺贈により非居住者に資産が移転した場合の譲渡所得等の特例
1478	国外転出をする場合の譲渡所得等の特例
1542	特定従事者がストック・オプション税制の適用を受けて取得した株式を保有したまま国外転出する場合
4138	相続人が外国に居住しているとき
4432	受贈者が外国に居住しているとき
4665	外貨（現金）邦貨換算

※　なお、これらに加え国税庁では、国際課税に関し次のようなパンフレットを公表し、注意を呼びかけています。

①「非居住者等への支払がある場合、ご確認ください！」

このパンフレットでは、次の取引で行う場合、源泉徴収もれが多いとして注意を呼びかけています。

・土地等の取得対価を支払う場合
・不動産の賃貸料等を支払う場合
・利子等を支払う場合
・配当等を支払う場合
・工業所有権、著作権等の使用料を支払う場合
・給与等の人的役務の提供に対する報酬等を支払う場合

②「国外居住親族に係る扶養控除等の適用について」

このパンフレットでは、国外に居住する扶養親族が多数いるとして多額の扶養控除申請を行うという事例が多発したため戸籍の附表の写しや送金関係書類等の提出を要件として追加された旨が述べられています。

(2) 最近における国際課税分野での主な改正事項

平成９年度（1997年）
・国外送金等調書提出制度の創設（１回当たり200万円超）
平成12年度（2000年）
・相続税、贈与税 　非居住無制限納税義務者制度の創設（武富士事件をふまえた改正：日本国籍の者は国外に出国したとしても５年以内であれば全世界所在財産に課税）
平成18年度（2006年）
・所得税 　非永住者制度の改正（日本国籍者除外と入国後５年以内を過去10年で５年以内に変更）
平成20年度（2008年）
・国外送金等調書提出制度の見直し（１回当たり200万円超→100万円超に）
平成21年度（2009年）
①　間接税額控除方式→外国子会社配当益金不算入方式 ②　（CFC）特定外国子会社等の留保金課税の廃止→①に合わせた改正（配当として流出させても合算課税の対象に）
平成22年度（2010年）
①　CFC税制 　・トリガー税率（25％以下→20％以下に）：英国の税制改正（税率引下げ）をふまえたトリガー税率の引下げ 　・適用除外基準の見直し 　―企業実体を伴っている統括会社（事業持株会社、物流統括会社）を対象外に。併せて人件費相当額の10％相当額控除を廃止 　―適用除外でも資産性所得部分は合算対象に ②　情報交換についての国内法整備 ③　移転価格税制における文書化義務の法定化（後のローカルファイル）
平成23年度（2011年）
①　外国税額控除 　・控除対象外となる高率負担部分の引下げ（50％超→35％超に） 　・控除限度額制度の改正 　―非課税所得の３分の２除外→全額除外 　―国外所得割合（90％→廃止） 　―外国法人税に含まれないものの明確化：損保ジャパン最高裁判決をふまえての改正

② 条約相手国における課税に係る二重課税の排除
③ 移転価格税制
・基本三法優先→最適法：アドビ事件判決をふまえての改正
・利益分割法を細分化して法令化
・更正の請求期限の延長（1年→6年）（国税通則法改正と並行）
④ CFC 税制
・事業持株会社を事業基準充足に（主たる事業）
・トリガー税率の計算上、分母の非課税所得部分の改正（受取配当を除外）
⑤ 対スイス条約（情報交換規定を追加）、対オランダ条約（同規定を修正）の改訂

平成24年度（2012年）

① 多国間税務行政執行共助条約署名に伴う国内法の整備
② 国外財産調書制度の創設
③ 過大支払利子税制の創設
（関連者への支払利子のうち、調整所得の50%超部分を損金不算入）

平成25年度（2013年）

① CFC 税制
本店所在地国以外で課される税について二重課税排除（TH の日本支店等への対応）
② 移転価格税制
TNMM にベリー比を追加
③ 相続税・贈与税における居住無制限納税義務者の拡大
日本国籍なしの者も対象に

平成26年度（2014年）

① 恒久的施設に関する国際課税原則の見直し（施行は2年後）
・総合主義→帰属主義へ
・PE 帰属所得の計算方法として OECD 承認アプローチ（AOA 原則）を採用
・内部取引についても損益を認識
・PE への資本の配賦と PE の支払利子控除制限
・外国法人等の PE のための外国税額控除制度の創設
・内部取引に係る文書化義務化
② 移転価格税制
・第三者介在取引の対象範囲の見直し（拡大）
③ 租税条約
・日英租税条約で、PE 帰属所得の計算につき AOA 原則を採用

平成27年度（2015年）
BEPSプロジェクトでの議論をふまえ以下の点につき改正 ① 国外転出をする場合の譲渡所得等の特例（いわゆる出国税）の創設 ・有価証券等の評価額≧1億円 ・出国前10年以内に5年超国内居住の者が対象 ・納税猶予（10年以内）…要担保提供 ② 日本国外に居住する親族に係る扶養控除等の書類の添付等の義務化 ③ 国境を越えた役務の提供に対する消費税の見直し（行動1、B to Cについて海外の業者に課税） ④ 外国子会社配当益金不算入制度の見直し（行動2、損金算入配当を対象外に） ⑤ 非居住者に係る金融口座情報の自動的交換のための報告制度の整備 ⑥ CFC税制の見直し（20%以下→20%未満） ⑦ 財産債務明細書の見直し（2,000万円超、かつ、資産総額≧3億円又は国外資産1億円以上。加算税の加重、軽減）
平成28年度（2016年）
① 移転価格税制に係る文書化（ローカルファイル、国別報告事項、マスターファイル）：BEPSプロジェクト行動13をふまえた改正 ② CFC税制（損保会社の救済、納付外税の対象に含まれない子会社配当を分母から除外） ③ 帰属主義への変更に伴う外税控除における国外源泉所得の範囲の明確化 ④ 日台民間租税取決めに伴う国内法の整備
平成29年度（2017年）
① CFC税制の抜本的見直し（エンティティ・アプローチ→インカム・アプローチ）：BEPSプロジェクト行動3をふまえた改正 ・トリガー税率（20%未満）の廃止 ・ペーパー・カンパニー等の所得を合算課税の対象に ・実質支配基準の導入と持株割合の計算方法の見直し ・事業基準、所在地国基準の見直し ・非関連者基準の見直し ・受動的所得の対象範囲の設定（配当、利子、無形資産の使用料等） ② 日本に10年超滞在した外国人に、出国後5年以内の相続、贈与につき相続税、贈与税課税

平成30年度（2018年）
①　恒久的施設関連規定の見直し（厳格化） ②　非居住者の預金に係る情報交換の実施（CRS 様式） ③　平成29年度改正②の緩和（外国人が出国後に行った相続、贈与については、原則として課税しない） ④　金の密輸に係る罰則の引き上げ（脱税額1,000万円を超えるときは脱税額の10倍） ⑤　国際観光旅客税の創設（施行は平成31年１月から）
令和元年度（2019年）
①　移転価格税制の見直し（BEPS プロジェクト行動８—10をふまえた改正） ・ALP の算定方法として DCF 法を追加 ・評価困難な無形資産取引に係る価格調整措置の導入 ・更正期間の延長（６年→７年） ②　過大支払利子税制の見直し（BEPS プロジェクト行動４をふまえた改正） ・損金不算入を EBITDA の50％超から20％超へ ・対象となる利子に非関連者からの分も追加 ③　CFC 税制の見直し（BEPS プロジェクト行動３をふまえた改正）
令和２年度（2020年）
①　子会社からの配当及び子会社株式の譲渡を組み合わせた国際的な租税回避への対応 ②　非居住者に係る金融口座情報の自動的交換のための報告制度の見直し
令和３年度（2021年）
①　国際金融都市に向けた税制措置 —法人税：非上場会社のファンド・マネージャーに対する業績連動報酬を一定の条件の下に損金算入に —相続税：ファンド・マネージャー等の外国人について居住期間にかかわらず国外財産を課税対象外に —所得税：ファンド・マネージャーが運用成績に応じて受領する所得を分離課税（一律20％）に ②　国際的徴収回避への対応 ③　納税管理人制度の拡充

令和４年度（2022年）
①　子会社からの配当及び子会社株式の譲渡を組み合わせた国際的な租税回避への対応の見直し ②　非居住者に係る金融口座情報の自動的交換のための報告制度の整備
令和５年度（2023年）
①　外国子会社合算税制の適用対象となる租税負担割合の引下げ（30%未満→27%未満）及び事務負担軽減措置 ②　グローバル・ミニマム課税への対応（BEPS、第２の柱） ・国際最低課税額（15%未満）とする法人税の創設 ・多国籍企業等に対する情報申告制度の導入
令和６年度（2024年）
①　国境を越えたデジタルサービスに係るプラットフォーム課税の導入 ②　グローバル・ミニマム課税への更なる対応 ③　外国子会社合算税制の一部見直し

※　なお、消費税についても、令和７年度の改正に向け「外国人旅行者向け免税制度」について、いったん税込みで販売のうえ出国時に購入者等を確認のうえ消費税相当額を還付する制度への見直しが検討される見込み。

用 語 索 引

英数

Base Erosion and Profit Shifting／BEPS／BEPS プロジェクト ……… 9, 58, 142, 143, 145, 211, 281
BEPS 防止措置実施条約（MLI） …………………………… 7, 271, 272
B to B 取引 ……………………… 247
B to C 取引 ……………………… 247
CFC 税制 ……………… 10, 142, 156
Company ……………………………34
Controlled Foreign Company … 152
Cost Contribution Arrangement ………………… 195
Cost Sharing 契約………………… 195
Crypto Asset …………………… 254
CRS 情報 ………………………… 273
DCF 法 ……………… 178, 179, 189
DCF 法と同等の方法 …………… 178
domicile ……………………………51
EBITDA ……………… 11, 209, 211
FATCA …………………………… 259
G20 ……………………………… 143
GAFA……………………………… 281
IIR：Income Inclusion Rule（所得合算ルール）………………… 147
LLC……………………………… 38, 39
LLP…………………………………37
LPS……………………………… 37, 39
MLI：Multilateral Convention to Implement Tax Treaty Related Measures to Prevent Base Erosion and Profit Shifting（BEPS 防止措置実施条約）………………………… 7, 9
OECD…………………………… 9, 143
OECD 承認アプローチ（AOA 原則）………………………56
OECD モデル租税条約 ……………………… 6, 27, 34, 53, 86
Permanent Establishment：PE……49
（関連規定）…………………………60
（帰属資本）…………………………56
（帰属所得）…………………………56
（範囲）……………………………… 144
Pillar Ⅰ.Ⅱ. ……………………… 282
QDMTT：Qualified Domestic Minimum Top-up Tax（国内ミニマムトップアップ課税）… 147
SPC（特定目的会社） ………………38
Subject to tax rule ……………… 282
Switch over rule ………………… 282
TP 税制 ………………………………10
TTB ……………………………… 130
TTM ……………105, 130, 131, 133
TTS ……………………………… 130
UBS 事件 ………………………… 276
UTPR：Undertaxed Profit Rule（軽課税所得ルール）…… 147

あ

アウトバウンド取引 …………………… 2, 5, 42, 43, 94, 95
アウトバウンド取引・投資………… 5
アマゾン社………………………… 281
アマゾン・ジャパン事件……………61

い

遺　　言………………………… 233

遺産課税方式……………………220, 221
遺産取得課税方式……………220, 221
一時居住者……………………………226
一時居住被相続人……………………223
一 時 所 得……………………………108
異常所得………………………………164
一定の受動的所得……………………157
一定の場所………………………………59
一般社団法人……………………………52
一般社団法人及び一般財団法人
に関する法律……………………………30
移転価格ガイドライン………………144
移転価格事務運営指針………177, 193
移転価格事務運営指針
（3―15~19）………………………195
移転価格事務運営指針第6章……200
移転価格事務運営要領………174, 200
移転価格税制………9, 10, 57, 142, 175
移転価格税制上の無形資産の定
義……………………………………180
移転価格税制と価値創造の一致…144
移転価格税制に係る更正期間……180
移転価格文書化の法制化…………149
遺留分の減殺請求……………………233
医　　　療………………………………82
インカム・アプローチ………………149
印　　　紙……………………………239
印紙納付方式…………………………122
インターネット等……………………240
インターネット企業…………………281
インドなど途上国案…………………282
インバウンド取引…………2, 5, 42, 43

う

受 入 企 業………………………………83
受取使用料……………………………… 3
受 取 配 当……………………………… 3
受取配当益金不算入…………………149
受取配当等の益金不算入制度……214
受取利子等……………………………164
売手又は買手の事業戦略……………181
売手又は買手の果たす機能…181, 194

え

永遠の旅人………………………………22
営　業　者………………………………37
英　国　案……………………………282
営 業 利 益……………………………188
永住の意思………………………………17
役務の高価購入………………………177
役務の提供……………………………236
役務の内容等…………………………181
役務の廉価提供………………………177
円　換　算……………………………133
円建て定期預金…………………………61
エンティティ・アプローチ………149
延　　　納……………………………232

お

送出し機関………………………………83
送 出 し 国………………………………83
オフショア口座開示制度
（Offshore Disclosure Facility）…259
卸　売　業……………………………153
主な非課税取引………………………238
親子間の要件……………………………73
親子間配当………………………………73

か

買集めした内国法人株式の譲渡……66
海 外 移 住……………………………220
海外勤務者が死亡した場合の納
税義務………………………………228
海外勤務中に死亡した者……………228
海外資産の譲渡…………………………18
海外証券投資……………………………94

海外直接投資…………………… 4, 94
海 外 赴 任………………… 17, 22, 220
外 貨 準 備…………………………… 4
外貨建債権債務…………………… 134
外貨建資産等………………… 134, 138
外貨建資産等の換算方法………… 134
外貨建資産、負債………………… 137
外貨建収益、費用………………… 137
外貨建取引…………………… 130, 131
外貨建取引の円換算……………… 133
外貨建取引の換算等……………… 130
外貨建有価証券…………………… 134
海軍販売所等……………………… 242
介　　護……………………………82
外航船舶等………………………… 242
外 国 貨 物……………… 238, 239, 242
外国からの投資……………………43
外国為替差損益……………… 154, 164
外国為替の売買相場……………… 110
外国関係会社……………155, 156, 158
外国公館等………………………… 242
外国口座税務コンプライアンス
　法（FATCA） ………………… 276
外国子会社配当益金不算入（制
　度）……………………… 9, 94, 125
外国子会社合算税制
　……… 9, 10, 105, 144, 149, 162, 214
外国子会社合算税制に関する
　Q&A ………………………… 151
外国子会社を設立……………………95
外国所得税………………………… 103
外　国　人…………………… 43, 45
外国人技能労働者……………………82
外国人研修生…………………………90
外国人就学生…………………………87
外国人労働者…………………… 81, 82
外国税額控除…… 9, 103, 107, 108, 231
外国税額控除額の邦貨換算……… 109
外国税額控除の限度額…………… 108
外国税額控除の適用時期………… 121
外国税額控除の適用を受けるタ
　イミング……………………… 111
外国税額控除方式……………… 6, 94
外国税額控除を受けるための要
　件…………………………………… 128
外国税額損金算入方式…………… 108
外国税務当局……………………… 273
外国租税債権の優先権…………… 275
外 国 通 貨………………………… 133
外国に移住……………………………95
外国に支店……………………………95
外 国 法 人…… 9, 13, 19, 20, 28, 29, 30,
31, 32, 33, 42, 63
外国法人税………………………… 103
外国法人税に該当しないもの…… 116
外国法人税に該当するもの……… 116
外国法人の支店…………………… 206
外資系内国法人…………………… 206
外資系法人……………………………53
会社単位の合算課税………… 155, 157
会　社　法…………………… 30, 52
外部の非関連者間取引…………… 193
各事業年度の所得……………………32
各 種 学 校……………………………88
各人の生活の本拠……………………14
価額の算定………………………… 258
学　　生…………………… 85, 88
学 生 条 項……………………………89
確定申告書…………… 47, 96, 110, 138
確認事業年度……………………… 202
確 認 法 人………………………… 202
過去における支払地…………………47
貸付金債権………………………… 227
貸付金利子………………… 27, 64, 67
過少資本税制…… 9, 10, 142, 206, 213
過少資本税制のイメージ………… 207

課税売上割合……………………… 245
課税貨物の引取り………………… 235
課税関係の安定…………………… 272
課 税 財 産………………………… 234
課税資産の譲渡等………………… 235
課税上の問題の把握……………… 273
課 税 所 得…… 13, 21, 24, 27, 32, 234
課税所得金額の計算……………… 126
課税所得の範囲…………… 21, 24, 32
課税対象外………………… 64, 66, 67
課税対象金額………………… 162, 166
課税対象金額の計算例…………… 164
課税対象所得……………………… 115
課 税 取 引………………………… 235
課税（の）対象…… 24, 228, 230, 235
課 税 範 囲…………………………45
課税を軽減又は免除…………………72
仮 想 通 貨………………… 254, 262
過大支払利子税制
……………… 9, 11, 56, 142, 149, 209
価値創造の場……………………… 144
学校教育法……………………………88
学 校 法 人……………………… 32, 52
合算課税済みの所得……………… 167
合算純支払利子…………………… 212
合算所得に係る二重課税の排除… 166
合算調整所得……………………… 212
合衆国軍隊等……………………… 242
借入金利子……………………………10
為 替 換 算………………………… 105
為替換算差額……………………… 139
為 替 管 理…………………………… 4
為 替 相 場…………………… 105, 131
為替予約等………………………… 136
為替レート…………………………… 4
換算方法の選択手続……………… 138
換算レート………………………… 129
関　　　税……………………………42
間接税額控除方式………………… 125
元本交換差額等……………………… 4
管理支配基準……………………… 153
管理支配地主義………………… 29, 52
監 理 団 体……………………………83
関連者間取引価格………………… 199
関連者への純支払利子…………… 212
関連情報の提供…………………… 273

き

企業グループの所得……………… 153
企業集団等所得課税規定………… 161
企業情報データベース…………… 194
企業単独型……………………………83
企業内転勤……………………………82
企業の利得……………………………76
期限付手形買相場………………… 130
技　　　術……………………………82
基準期間の課税売上高…………… 245
基準所得金額……………………… 162
期　ず　れ…………………………… 4
帰 属 主 義……………………………55
技　　　能……………………………82
技 能 実 習……………………… 4, 81
技能実習者……………………………80
技能実習生………………… 82, 83, 84
技能実習制度…………………………83
寄　　　附……………………………57
基 本 三 法………………………… 178
基本三法と同等の方法…………… 178
基本三法に準ずる方法…………… 178
基本三法に準ずる方法と同等の
　方法……………………………… 178
期末時換算法………… 136, 138, 139
義務的開示制度…………………… 150
客観的事実……………………… 20, 22
キャッシュ・ボックス…………… 156
キャピタルゲイン非課税………… 263

キャリード・インタレスト…………91
旧 ソ 連…………………………… 6
旧ソ連邦諸国………………………73
旧 日 本 領…………………………… 4
給　　　与…………………………24
給 与 所 得…………………………75
給与所得者の扶養控除等申告書……97
給与所得者の保険料控除申告書……98
給与等の支払者……………………89
教　　　育…………………………82
教科用図書……………………… 239
教　　　授…………………………82
共通報告基準（Common
Reporting Standard：CRS）… 276
協同組合（等）………… 30, 31, 32, 52
共有形態（ジョイント・テナン
シー）………………………… 222
居 住 期 間…………………………17
居住期間の計算の起算日……………17
居　住　者
…… 9, 12, 13, 14, 20, 21, 24, 45, 155
居住者以外の個人……………………24
居住証明書…………………………79
居住制限納税義務者…… 223, 224, 227
居住地国移転……………………… 264
居住無制限納税義務者
…………………… 222, 224, 226, 230
居　　　所………………… 14, 20, 24
寄与度（貢献度）利益分割法
（Contribution Profit Split
Method）…………………… 178, 186
寄与度利益分割法と同等の方法… 178
銀　行　業……………………… 153
銀行口座情報……………………… 7
勤　　　務…………………………24
金融機関に対する預貯金等……… 227
金融口座情報……………………… 276
金融子会社等部分適用対象金額… 165
金 融 資 産……………………… 180
金 融 収 支……………………… 4
金融商品取引業…………………… 153
金融派生商品……………………… 4

く

国別報告書（国別報告事項：
Country by Country Report）… 196
国別報告事項………………… 196, 197
組 合 形 態…………………………36
組合契約事業利益の配分……………64
グローバル・ミニマム課税……… 146

け

経営・管理…………………………82
軽 課 税 国……………………… 142
軽課税所得ルール（UTPR）…… 147
経済活動基準……………………… 155
経済の電子化（Digital
Economy）………………… 281, 282
経 常 収 支……………………… 4
継 続 適 用………………… 111, 131
継続保有要件………………………73
ケイマン諸島………………………94
ゲームソフト………………………69
契 約 条 件……………… 181, 193, 194
契約締結代理人………………… 59, 60
欠　損　金……………………… 165
原価基準法（Cost Plus
Method：CP 法）………… 178, 184
原価基準法と同等の方法………… 178
原価基準法に準ずる方法………… 178
原価基準法に準ずる方法と同等
の方法……………………… 178
研　　　究…………………………82
健 康 保 険…………………………85
研修計画書…………………………90
建設作業場…………………………50

建　設　ＰＥ……………………………55
源　泉　課　税……………………………57
源泉地課税主義……………………………13
源　泉　地　国……………………………6
源泉地国非課税……………………………75
源　泉　徴　収………………… 19, 57, 64
源泉徴収税率…………………… 27, 65
源泉徴収による外国所得税……… 110
源泉徴収方式…………………… 122
源泉分離課税……………………………64
源泉分離課税方式……………………50
原則的な納税義務者……………… 224
現　地　通　貨…………………… 104
現地で連結納税等を行う外国関
　係会社…………………………… 161
現地法令基準……………………… 162
限度超過額………………………… 119
限度余裕額………………………… 119
減　免　条　項……………………………79

こ

公益法人等………………… 30, 31, 32
交　換　教　授……………………………75
恒久的施設（PE）
　………… 6, 49, 50, 54, 56, 57, 59, 60
恒久的施設（PE）認定の人為
　的回避…………………………… 149
恒久的施設帰属所得…………… 65, 66
恒久的施設に帰属する所得
　…………………………… 49, 56, 57
恒久的施設を有しない法人…………66
恒久的施設を有する法人……………66
公　共　法　人………………… 30, 31, 32
航空運送業………………………… 153
航空機貸付業……………………… 153
公　　　債………………………… 227
口　座　数………………………… 277
更新の手続………………………… 201
控除限度額………………………… 119
控除限度額の計算………………… 119
控除限度超過額…………………… 120
控除余裕枠………………………… 120
更正に係る期間制限……………… 205
更正の請求書……………………… 110
公的年金等…………………………………65
行動計画４………………………… 211
高度工業化製品…………………… 3
高度専門職…………………………………82
交　付　金…………………………………86
高率負担部分……………………… 117
コーポレート・インバージョン
　対策合算税制…… 11, 151, 170, 172
子会社からの配当及び子会社株
　式の譲渡を組み合わせた国際
　的な租税回避への対応………… 215
子会社形態で進出………………… 105
子　会　社　等……………………………44
国　外　移　住…………………… 100
国外から送金されたもの……… 46, 48
国外関連者…………… 10, 57, 105, 193
国外関連取引……………………… 193
国外源泉所得……………… 23, 47, 108
国外源泉所得以外の所得……………23
国外財産調書制度……………… 255, 256
国外財産調書の提出制度
　（FAQ）………………………… 255
国外財産調書の提出担保策……… 256
国外財産の相続に係る延納・物
　納………………………………… 232
国外事業者申告納税方式………… 247
国外支配株主等………………… 206, 207
国外支配株主等の資本持分……… 207
国外証券移管等調書制度………… 253
国　外　所　得…………………… 115
国外所得間での損益通算………… 123
国外所得免除方式……………… 6, 108

国外送金等調書（提出制度）
……………………………… 9, 253
国外転出時課税制度………… 263, 265
国外転出者に係るみなし譲渡益
課税………………………………… 9
国 外 取 引……………………… 235
国外にある預金口座…………………47
国外における受領者…………………47
国外への住所移転……………………95
国外への所得移転………………… 174
国 際 課 税……………………… 5, 9
国際課税原則……………………… 282
国際観光旅客税…………………… 293
国際間の電子商取引……………… 234
国 際 業 務…………………………82
国 際 協 力…………………………81
国際金融都市………………… 91, 282
国際交流促進…………………………72
国際収支統計………………………… 3
国際相続・贈与…………………… 220
国 際 通 信……………………… 242
国際的租税回避規制税制……………10
国際的租税回避防止規定………… 142
国際的（な）租税回避
………………… 2, 6, 7, 105, 142, 215
国際的な脱税………………………… 5
国際的二重課税……………… 2, 6, 94
国際的二重課税排除方法………… 108
国際的二重課税の除去……………… 5
国 際 取 引………………………… 9
国際取引に係る消費税…………… 234
国債又は地方債…………………… 227
国 際 郵 便……………………… 242
国 際 輸 送……………………… 242
国　税　庁……………………… 273
国税庁パンフレット「非居住者
に係る金融口座情報の自動的
交換のための報告制度」
（FAQ）……………………… 277
国税犯則調査手続………………… 279
国　　籍……………………………12
国籍に着目した課税…………………13
国内源泉所得
…… 9, 24, 32, 46, 63, 69, 74, 75, 126
国 内 所 得……………………… 115
国内に送金……………………………23
国 内 取 引………… 175, 234, 235, 240
国内において行った勤務又は人
的役務の提供………………………25
国内において支払われたもの………46
国内における資産の運用、保有
により生じる所得…………………69
国 内 払 い…………………………24
国　内　法……………………… 26, 34
国内ミニマム課税（QDMTT）… 147
個　　人……………………………20
個 人 以 外…………………………34
個人所得税……………………………12
個人納税義務者の区分………………24
コスト・シェアリング契約……… 195
固定資産の貸付けの対価…… 154, 164
固定スペアリング方式…………… 124
固定的施設……………………………75
ゴルフ場の所有・経営に係る法
人の株式の譲渡……………………66

さ

サービス収支………………………… 4
在外在留日本人……………………… 4
再　計　算……………………… 190
債券利子等……………………………67
財 産 移 転……………………… 276
財産債務調書制度………………… 261
財産債務明細書…………………… 261
財産の所在地………………… 226, 233
財産の所在地の判定………… 227, 259

財産評価基本通達………………… 140
財団法人……………………………52
最低税率………………………… 147
最適法の選定における留意点…… 181
再販売価格基準法（Resale Price Method：RP 法） … 178, 183
再販売価格基準法と同等の方法… 178
再販売価格基準法に準ずる方法… 178
再販売価格基準法に準ずる方法と同等の方法…………………… 178
再評価………………………… 179
再評価後の価格…………………… 180
債務者主義……………………… 72, 74
債務免除…………………………… 4
在留資格……………………………81
在留資格基準…………………………91
在留邦人……………………………95
差額スペアリング方式…………… 124
先物外国為替契約等……………… 137
先物取引の売買差損益……………… 4
雑所得…………………… 108, 131
三角合併………………………… 170
産業上又は商業上の利得……………76
残高…………………………… 4
残余利益等の発生に寄与した程度………………………………… 187
残余利益分割法（Residual Profit Split Method）………………………… 178, 186, 191
残余利益分割法と同等の方法…… 178
山林所得……………… 104, 108, 131
山林の伐採又は譲渡…………………66

し

仕入税額控除…………………… 245
資格外活動（留学生のアルバイト等）…………………………………81
事業活動……………………… 5, 42
事業基準………………………… 153
事業者以外が行う取引…………… 235
事業者が行う取引………………… 235
事業者向け電気通信利用役務の提供……………………………… 247
事業修習者（Business Apprentice）…………… 75, 85, 88
事業習得者（technical professional or business experience）…………………… 86, 88
事業譲渡類似株式の譲渡……………66
事業所得……… 64, 67, 104, 108, 131
事業所の所在地………………… 227
事業戦略等……………………… 193
事業として行った取引…………… 236
事業に関連する貸付金・利子等……72
事業の広告宣伝のための賞金…………………………………… 65, 67
事業利得………………………… 6
資金供与者等…………………… 207
資金の供与……………………………58
仕組取引………………………… 117
施行地………………………………14
自己資本………………………… 208
自己資本相当額………………………56
自己資本の額…………………… 207
資産の運用・保有……………… 64, 66
資産の運用・保有により生ずる所得………………………… 49, 64
資産の高価購入………………… 177
資産の譲渡（等）…………… 66, 235
資産の譲渡・貸付け……………… 236
資産の譲渡により生ずる所得………64
資産の所在状況………………………14
資産の低価販売………………… 177
資産流動化法…………………………37
事実上のキャッシュ・ボックス……………………………… 155, 156

支出した費用の額…………………… 187
市場の状況……………… 181, 193, 194
事前確認制度……………………… 200
事前確認の有効期間……………… 201
執行管轄権………………………… 276
実質的管理の場所……………………34
実質的支配管理………………………53
実質的に支配……………………… 155
実 体 基 準………………………… 153
実務研修時間…………………………90
質問検査権………………………… 274
支 店 P E………………… 54, 60, 149
支 店 形 態………………………… 104
支 店 等………………………………50
自動的交換のための報告制度…… 276
自動的情報交換……………… 273, 276
自発的情報交換……………… 145, 273
死亡退職金………………………… 228
資 本 持 分………………………… 206
者 …………………………………34
社 会 保 障………………………… 7
社会保障協定……………………… 7
社債、株式又は出資……………… 227
収 益 事 業……………………………32
就 学 生………………………………88
宗 教 法 人……………………………32
従 事 状 況……………………………15
住 所………………… 14, 20, 24
住所以外の場所………………………21
自由職業者の報酬……………………75
住所地に着目した課税………… 12, 13
修正申告書…………………… 110, 202
住民税の所得割部分…………………23
重要な経済的存在………………… 282
主たる事務所………………… 30, 227
出 国……………………… 95, 96
出国後5年以内の帰国…………… 266
出入国管理及び難民認定法…………81
受動的所得………………………… 154
受動的所得の合算課税……… 154, 155
主要な役割……………………………59
純支払利子等の額………………… 212
準備的・補助的………………………60
ジョイント・テナンシー………… 222
奨 学 金………………………………86
少 額 判 定………………………… 164
少額免除基準……………………… 165
証券決済・約定…………………… 4
証 券 投 資………………………… 4
証 紙……………………… 239
使用地主義…………………… 27, 72, 74
譲 渡 所 得………………………… 104
消 費 税…………………… 42, 234
消費税の課税対象………………… 234
情 報 交 換……………… 7, 9, 272, 275
情報交換規定……………………… 276
情報交換協定……………………… 6
情報交換要請……………………… 273
証明書保存等……………………… 245
条約に適合しない課税の解消……… 6
条約濫用の防止…………………… 144
使用料（等）………… 6, 27, 65, 67, 73
剰余金の配当等…………………… 164
除 外 事 由………………………… 275
所轄税務署長…………………………89
所轄税務署長への届出…………… 138
職業訓練所……………………………88
所在地国基準……………………… 153
所定外作業……………………………90
所得合算ルール（IIR）…………… 147
所 得 税 法…………………… 13, 108
所得相応性基準……………… 149, 190
所得に対する負担が高率な部分… 117
所得の源泉地……………… 21, 27, 34
所得の発生に寄与した程度……… 186
人為的なPE認定回避 …………… 144

人格のない社団等
…………… 13, 19, 20, 30, 31, 32, 33
人格のない社団等や特定の定め
のない法人……………………… 224
申告調整………………………… 202
申告、納税……………………… 169
申告納税方式…………………… 122
申告分離課税……………………65
進出形態…………………………95
親　族………………………… 233
親族関係書類……………………84
親族の居住状況…………………14
身体障害者用物品……………… 239
信　託……………………………39
信託会社…………………………32
信託業………………………… 153
信託契約…………………………38
人的役務の提供………………… 24, 74
人的役務の提供事業の対価
…………………………… 64, 66, 76
人的役務の提供に対する報酬………65
人的交流促進……………………75
人文知識…………………………82

す

水運業………………………… 153
推定課税……………………… 196, 198
ステップアップ………………… 265

せ

生活の本拠……………………… 14, 20
生計を一にする配偶者……………14
税源浸食……………………… 149
清　算………………………… 101
清算所得課税…………………… 101
税負担割合……………………… 174
税務行政執行共助条約………… 275
税務大学校講本……………………31
生命保険契約に基づく年金等
……………………………… 65, 67
設立準拠地主義………… 28, 29, 34, 52
設立地……………………………28
設立要件…………………………31
専修学校…………………………88
専修学校等の就学生………………87
全世界所得…………… 13, 24, 45, 53
全世界所得課税……………………21
全世界所得課税方式……………… 108
前年所得課税方式…………………23
専門的・技術的分野…………… 81, 82
専門的技術的分野に従事する者
……………………………………80

そ

送　金………………………… 17, 48
送金関係書類………………………84
総合課税………………… 49, 50, 64
総合課税の対象となる所得…………75
総合勘案……………………………14
総合主義………………………… 55, 56
総合判断……………………………22
総合保税地域……………………… 239
相互協議……………… 6, 9, 34, 199
相互協議手続……………………… 145
総支払利子………………………… 212
相続税・贈与税における為替換
算………………………………… 139
相続税・贈与税における国際的
二重課税の排除………………… 230
相続税の納税義務者………… 222, 224
相続税法…………………………… 108
相続税法における外国税額控除… 127
相　続　人………………… 232, 233
送達共助……………………………… 7
相当期間継続して居住する場所……21
双方居住者………………… 27, 33, 45, 51

双方居住者の振分け……………… 233
贈与税の納税義務者……………… 225
属 人 主 義………………… 12, 13, 50
属 地 主 義……………… 12, 13, 18, 50
租税回避スキーム………………… 150
租税回避防止指令………………… 210
租 税 条 約… 2, 5, 9, 26, 34, 42, 51, 85
租税条約上の規定……………………35
租税条約上の特典を受けるための手続………………………………79
租税条約締結国………………………27
租税条約等実施特例法…………… 279
租税条約に関する届出書……… 79, 89
租税条約に基づく情報交換……… 271
租税条約に基づく情報収集制度… 274
租税条約の拡充…………………… 145
租税条約の軽減税率又は免除の適用…………………………………71
租税条約の濫用……………………… 7
租税負担割合…………… 155, 156, 160
租税負担割合の計算式…………… 156
その他投資…………………………… 4
その他の金融所得…………… 154, 164
その他の国内源泉所得………… 65, 66
その他の財産……………………… 227
その他の免税取引………………… 242
損 益 通 算…………………… 104, 165
損益通算グループ所得…………… 164
損害賠償金等………………………… 4
損 金 算 入…………………… 117, 212
損金算入限度額…………………… 212
損金不算入………………………… 212

た

第一次所得収支…………………… 3, 4
第一次的な課税権……………………94
対応的調整………………………… 199
対外金融資産………………………… 4
対外証券投資…………………………94
対外総資産……………………………94
対外直接投資…………………………94
対価を得て行った取引…………… 236
対顧客電信売相場（TTS）……… 130
対顧客電信買相場（TTB）……… 130
対顧客電信売買相場の仲値（TTM）……………… 130, 131, 133
対顧客売買相場…………………… 129
滞 在 期 間……………………………45
滞 在 地 国……………………………21
第三者（非関連者）を含む純支払利子等………………………… 212
対象外国関係会社……… 155, 159, 165
対象資産…………………………… 267
退職手当（金）等…… 65, 75, 227, 228
退 職 年 金……………………………75
退職年金業務等を行う法人…………32
退職年金等積立金……………………32
第二次所得収支……………………… 4
代 理 人 等……………………………50
代理人 PE …………… 55, 59, 60, 149
武富士事件判決………………………16
多国間条約…………………………… 6
多国間税務行政執行共助条約…… 271
多国籍企業情報の報告制度… 145, 196
多数国間協定……………………… 145
タックス・コンプライアンス…… 142
タックス・スペアリング・クレジット…………………………… 123
タックス・プランニングの義務的開示…………………………… 145
タックス・ヘイブン対策税制………………………………… 152, 166
脱税犯（ほ脱犯・不正還付犯）… 280
脱税犯に対する罰則強化………… 280
棚卸資産の種類……………… 181, 194
棚卸資産の売買取引……………… 178

棚卸資産の売買取引以外の取引… 178
短期外貨建債権債務……………… 138
短期外貨預金……………………… 138
短期滞在者…………………………75
団体監理型…………………………83
担保（の）提供……………… 100, 265

ち

チェック・ザ・ボックス・ルール……………………………………38
知的財産権の使用許諾……………… 3
地方住民税…………………………22
地方税の控除限度額……………… 119
地方入国管理局……………………83
仲介貿易等………………………… 4
仲　　裁………………………… 6
懲 役 刑……………………… 280
超過所得税……………………… 109
長期外貨建債権債務……………… 138
長期外貨預金……………………… 138
調査（情報収集）………………… 273
徴 収 共 助……………… 7, 9, 275, 276
徴収共助実施手続の具体化……… 275
徴収共助に係る国内法の整備…… 275
徴収共助要請……………………… 276
徴収の相互支援…………………… 7
調 整 規 定…………………………52
調整国外所得金額………………… 122
調整所得金額（EBITDA）
……………… 11, 149, 209, 211, 212
帳 簿 価 額……………………… 139
直接税額控除……………………… 115
直 接 送 付…………………………47
直 接 投 資………………………… 4
直接振り込まれたもの……………47

つ

通貨スワップ……………………… 4
通　　算………………………… 165

て

低 価 販 売……………………… 176
定期積金の給付補填金等… 65, 67, 71
提供済情報……………………… 279
提示・提出……………………… 196
定　住　者…………………………80
ディスカウント・キャッシュ・フロー法（DCF 法）……… 179, 189
締　約　国…………………………53
適 格 合 併……………… 171, 215
適格組織再編……………………… 171
適用対象金額……………………… 162
適用免除規定……………………… 165
適用優先順位……………………… 179
適 用 要 件……………………… 245
デジタルエコノミー化…………… 281
デジタル課税問題等……………… 281
デミニマス・ルール……………… 209
デリバティブ等…………………… 265
デリバティブ取引損益…………… 154
デリバティブ取引に係る損益…… 164
電気通信回線……………………… 240
電気通信利用役務の提供
……………………………… 240, 247
電 子 経 済……………………… 144
電子経済の発展への対応………… 144
電子経済への対応………………… 146
電子商取引………………… 149, 234
電信売買相場の仲値（TTM）…… 105
店頭外国為替証拠金取引……………69

と

同一グループ関連企業…………… 147
同一の税目に属する税…………… 109
東 欧 諸 国…………………………73
当期の課税所得金額……………… 212

統計的手法…………………………… 180
動　　産…………………………… 227
動産（現金を含みます。）又は
　不動産の所在地………………… 227
投　　資……………………………42
投資・経済交流の促進……………… 5
投 資 所 得……………………… 6, 75
投資法人法……………………………38
同族株主グループ………………… 155
特殊関係者………………………… 155
特殊関係株主等……………… 171, 172
特定外国関係会社
　…………………… 156, 159, 162, 165
特定外国法人……………………… 172
特 定 活 動………………… 59, 60, 81
特定株主等………………………… 172
特 定 関 係………………………… 172
特定仕入れ…………………… 235, 236
特定内国法人……………………… 172
特定納税義務者…………………… 224
特定目的会社（SPC）………………38
特 典 享 受…………………………79
特 典 条 項…………………………79
特典条項に関する付表………………79
匿 名 組 合…………………………37
匿名組合契約等に基づく利益の
　分配…………………………… 65, 67
独立価格比準法（Comparable
　Uncontrolled Price Method：
　CUP 法）…………………… 178, 182
独立価格比準法と同等の方法…… 178
独立価格比準法に準ずる方法…… 178
独立価格比準法に準ずる方法と
　同等の方法……………………… 178
独立企業間価格………… 57, 175, 200
独立企業間価格の算定方法
　……………………………… 149, 193
独立企業間価格の算定方法の整
　備………………………………… 179
土地等の譲渡対価………… 64, 71, 76
取　　引…………………………… 235
取 引 価 格………………………… 142
取引単位営業利益法
　（Transactional net margin
　method：TNMM）… 178, 188, 189
取引単位営業利益法と同等の方
　法………………………………… 178
取 引 段 階………………………… 194

な

内国歳入法第482条 ……………… 175
内 国 法 人
　………9, 13, 19, 20, 28, 29, 30, 31, 33,
　155
内国法人の国外移転……………… 101
内部支払利子等………………………57
内 部 取 引…………………………57
内部取引価格…………………………57
内部の非関連者間取引…………… 193
内部比較対象取引………………… 183
内部利益率比準法………………… 184
内 部 利 子…………………………56

に

二国間租税条約…………………… 145
二重課税の除去……………………… 6
二重課税排除措置………………… 167
二 重 加 入………………………… 7
日米租税条約……………………… 233
日本ガイダント事件…………………61
日本語学校……………………………87
日 本 国 籍……………… 17, 24, 226
日本国籍を有しない個人………… 223
日本国籍を有する個人…………… 223
日本人居住者……………………… 276
日本人の配偶者等……………………81

日本年金機構…………………………… 8
日本の法人税額…………………… 126
任意組合……………………………36

ね

ネット・マージン………………… 188
年　金……………………………76
年の中途で出国……………………96
年末調整……………………………98

の

納税管理人………………… 95, 232
納税管理人制度の拡充…………… 268
納税管理人届出書………………… 233
納税義務……………………………33
納税義務者……… 13, 28, 168, 205, 234
納税義務者の取引金融機関……… 140
納税義務者の判定………………… 226
納税者……………………………20
納税者情報の交換……………………7
納税者の区分………………………24
納税道義………………………… 142
納税猶予………………… 100, 265
納付確定税額…………………… 121
納付確定日……………………… 122

は

パートナーシップ…………………36
配偶者控除…………………………84
配　当………………………… 154
配当等………………… 13, 64, 67
売買目的外有価証券………… 134, 138
売買目的有価証券………………… 134
ハイブリッド・ミスマッチ……… 144
パス・スルー課税……………………39
罰金刑………………………… 280
発生時換算法…………… 105, 134, 138
発生地課税主義……………………13
罰則の見直し…………………… 280
犯則事件………………………… 279

ひ

非永住者
………… 12, 13, 17, 20, 21, 23, 45, 50
非永住者以外の居住者…… 13, 20, 50
非永住者課税………………………46
非永住者のポジション………………17
非営利の監理団体（事業協同組合、商工会等）……………………83
比較可能性の検討要素…………… 194
比較可能性分析………………… 193
比較対象取引…………………… 194
比較対象取引候補………… 193, 194
比較対象取引に係る差異調整方法…………………………………… 180
比較対象取引の選定基準………… 194
比較利益分割法（Comparable Profit Split Method：CPSM）
………………………………… 178, 186
比較利益分割法と同等の方法…… 178
非課税………………………… 245
非課税貨物の引取り……………… 236
非課税取引…… 234, 235, 236, 237, 238
非関連者基準…………………… 153
非関連者への支払利子…………… 149
非居住者
……………5, 9, 12, 13, 16, 18, 20, 21, 24, 45, 46, 49, 50, 63, 96
非居住者に係る金融口座情報
……………………………… 276, 279
非居住者に対する課税関係…………64
非居住者の勤務……………………24
非居住制限納税義務者… 223, 224, 227
非居住無制限納税義務者
…………………… 222, 224, 226, 230
彼此流用………………………… 125

被相続人…… 227, 233
非損益通算グループ所得…… 164
評価困難な無形資産…… 205
評価困難な無形資産取引…… 149, 179
費用分担契約…… 195

ふ

ファンド……91
ファンド・マネージャー……91
賦課課税方式…… 122
賦課期日……22
不課税取引…… 234, 235, 240
複数の滞在地……22
負担するリスク…… 194
負担割合…… 156
普通法人…… 30, 31, 32
物納…… 232
物品切手等…… 239
物品販売業……32
不動産…… 227
不動産関連法人株式の譲渡……66
不動産所得…… 104, 108, 131
不動産等の貸付け……47
不動産の上に存する権利等の譲渡……66
不動産の譲渡…… 66, 96
不動産の賃貸料等…… 64, 66, 76
部分課税対象金額…… 164
部分合算課税…… 157
部分合算課税制度…… 154
部分対象外国関係会社… 155, 159, 163
部分適用対象金額…… 164, 165
部分適用対象損失額…… 164
扶養控除……84
分割対象利益…… 187
文化的使用料……73
文書化…… 195
文書送達共助…… 275
紛争解決メカニズム…… 145

へ

平均負債残高…… 206, 207, 208
米国案…… 282
ペーパー・カンパニー…… 10, 149, 152, 155, 156, 166

ほ

貿易収支…… 4
邦貨への換算…… 258
報告対象国…… 279
報酬……24
法人…… 20, 29, 34
法人以外の団体……34
法人擬制説……28
法人実在説……28
法人税の納税義務者……28
法人税法…… 108
法人税法上における法人……31
法人納税義務者の区分……33
法人の国外移籍(コーポレート・インバージョン)…… 170
法人の種類……32
法人の所在地……53
法定相続分課税方式…… 220
法定通貨…… 129
法的安定性…… 5, 6, 271
法の適用に関する通則法…… 233
法律・会計業務……82
補完的な機能……59
保険会社……32
保険金…… 227
保険業…… 153
保険所得…… 154, 164
補償調整…… 202
保税地域…… 238
本支店合併損益計算書…… 105

本　　店……………………………30
本店所在地国…………………………53
本店所在地主義………………………34
本店等への利益送金等………………58
本邦企業の海外進出拠点数…………95
本 邦 通 貨………………………… 133
本邦通貨に換算…………………… 105
本邦法令基準……………………… 162
本来の居住者…………………………45

ま

マーケティング上の無形資産…… 282
マスターファイル（事業概況報
　告事項：Master File）………… 196

み

未決済信用取引等………………… 267
未決済デリバティブ取引………… 267
未収・未払金等……………………… 4
密接に関連する企業…………………59
見 積 価 額………………………… 258
みなし外国税額控除……………… 123
みなし譲渡………………………… 236
みなし譲渡所得税………………… 231
みなし譲渡益課税の特例………… 266
見習研修者……………………………88
ミニマム・タックス……………… 282
身分に基づき在留する者……………81
民　法　等………………………… 233

む

無 形 資 産…………………… 180, 281
無形資産譲渡……………………… 190
無形資産等の譲渡損益（等）
　……………………………… 154, 164
無形資産等の使用料………… 154, 164
無形資産の取扱い………………… 144
無形資産等の取引………………… 198

め

免除証明書……………………………65
免　　税……………………… 6, 245
免税資格享受…………………………90
免 税 条 項……………………………88
免 税 措 置……………………………88
免 税 取 引……………… 235, 236, 241

も

持 株 要 件……………………………73
最も適切な算定方法………… 179, 181

や

役 員 報 酬……………………………75

ゆ

有 害 税 制………………………… 144
有価証券等…………………… 239, 267
有価証券の貸付けの対価…… 154, 164
有価証券の譲渡損益………… 154, 164
有 形 資 産………………………… 180
有限責任会社………………… 38, 39
ユーザーの参加…………………… 282
優 先 適 用……………………………35
優先配当株式……………………… 125
郵便切手類………………………… 239
輸 出 業 者………………………… 234
輸出物品販売場…………………… 242
輸出物品販売場における輸出物
　品の譲渡に係る免税…………… 242
輸出物品の譲渡…………………… 242
輸 出 免 税…………………… 242, 245
輸　入　者………………………… 241
輸 入 取 引…… 234, 235, 236, 238, 241

よ

要請に基づく情報交換…………… 273

予測キャッシュ・フロー………… 179
予 測 利 益………………………… 190
予測利益の割引現在価値………… 190
予定納付等………………………… 121

り

利益の国外流出………………………10
利益の国内還流…………………… 125
利益分割法（Profit Split
Method：PS 法） ………… 178, 186
利益分割法と同等の方法………… 178
利子控除制限……………………… 144
利子控除制限ルール……………… 210
利　子　等………………………… 154
リスクヘッジ等…………………… 137
リターンに対する源泉課税の減
免…………………………………72
立 証 責 任………………………… 182
リバースチャージ方式…………… 247
留　学　生……………………… 75, 88
領 域 主 義……………………… 12, 13

る

ルーリング………………………… 145

れ

例外的な納税義務者……………… 224

ろ

ローカルファイル（Local File）
……………………………………… 196
ローカルファイルに係る同時文
書化……………………………… 198

わ

わが国で設立された法人……………52

〔著者略歴〕

川田　剛（かわだ　ごう）

茨城県筑西市出身
東京大学農学部農業経済学科卒業

昭和49年７月　大阪国税局柏原税務署長
昭和53年４月　在サンフランシスコ総領事館領事
昭和58年７月　仙台国税局調査査察部長
昭和62年11月　国税庁国際業務室長
平成３年７月　東京国税局徴収部長
平成４年７月　国税庁徴収部徴収課長
平成５年７月　関東信越国税局総務部長
平成６年７月　国税庁徴収部管理課長
平成７年５月　仙台国税局長
平成９年４月　国士舘大学教授
平成10年９月　税務大学校国際租税セミナー講師
平成15年４月　國學院大学経済学部特任教授
平成16年４月　明治大学大学院グローバルビジネス研究科教授
平成26年４月　大原大学院大学客員教授

他に、日本公認会計士協会租税相談員等

令和６年度版　基礎から身につく国際課税

令和６年４月23日　初版発行

著　者　川　田　　剛

（一財）大蔵財務協会　理事長
発行者　木　村　幸　俊

発行所　一般財団法人　大　蔵　財　務　協　会
〔郵便番号　130-8585〕
東京都墨田区東駒形1丁目14番1号
（販　売　部）TEL03(3829)4141・FAX03(3829)4001
（出版編集部）TEL03(3829)4142・FAX03(3829)4005
https://www.zaikyo.or.jp

乱丁・落丁はお取替えいたします。　印刷　三松堂
ISBN978-4-7547-3213-4